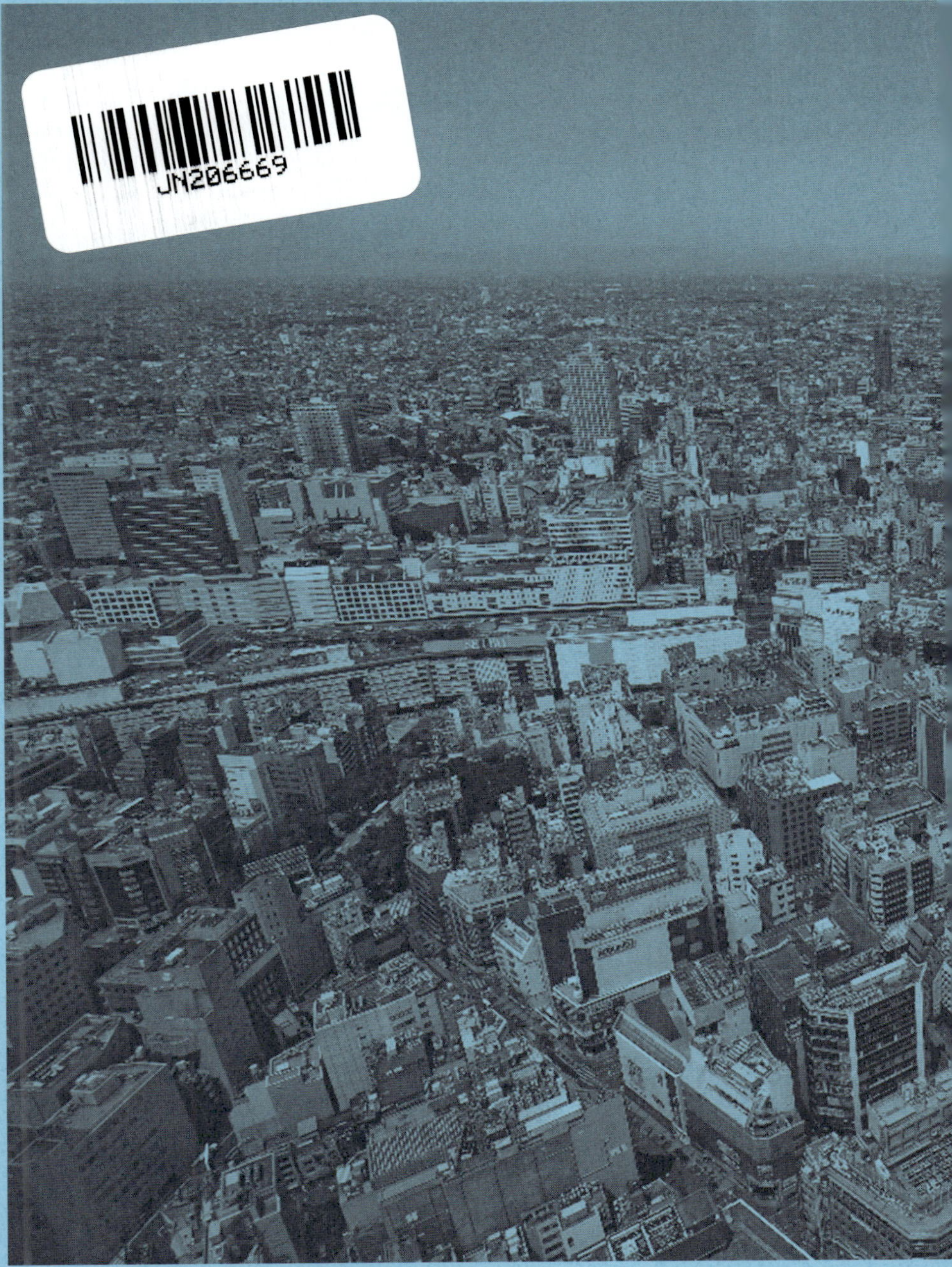

サンシャイン60展望台から俯瞰する東武東上線沿線の武蔵野
撮影：立教大学観光学部生　藤原隆吉（2018年５月21日）

池袋駅（写真左）を出た東武東上線の電車は、豊島清掃工場の煙突（高さ210m）を右手に通り過ぎた後、大きく左へカーブすると写真中央奥へ向かって走る。池袋から急行や準急に乗ると次は成増、わずか９分（10.4km）の旅である【109-126頁参照】。

大学的東京ガイド
――こだわりの歩き方

立教大学観光学部 編

昭和堂

「夕焼けだんだん」と谷中銀座商店街【10頁参照】

大田区の町工場で学生とともにお話をうかがう【59頁参照】

高層ビルから見る多摩ニュータウン（撮影：立教大学観光学部生 青野里咲・稲澤伶奈）【66頁参照】

いまや訪日外国人が必ず訪れる渋谷スクランブル交差点【78頁参照】

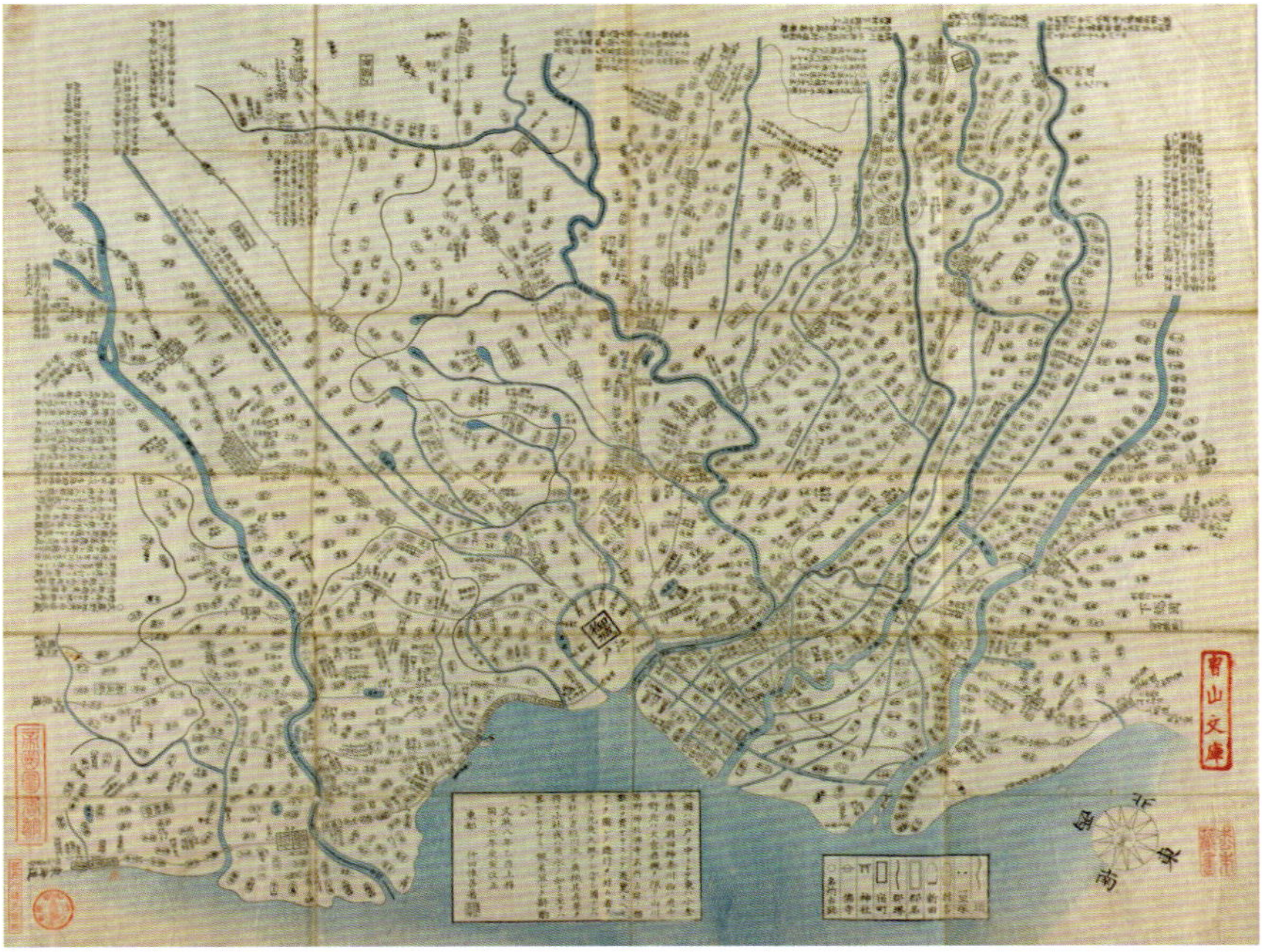

文化8年刊・同13年改『東都近郊図』(国会図書館デジタルコレクション)【98頁参照】

帝国ホテル初代本館(写真提供:帝国ホテル)【172頁参照】

大久保通りの都市景観【221頁参照】

檜原村藤倉地区のつつじ祭りの獅子舞（写真提供：松岡賢二）【239頁参照】

はじめに

「東京」「トーキョー」「とうきょう」「ＴＯＫＹＯ」。数多の顔をあわせ持ち、見る者によって表情を変えていくこの場所を、観光学の視座から立体的に描き出そうというのが本書のねらいである。東京を学術的に論じることの意義については、星の数ほどある「東京本」ですでに語り尽くされているように思われる。したがってここでは、この本を貫く軸となる観光学について主に記しておきたい。

近年の社会情勢を背景に観光への科学的アプローチが注目されつつあるものの、日本における観光学の歴史は浅い。そうしたなか、立教大学は比較的早い時期から観光学に取り組むことができ、一九六七年に社会学部に観光学科を、一九九八年に観光学部観光学科をそれぞれ日本で初めて設置し、二〇〇六年には交流文化学科を加え、約半世紀にわたって観光学の研究と教育にかかわってきた。

今回、立教大学観光学部が『大学的東京ガイド』を編集する際に目指したのは、観光学科と交流文化学科に所属するすべての専任教員（二〇一八年度時点。ただし特任教員を除く）が日頃の研究や教育の成果を披露することである。結果、特定のテーマを深く掘り下げた一二の章と、事象や出来事の面白さに着目した一〇のコラムに加え、観光学部の学生が執筆に携わった「学生研究」二本を掲載することとなった。したがってこの本では、立教大学観光学部の「いま」が示されていると言えるだろうし、学生研究は「大学的地域ガイド」シリーズにおける先駆的な取り組みになったと自負している。

　観光学とはどのような学問であろうか。ここでは「観光とは何かを問う諸学問の有機的な集まり」と緩やかに規定しておきたい。立教大学観光学部では、各教員が経済学、経営学、工学、地理学、社会学、人類学、文学、歴史学といった専門分野の関心から観光に着目し、それぞれの研究成果を持ち寄りながら観光の役割や機能、意味や位置づけについて学生とともに日々探求している。

「東京の観光学」とも呼びうるこの本の構成を、各教員が依拠する学問領域ごとの列挙とするのは容易《たやす》かった。しかし編集委員会で議論を重ねた末、「歩く」・「まなざす」・「集う」と題された三部構成を採用することとした。いずれも観光という現象を特徴づける行為であると同時に、観光を分析するための重要な枠組みである。各部には分野や方法論の近接性を乗り越えるかたちで章やコラムが配置されているため、読み手は観光学の特徴でもある学問分野間の相互参照性や越境性、すなわち先に記した「諸学問の有機的な集まり」としての観光学を体感できる仕組みになっている。

　観光は移動を前提とする。なかでも近年の観光ではこのシリーズ本のサブタイトルにもあるように、歩くという手段に注目が集まっている。第1部「歩く」には、歩くことや移動という側面から見えてくる東京を取り上げた論考が収められている。歩く観光あるいは移動するツーリストは、東京にどのような足跡を刻んでいるのだろうか。また学生たちは実際に東京を歩くことで、何を考え何に気づいたのだろうか。

観光では見ることが重視される。ツーリストは対象に視線を向け、視線を向けられた対象はそれを内面化していく。第2部の「まなざす」には、見ることや見られることを通じて顕在化する東京に着目した論考が収められている。交差する観光のまなざしは、東京をどのような場所として措定《そてい》しているのだろうか。

観光には多くの人びとが参加する。観光施設はツーリストを誘致し、ツーリストが集まる場所が観光資源にもなっていく。第3部の「集う」には、人間の集合とそこでの営みが作り出す東京に迫った論考が収められている。観光を目的とする内外からの人びとの集積は、東京に何をもたらしているのだろうか。

『大学的東京ガイド』は、東京の学術的な分析に関心がある方はもちろんのこと、大学で観光学を学びたいと考えている高校生や学部学科選択で悩んでいる受験生、実際に観光学を勉強している大学生にも参照される本づくりを目指した。本書とともに実際に東京へでかけてみれば、これまでとは異なる東京の姿が迫ってくるだけでなく、観光がわたしたちの社会や生活に深く入り込んできていることを実感するだろう。いずれにしても、日本国政府が観光を成長戦略のひとつに位置づけ、二〇二〇年に東京でオリンピックとパラリンピックが開催されようとしているいま、この本を皆さんにお届けできることの意義は大きい。

このたび立教大学観光学部が編集を担当することになったのは、二〇〇九年発行の良書

『大学的奈良ガイド』に深く関わった寺岡伸悟先生（奈良女子大学）からのお声掛けが発端である。寺岡先生が繋いで下さった昭和堂の大石泉氏の静かな情熱に支えられながら、この本はようやく完成した。記して関係者に深く感謝する次第である。なお、本書は立教大学観光学部研究会費を使用して出版されている。

二〇一九年二月

『大学的東京ガイド』編集委員会

大橋健一・小野良平・毛谷村英治・千住一・高岡文章

第3部　集う　163

索　引

第1部

歩く

谷中逍遥

橋本俊哉

はじめに

東京は、北を荒川、南を多摩川に挟まれた武蔵野台地の上に、富士山や箱根火山帯の火山灰が堆積した赤土が乗ってできた都市である。関東ローム層と呼ばれるこの赤土は透水性が高く、西から東へ流れる六筋の河川によって浸食され、東西に長い七つの丘が連なった構造となっている。(1)

(1) 皆川、二〇一二年

この七つの丘の一番北、上野台から谷を挟んで本郷台へとつながる地域は、安政江戸地震（一八五五年）や関東大震災（一九二三年）でもあまり被害がみられなかった。第二次大戦時もさほど焼けなかったために、戦後の区画整理も行われず、昔ながらの道が多く残され、長く住んでいる住民も多い。[2]「谷根千」[3]と称されるこの界わいは、山の手の一角でありながら下町的な雰囲気が色濃く、それぞれ個性ある佇まいがみられる東京都内でも特徴的なエリアである。なかでも江戸時代にすでに人気行楽地だった谷中（台東区）は、台地から谷筋にかけて位置するために坂道が多く、七〇を超える寺と低中層の住宅、狭い路地とが調和した懐かしい風景がみられ、江戸の面影を残しながらも活気ある商店街があり、ギャラリーやアトリエ等の文化施設も多い。本章では、谷中への玄関口のひとつであるJR西日暮里駅周辺地域（荒川区）も含め、現代も人びとを惹きつけてやまない谷中界わいの魅力の一端を紹介してみたい。

（2）江戸のある町上野・谷根千研究会編、一九九五年

（3）谷中、根津、千駄木。『地域雑誌 谷中・根津・千駄木』（一九八四～二〇〇九年）を置く店の人たちが「やねせん」と呼んだことから、この地域を指す言葉として定着した。谷根千はちょうど区境で、根津神社の門前町として谷筋に栄えた根津と、森鴎外や夏目漱石をはじめ多くの文人が居を構えた千駄木は文京区になる。

1　谷中界わいは江戸郊外の人気行楽地

寺町谷中の形成と参拝客の賑わい

家康が入京した頃、谷中の高台は森林で、その中に鎌倉時代からの感応寺（現天王寺）など、寺が散見する程度だった。その谷中に大きな変化をもたらしたのは、一六二五（寛永二）年の、上野寛永寺の創建着手である。天台宗の寛永寺は、江戸城の鬼門にあたる北東の地に、徳川家とその政権を守るために建てられ、江戸では最高の寺格をもつ寺である。この寛永寺創建に伴い、寛永年間には、その子院として、谷中の高台に多くの寺が建立された。慶安年間（一六四八～五一）には、江戸中心部の寺町が過密化したことから郊外への移転命令が下り、神田から多くの寺が集団移動した。府内のほとんどを焼きつくした明暦

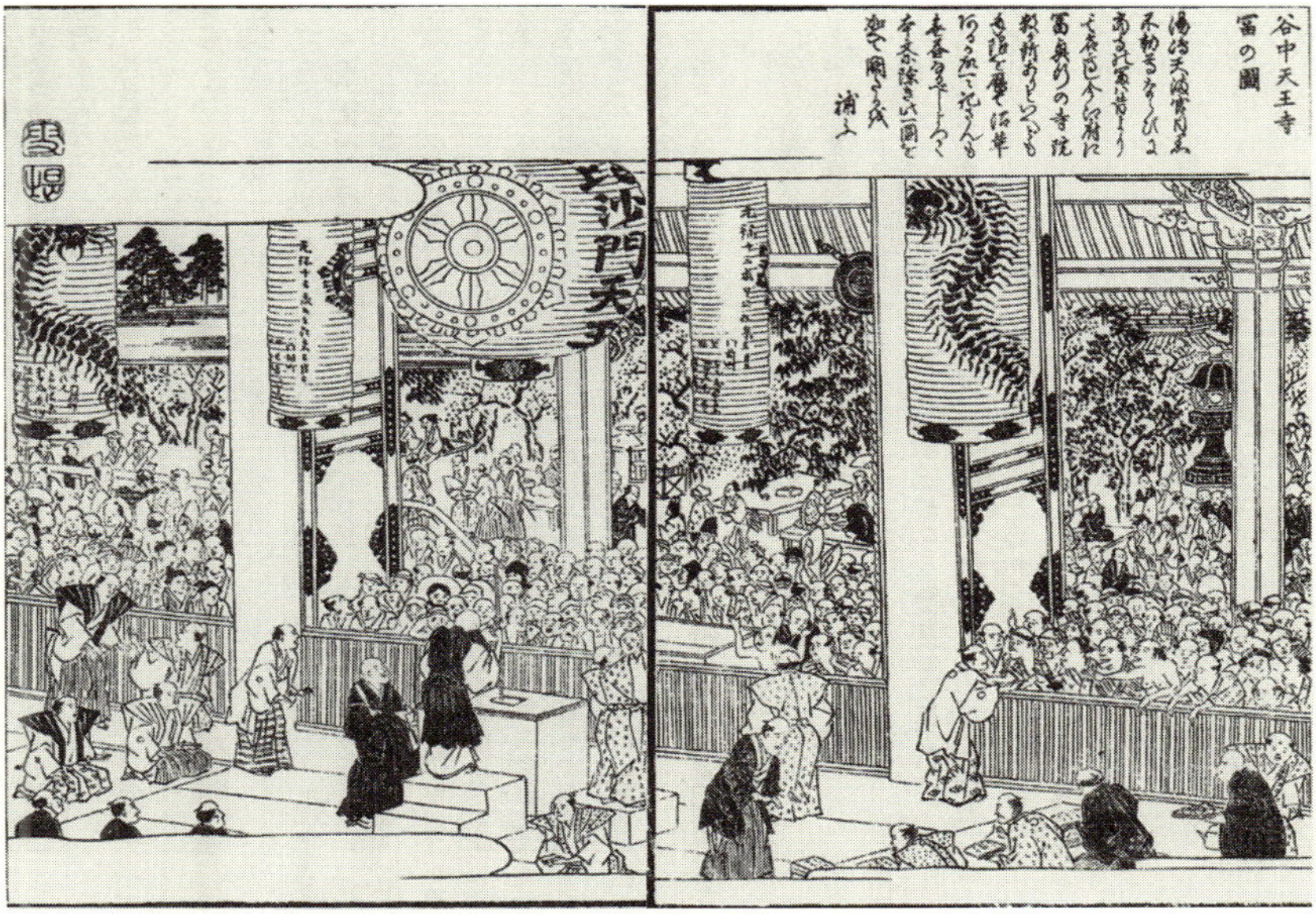

図1　天王寺の富突（『東都歳時記』1839（天保 9）年刊）
毎月の興行日に大勢の観衆の前で富札を突く様子が描かれている

の大火（一六五七年）でも谷中は被害がなかったために、焼け出された寺が移転してきた。かくして、東京では珍しい寺町としての骨格が固まっていった。[4]

寺が集まれば町屋ができ、職人や商人も集まってくる。世も安定すれば参拝客も増える。一七三五（享保二〇）年に現在の天王寺[5]（天台宗）で富くじ販売が公認され、目黒不動、湯島天神とともに「江戸の三富」としておおいに賑わった（図1）。明和年間（一七六四〜七二）には、笠森稲荷門前の茶屋・鍵屋の看板娘、お仙が江戸一番の美女として話題となり、谷中はますます人を集めるようになる。

（4）森、一九八五年

（5）一八三三（天保四）年に感応寺から改称

図2　六阿弥陀道の道標

南側には「是より田畑四番へ八町」、北側には「下谷五番へ十二町」と刻まれている

江戸庶民は、寺社参詣をはじめとして、祭礼や縁日、花見や月見など、季節ごとのレクリエーションを楽しんでいた。[6] 初詣を兼ねて行われる「七福神めぐり」は、江戸では谷中七福神がもっとも古く、享和年間（一八〇一～〇四）に始められたとされている。ほかにも六阿弥陀詣や江戸六地蔵参り、三十三所観音参りの順路も谷中を通っていた。なかでも人気があったのが「六阿弥陀詣」である。これは春秋の彼岸の時期に、主に年寄りが連れだって白装束で鈴を鳴らしながら、日の出から日没までの間に六寺を詣でる行事で、五番の下谷常楽院長福寺から四番の田端与楽寺へと抜ける道が谷中を通っていた。[7] 谷中銀座と交差する六阿弥陀道の通り沿いには、今もその名残をとどめる道標が道行く人を見守っている（図2）。

日暮れを忘れて人びとが楽しむ風雅の里——日暮里

上野から谷中、日暮里へと続く尾根道は、江戸の人びとにとって、格好の郊外散策ルートであった。とくにＪＲ西日暮里駅から谷中銀座に向かう道筋にある青雲寺（臨済宗）と修性院（日蓮宗）は、妙隆寺（移転）とともに、一八世紀半ばに境内に多くの桜やツツジが

（6）これらは「行動文化」と呼ばれている。橋本、二〇〇八年

（7）上野広小路を出発し、五↓四↓三↓一↓二↓六の順に巡るのが一般的だったという（『地域雑誌　谷中根津千駄木』六五、二〇〇一年）。

植えられ「花見寺」として賑わった寺である。文化年間（一八〇四～一八）に刊行された『遊歴雑記』には、この辺りが、春の長き日が暮れることを知らない、まさに「日暮しの里」であった様子が、以下の通り記されている。(8)

例年春の頃は崖通りに出茶屋床を並べ、香煎湯の匂ひに媚ける少婦は、前垂に花を飾りて客を待ば、都鄙の男女春興に乗じて浮かれきたり、床几せばしと日終ふる迄逍遥せり

賑わいをみせていたのは春だけではない。本行寺（日蓮宗）が「月見寺」として、浄光寺（真言宗）が「雪見寺」として名が知られるなど、この界わいは四季折々、武士や町人を問わず風雅な楽しみを求める人びとが絶えない人気の郊外行楽地であった。

2　静けさと賑わいと――谷中サウンドスケープ

耳を澄ませば

JR西日暮里駅のホームに立つと、目の前に緑の濃い丘が見える。江戸中期から明治時代まで、虫聞きの名所として知られていた「道灌山」である。(9) 広重がその様子を描いた江戸後期（図3）、谷中にはすでに多くの寺が集まっていたので、夕刻、虫聞き目的の江戸庶民が、この界隈の寺の鐘の音を頼りに道灌山に向かったであろうことは想像に難くない。

(8)　十方庵、一九八九年、三三〇頁

(9)　現在の西日暮里公園。「虫聞き」は旧暦七月の末、夏の終わりから秋の始めにかけて盛んだった（『東都歳時記』）。道灌山は江戸でもっとも有名な虫聞きの名所で、とくに松虫が多く、澄んだ音色が聞けたという。

図3　道灌山虫聞之図　安藤広重『東都名所図会』

図4　子どもたちの遊び声が絶えない「防災広場初音の森」

日帰りの行楽に訪れた人びとも、鐘の音を聞きながら帰途についたことであろう。

都会に暮らすと私たちは、遠くの音に〝耳を澄ます〟ことを忘れてしまいがちである。谷中銀座の賑わいから一歩離れ、夕刻に谷中を歩くと今でも鐘の音が心地よく耳に響く。寺の町谷中界わいには、鐘の音に耳を澄ませられる静けさがある。

「いろんな快い音に出会える町」

朝夕、遠く地の底から響くような電車の音、墓地の木のざわめき、静かな町の横町を曲ると三味線の音、端唄や詩吟を練習する声。木魚の音と読経の声、商店街のよび込みの「らっしゃいらっしゃい」の声…。谷中は、歩いているとこうした「いろんな快い音に出会える町」であるという[10]。居住年数の長い住民が多い谷中は、地域コミュニティ活動が活発で住民の一体感が強い。谷中でこうした生活の音に出会えるのは、谷中に住民が永らく営んできた暮らしが残されていることの証である。

そうした生活の音を守ってきた谷中での近年の動き

(10) 森、一九九四年、二四八―二四九頁

をひとつ紹介しておきたい。谷中には、その年に初めて鳴く鶯などの鳥の声にちなんだ「初音町」という風情のある旧町名がある。その名を冠した「防災広場初音の森」は、かつて旗本近藤家の屋敷だった場所がスポーツクラブとなり、その後、マンション計画が持ち上がったものの、反対する住民の意向を受けて、台東区が買い戻してできた広場である。(11) ここは災害時にはベンチがガスレンジに、マンホールが仮設トイレになる防災公園で、いつもは犬の散歩や家族連れ、子どもたちのための憩いの広場となっている(図4)。もしここがマンションになっていれば、子どもたちの賑やかな遊び声という谷中の大切な音風景は失われてしまったことだろう。生活環境を自ら守ろうとする住民の意識によって、今も谷中の音風景は守られている。

(11) 森、二〇一三年、一三六―一三七頁

3　谷中を歩く

歩く楽しみ、迷うよろこび(12)

大正の初期、東京の人びとの生活や風景が大きく変貌してゆく中で、永井荷風は、せめて文章の中で古き良き東京のことを書き残しておかなければならないと感じ、書きとめた文章を『日和下駄』として発表した。「一名 東京散策記」と副題がつけられたこの随筆は、小さい頃から東京を歩いてきた荷風ならではの視点が章立てとなってまとめられている。(13)

いま読み返してみると、そこで取り上げられている視点のほとんどが谷中界わいにあることに気づかせられる。都内有数の「寺」町である谷中には「樹(大樹)」が多く(図5)、

(12) 『東京人 特集:東京の路地大事典』(二〇〇五年一月号)のサブタイトルより

(13) 以下、ゴシック文字は章のタイトル

図5　谷中のランドマーク、ヒマラヤスギ

図6　「夕焼けだんだん」と谷中銀座商店街

道端には地蔵や祠が少なからずある「淫祠」[14]。上野台地と谷とをむすぶ数多くの「坂」は、三崎坂、蛍坂、善光寺坂など、名称そのものが谷中の人の暮らしの長さを物語っている。都会では珍しくなった空の広さは、坂を歩くからこそ実感できるものだ。「富士山の眺望」は残念ながら近年失われてしまったものの[15]、夕焼けだんだんの石段上から「夕陽」を眺めながら階段を降りると、その先には谷中銀座の賑わいが続く（図6）。

路地――ヒューマンスケールの心地よさ

そして「路地」である。川本三郎は、ちょうど国木田独歩が武蔵野の雑木林という、それまで誰も語らなかった風景を「発見」したように、荷風は路地や横丁に詩情を見いだしたことが、『日和下駄』の一番の特色であると指摘する[16]。

路地は共有地であるにもかかわらず、多くの私物が

(14)「小さな祠やまた雨ざらしのままなる石地蔵」（永井、一九九九年、二四頁）

(15) 日暮里富士見坂からの眺望は、マンション建設により、富士山が世界文化遺産に登録された二〇一三年に失われてしまった。

(16) 川本、一九九九年

図7　「へび道」沿いの店を覗く観光客

置かれる。多種多様な植物が育てられているほか、金魚鉢やビン、傘立て、自転車等々、住民の生活がにじみ出て、変化に富んでいる。[17] 荷風は路地について「細く短しといえども趣味と変化に富むことあたかも長編の小説の如し」と指摘した。[18] 谷中の路地には、今でも高下駄の荷風とすれ違うような風情がある。

谷中には、こうした生活の場としての路地に加え、よみせ通りを根津神社方面に続く「へび道」[19]沿いをはじめ、個性的な店がみられる路地も多い（図7）。レトロ、アンティーク、アート、モダン…。谷中を歩いていると、観光客を惹きつけるキーワードがいくつも思い浮かぶ。谷中には、モノクロ写真を撮りに来る若い世代も多いという。若者たちにとって、路地は生活体験と切り離された存在であり、前近代的で暗いイメージはない。つくりものではない谷中の路地の佇まいは、彼ら・彼女らにとって、視覚のみに頼ることを超えた、ヒューマンスケールで心地よい雰囲気を醸し出す、新鮮な存在なのだろう。比較的家賃の安い路地は若い人たちのチャレンジを誘い、都市に新しい仕事場を求めて集まってくる場ともなる。路地は「都市に新しい仕事場を生み出すインキュベーター」[20]としての役割も担っているのだ。

路地が毛細血管のように広がる谷中。路地に迷いこめば、見通しがきかないがゆえに視覚以外の感覚が呼び覚まされ、その先に何があるのかが気になり、先へ先へと誘われる。

(17)　これらは「あふれ出し現象」と呼ばれている。『地域雑誌　谷中、根津、千駄木』一三、一九八七年

(18)　永井、一九九九年、六三頁

(19)　藍染川を暗渠化し、流れそのままに曲がりくねったまま、台東区・文京区の区境となっているため、こう呼ばれている。

(20)　田端、二〇一三年、二五八頁

遊水地に流れ込むと水の流れも穏やかになるように、表通りから路地に入ると人もゆっくりと歩くようになる。かくして、路地は住民同士のみならず、店員、そして訪問客も含めて、人びとの交流が生まれる場となる。谷中界わいは〝歩く楽しみ〟に満ちている。

4　〝ほど良い距離感〟をもって人びとを迎える谷中

杯に見えたり向かい合う人間の顔が見えたりする「ルビンの杯（壺）」は、もっとも有名な多義図形のひとつである（図8）。白い杯が見えるのは黒い背景があるからで、この場合、杯が「図」、背景が「地」となる。向かい合う2人の横顔が見えている時は、横顔が「図」、白い部分が「地」となっている。この見え方になぞらえると、これまでは立派な「図」（観光対象）を見ることが目的となっていたが、近年の観光客は、「図」と同じ熱心さで「地」のほうにも関心をもつ。日常景観、生活文化、人びとの営みなど地域の生活の舞台である「地」を、「図」と一体のものとして味わおうとする観光である。[22]

図8　ルビンの杯（壺）[21]

このタイプの観光を東京で楽しみたいならば、谷中界わいは、まず最初に候補として挙げられるだろう。とくに個人旅行の外国人客にとって、日本人の普段の暮らしに対する関心は高い。多くの外国人個人客が谷

(21)　Rubin, E. Visuelle wahrgenommene Figuren 一九二一年

(22)　吉兼、二〇一〇年

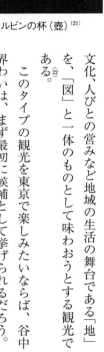

中を訪れる所以である。そして谷中には、彼ら・彼女らが集う宿がいくつもある。一九八二年より、試行錯誤を繰り返しながら外国人個人客を受け入れてきた谷中の旅館、澤の屋。同旅館の澤功氏は、谷中は「来る人を拒まない土地柄」という。彼はそんな谷中で「違いを受け止めて、やれることはやる。やれないことはやらない」ことを信条とし、彼ら・彼女らが谷中で「暮らすように過ごす」ことができるよう、日英併記の手づくりの地図で谷中の町中を紹介してきた。

東日本大震災後にも、谷中全体で宿泊客を迎え入れることをコンセプトとした宿がオープンした。近所の空き家を客室に、銭湯を大浴場、居酒屋をレストランに見立て、築五〇年のアパートを、古き良き面影を残しながらリノベーションした宿である。[23] 谷中の住民には、自らの暮らしを大切にしながら、ほどよい距離感を保ちつつ、地域が一体となって観光客を迎え入れる懐の深さがある。

(23) hanare。東日本大震災後に老朽化して解体される方針であった木造アパートを、ここに集っていた学生やアーティストの力で文化複合施設HAGISOとして再生させ、ここをレセプションとしてコンシェルジュを置いて宿泊客に谷中の歩き方を案内している(『AD STUDIES』五九、二〇一七年)。

おわりに

江戸時代から多くの人びとが集い、日が暮れるのを惜しんで楽しんできた谷中界わい。時間をかけて自然発生的に形成されてきたヒューマンスケールの空間であるがゆえの居心地の良さ。いずれの最寄り駅からもやや離れているために、[24] 私たちは、〝歩く〟という五感がもっとも鋭敏にはたらく移動手段で谷中に向かうことになる。空の広さと狭い路地、懐かしさと新しさ、静けさと賑わい等々、幾多の次元でのコントラストがコンパクトに凝

(24) ＪＲ日暮里・西日暮里駅、地下鉄千代田線千駄木駅

縮された谷中を歩けば、訪れる私たちの感性は心地よく刺激される。

東京芸大からほど近い谷中は、かつて岡倉天心が日本美術院を創設し、朝倉文夫がアトリエを構えた地でもある。(25) 現在でも谷中には木造建築の温かみを活かしたギャラリーやアトリエが多く、庶民的でありながら文化の香りが生活空間に溶け込んでいる（図9）。谷中には、こうした魅力の多様性と、自らの生活環境を大切にしつつ、来る人を拒まず、ほど良い距離感を保ちながら新しいものを受け入れてきた包容力がある。だからこそ、近年は歴史や文化を楽しむ年配の観光客、フォトジェニックな要素を求める若者、日本の素顔の生活を体験したい外国人客等々、さまざまな目的の人びとを惹きつけるのであろう。変わらない部分を大切にしながら進化する谷中は、訪れるたびに新しい発見がある。これからも谷中は、住む人・訪れる人の双方に、居心地のよい時間と空間を提供してゆくことだろう。

図9　外国人アーティストによる木造家屋のギャラリー

(25) 現在の岡倉天心記念公園、朝倉彫塑館

〔参考文献〕
江戸のある町上野・谷根千研究会編『新編・谷根千路地事典』住まいの図書館出版局、一九九五年
川本三郎「路地を歩く」(『日和下駄』講談社学芸文庫解説、一九九九年)
十方庵敬順『遊歴雑記初編1』平凡社東洋文庫、一九八九年
田端修「京・大阪の都心路地空間」上田篤・田端修編著『路地研究』鹿島出版会、二〇一三年

永井荷風『日和下駄』講談社学芸文庫、一九九九年
橋本俊哉「江戸庶民の行動文化」『交流文化』七、二〇〇八年
皆川典久『凸凹を楽しむ東京「スリバチ」地形散歩』洋泉社、二〇一二年
森まゆみ『谷中スケッチブック』エルコ、一九八五年
森まゆみ『谷中スケッチブック』ちくま文庫、一九九四年
森まゆみ『むかしまち地名事典』大和書房、二〇一三年
吉兼秀夫「観光における「図と地」論」『観光研究』二二（二）、二〇一〇年

学生研究

東京のイスラミックツーリズム

舛谷鋭ゼミ

はじめに

インバウンド三〇〇〇万人時代の今日、ムスリム（イスラーム教徒）観光客は「日本とは異なる文化・宗教」を持つゲストとして見逃せない。特に東南アジアはＬＣＣ（格安航空）が就航するなど、日本への渡航が容易になり、マレーシア、インドネシアなどイスラーム諸国からの観光客数の増加は著しい。

現在、世界の宗教別人口はキリスト教徒が最大勢力だが、二〇七〇年にはムスリムとほぼ同数になり、二一〇〇年になるとムスリムが最大勢力になるとの予測もある（『日本経済新聞』二〇一五年の記事より）。宗教人口の増加につれ、ムスリム向け市場は拡大する。彼らは日常生活の行動を通じて信仰を実践することに重きを置く。具体的には、一日五回の礼拝、神に禁じられた食品や成分を避ける、ある期間における断食などが挙げられる。ムスリムにとって、非イスラーム諸国への渡航は多くの不安を抱える。コーランに基づいた行動が非イスラーム諸国では容易でないからだ。世界的な大都市、東京。インバウンドから注目される観光都市だからこそ、多様な文化・宗教に対応することが必要であろう。

ここでは「ムスリム観光客を受け入れる準備」という視点で食と礼拝の二つのポイントを挙げつつ、東京のイスラミックツーリズムの現状と課題について述べる。ここで言うイスラミックツーリズムとは、「イスラーム教を信仰する観光客を受け入れるための観光地づくり」と定義する。執筆にあたり、約二〇名のマレーシア・シンガポールのムスリム学生にインタビューを行った。

ハラール・レストラン

ムスリムは、豚肉・アルコール等の摂取を禁止されている。ラードなどの豚の油や、菓子類のショートニングなどポークエキスを含む食品も口にしてはいけない。豚以外にもイスラーム教の教えに則りと畜された動物でなければハラール（許されたもの）でない。ムスリムが食べることができる食品には、そのことを示す印として「ハラールマーク」が付けられている。

ムスリム観光客は旅行を計画するときに自分たちが食べられるものがあるかどうかを考え、旅先で口にするものを気にする。総じてムスリム観光客の食に対する傾向は、豚とアルコールに細心の注意を払っている場合が多い。マレーシアの学生をホームステイで受け入れた際のこと、街中でケバブの屋台を見つけると安心したのか、夕食前にも関わらず、早速食べ始めたのが印象的だった。

図1　浅草の土産物店にて

ムスリム観光客にとって最も安心なのはハラール・レストランでの食事だが、考え方に個人差があるとも感じた。人によっては、家に招かれ食事をするときは妥協するムスリムもいた。例えば、たこ焼きホームパーティーにおいて、初めは戸惑っていたムスリム学生が、最後はおいしそうに食べていた。

受け入れ側の現状はどうだろう。アルコールを提供しないハラール・レストランは都内では数少ないが、あるレストランでの主なゲストは外国人観光客（九五%がムスリム）、外国人留学生、日本人の若者の順だ。こうしたレストランへのインタビューを通じ、一番の課題は「費用対効果」と感じた。国内で仕入れ可能なハラール食材は限られており、海外から取り寄せるため割高となる。利益率の高いアルコールを提供しないと、日本人サラリーマンが来る機会は少ない。ハラール料理のコストを十分に回収できるだけの利益がムスリム客だけでは賄えない。店側は、ムスリム客以外をどのように集めるかを最大の課題とし、解決策として、ハラールフードを健康志向食品として売り出し、イメージアップを図りたいようだった。さらにアルコール・ハラスメントの起こらない店として、日本人の若者に受け入れられる可能性もあるだろう。

ムスリム観光客はハラール・レストランの増加を求めるが、台東区のように補助があったとしても、費用対効果の面で簡単にハラール・レストランへ参入、継続するには、困難が伴うだろう。

礼拝

ムスリムが非イスラーム諸国へ渡航する際、特に意識することの一つに礼拝が挙げられる。日本でもプレイヤースペース（礼拝所）を設置する動きがみられる。空港や博物館、飲食店、カラオケ店など、設置場所は多岐にわたる。ムスリム観光客が礼拝時に気を付けなければならない点は以下の五つだ。

一、正しくキブラ（メッカのカアバ神殿の方角）に向って行うこと。
二、身心を清浄にすること。
三、定められた時間帯内で、定められた礼拝を行うこと。
四、必ずニーヤ（意志表明）を行うこと。
五、服装に関して、男性は最低限へそからひざまでの部分は衣服を身につけること。女性は、手と顔以外はすべて衣服で被うこと。

しかし、旅行中にすべての項目を守ることは難しい。そのため、どこでどのように礼拝できるかは、ムスリムにとって大きな課題であるといえる。食文化と同じく、習慣の捉え方には個人差があるが、ホスト側はムスリム観光客が礼拝したいと感じたときの選択肢を増やすことが重要であろう。

ムスリム観光客であるマレーシア学生一三人（男性四人、女性九人）とともに、上野、御徒町、富士山を観光したが、彼ら・彼女らの意見で多かったのは「旅行中はできればお祈りしたいが、その場の状況に応じて臨機応変に対応する」であった。お祈りの時間、メッカの方向はスマホアプリ「Muslim Pro」「iman」などで簡単に知ることができる。特別な礼拝所がなくとも、仕切られた静かな空間があれば礼拝できると言う。旅行中はホテルに帰った後、一日分の礼拝をホテルの室内で行うという者もいた。

東京発着の観光地でもある富士山は、山麓に礼拝所を設けた宿泊施設がいくつもあり、休憩を兼ねて礼拝の時間を取ることができた。他方、上野、御徒町など人通りの多い繁華街では礼拝に適した場所を見つけるのは難しく、都心部では静かに礼拝することは非常に困難であることが、ムスリム観光客と一緒に街を歩くことで気付かされた。

「礼拝」はあくまで信仰を表す習慣の一つであり、捉え方には個人差がある。しかし、「旅行中に礼拝が出来る」という選択肢があること自体が、ムスリム観光客の安心につながることは確かだろう。

台東区イスラミックツーリズムの取り組み

訪日外国人観光客が増加するにつれて、ゴールデンルート東京なればこそ、行政も外国人誘致に取り組んでいる。台東区では「東京で一番ムスリムフレンドリーな街」として、様々な取り組みが行われている。「HALAL EXPO JAPAN」は、二〇一四年以来、幕張メッセ国際会議場で毎年開催されてきたが、二〇一六年からは同区の東京都立産業貿易センターで行われている。このイベントは、目的として①ハラール対応の理解の促進と深化、②イスラーム諸国からのインバウンド拡大、③ハラール製品とサービスの輸出拡大、④日本におけるハラールサー

Muslim Map in TOKYO

TOKYO ASAKUSA / UENO / YANAKA

MAP for MUSLIMS

ムスリムおもてなしマップ in 台東区

Ver 12, issued in Aug 2018

台東区 TAITO CITY

Muslim Welcome Taito ★ Tokyo

We introduce the charm and appeal of Taito-ku, especially for Muslims. Follow us on Facebook!

Restaurants serving Halal menu

Icon Guides
- Prayer space
- Free Wi-Fi available
- Tax free
- Credit card available
- All menus are Halal certified and no alcoholic drinks.
- All menus are Halal certified.
- Halal certified menu is available. (not all)
- Pork free menu is available. (not all)

Please ask the staff if it is a Halal/Muslim-friendly menu when ordering.

1 Uoshou 魚昇
Tofu / A-6 / 12:00-14:00 17:00-24:00 / Closed on Monday / 03-3872-0030 / 5-10-2 Asakusa Taito-ku / Lunch : ¥1,500 Dinner : ¥5,000

2 Samurai Kitchen サムライキッチン
Lunch Box / A-7 / Reservation required / Take out only / 03-6458-1699 (03-6659-3882) / Kataoka Bldg., 5-2-13 Asakusa Taito-ku / ¥1,500

3 Naritaya Asakusa Halal麺亭 成田屋 浅草店
Ramen / B-6 / 11:00-22:00 / Open daily / 03-4285-9806 / 2-7-13 Asakusa Taito-ku / ¥1,000

4 Richmond Hotel Premier Asakusa International リッチモンドホテルプレミア浅草インターナショナル
Breakfast Only For Guests / C-6 / Reservation required / Breakfast only for guests / 03-5806-3155 / 2-6-7 Asakusa Taito-ku / ¥2,500

5 Sushiken Asakusa 浅草すし賢
Sushi Tempura Unagi / C-6 / Mon-Sat 11:30-16:00 (Lunch)-23:30 / Sun, Pub 11:30-15:00 (Lunch)-22:00 / 03-5246-6547 / 2-11-4 Asakusa Taito-ku / Lunch : ¥1,000 Dinner : ¥3,000

6 Kaemon Asakusa かえもん 浅草本店
Vegetarian Vegan / C-7 / 11:00-15:30 Lunch time only / Closed on Tuesday / 03-6231-7920 / Visioncenter Asakusa 3F, 1-9-1 Hanakawado Taito-ku / Lunch : ¥1,000

7 Gonpachi Asakusa Azumabashi 権八 浅草吾妻橋
Kobe Beef / D-7 / 11:30-23:00 (Food L.O. 22:00 Drink L.O. 22:30) / Open daily 03-5830-3791 / 1F・2F Nakayama Bldg. 2-1-15, Kaminarimon, Taito-ku / Lunch : ¥ 3,000 Dinner : ¥10,000

8 The Kebab Factory ケバブファクトリー
Kebab / C-7 / 10:00-22:00 / Irregular holiday / 03-6802-7302 / Daiichiya Bldg. 1F & B1F, 1-1-12 Asakusa Taito-ku / Lunch : ¥500 Dinner : ¥1,200

Souvenir and Snack Halal certified snack is available (not all)

A Osamado Honten 王様堂本店
Rice Cracker / A-5 / 10:00-18:00 / Closed on Sun,Pub / 03-3876-3303 / 2-6-8 Senzoku Taito-ku

B otaco オタコ
Cakes / B-7 / 10:30-18:00 / Closed on Sunday / 3-5-1 Asakusa Taito-ku

C Asakusa Umegen あさくさ梅源
Japanese Sweets / B-5 / Weekday 11:00-18:30 / Sat 11:00-18:00 Sun, Pub 11:00-16:00 / Closed on Monday / 3-10-5 Nishiasakusa Taito-ku

D Kanjyukuya (Richmond Hotel) 完熟屋
C-6 / 10:00-20:00 / Open daily / 03-3845-2262 / Marugoto Nippon 1F, 2-6-4 Asakusa Taito-ku

E Asakusa Sparkle 浅草スパークル
T-shirts Tea Ramen / C-7 / 10:30-19:00 / Open daily / 03-6802-7661 T-shirts ¥800 / 1-37-2 Asakusa Taito-ku

F Hyobando 評判堂
Rice Cracker / E-7 / 9:30-20:00 / Open daily / 03-3841-8557 / 1-18-1 Asakusa Taito-ku

G Ambika Shop アンビカショップ
Bread Vegetarian / E-5 / 11:00-20:00 / 03-6908-8077 / Closed on Year-end and New Year holidays / Ambika House 1F, 3-19-2 Kuramae Taito-ku

H Tokiwado Kaminarimon Honten 常盤堂雷門本店
Japanese Sweets / D-7 / 9:00-20:30 / Open daily / 03-3876-5656 / 048-624-5656 / 1-3-2 Asakusa Taito-ku

I Kaminari 5656 Kaikan 雷5656会館
Japanese Sweets / B-7 / 9:00-17:30 (depends on Season) / Irregular holiday / 03-3876-5656 / 048-624-5656 / 3-6-1 Asakusa Taito-ku

J Tokiwado Matsuya Asakusa 常盤堂雷おこし本舗 松屋浅草店
Japanese Sweets / C-7 / 10:00-20:00 / Open daily / 03-3842-1111 / 1-4-1 Hanakawado Taito-ku

K Owl Nest Cafe フクロウの巣カフェ
D-2 Japanese Style Biscuits / Weekday 13:00-19:00 / Weekends & Holidays 12:00-20:00 / Open daily / 03-5826-4337 ¥800 / Yasutomi Bldg 3F, 4-5-11 Ueno Taito-ku

（東京都台東区文化産業観光部観光課作成より一部抜粋）

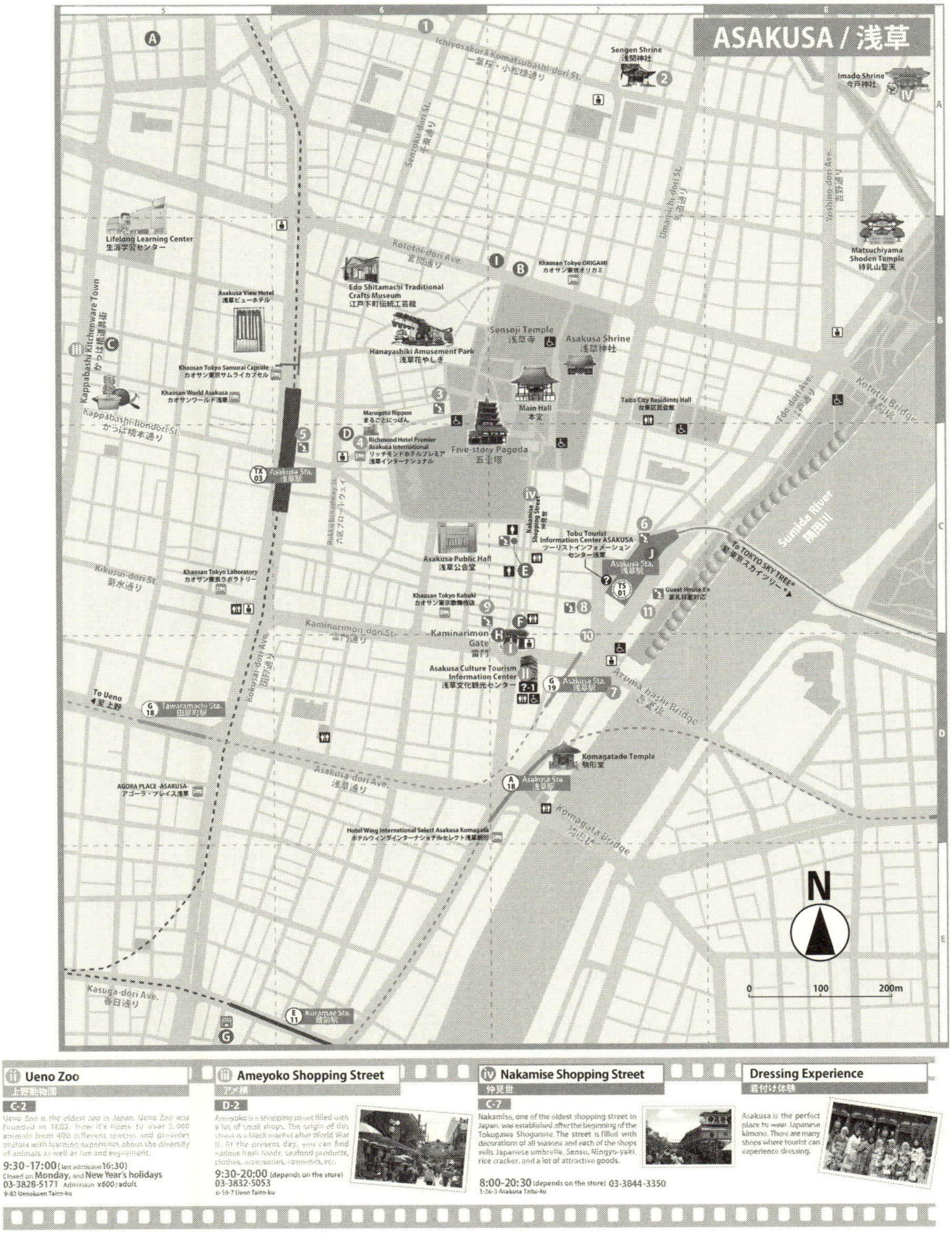

図2　ムスリムおもてなしマップ in 台東区 ver.12

図3　浅草寺雷門前の定番スポット

ビスのプラットホーム構築、⑤日本のハラール対応活動の世界への発信、などを挙げており、ムスリムにとって日本が住みやすく、また観光しやすくなることを目標としている。

同じく「台東区ハラール認証取得助成事業」では、ハラール認証を取得する台東区内の飲食店等に費用の一部を助成している。ムスリムには非イスラーム諸国での観光の際もさまざまな制約がある。ハラール認証があれば安心して食事をすることができる。しかし、認証取得には費用と手間がかかり、全ての店舗が自ら行うのは難しい。そこで、こうした現状を打破するため台東区が助成金事業を行っている。区内の浅草や上野は東京らしい雰囲気が味わえる訪日観光客に人気のスポットだ。ムスリム観光客も増加しており、ハラールラーメンやワールドカフェなど、積極的にハラール対応している店舗も見受けられ、ゲスト側も安心して食べ歩きを楽しんでいる。

さらにこうした食べ歩きが簡単に楽しめるよう、「ムスリムおもてなしマップin台東区」が二〇一六年に作成された（前頁参照）。マップは、礼拝スペースの場所、ハラール対応の度合いに重点を置いて作成されている。これらは、ムスリムだけでなく、他の宗教にとっても有益な情報だ。食に関しては、すでに日本でもアレルギー表示やベジタリアン対応が行われているが、観光客が口にする料理に何が入っていて、どのような調理過程を経たか明示することは、正にユニバーサル対応と言えるだろう。そうした意味で、マップの注意書きの「Please ask the staff if it is a Halal/Muslim-friendly menu when ordering」とあるのは責任あるおもてなしであると感じられる。

日本にゲストとしてムスリム観光客を受け入れている以上、食の安全だけではなく、安心を確保することは大切だ。こうした経験を通じて、ホスト側もムスリムに限らず、他文化に理解を深めることで彼此の違いに気づき、改善策を講じることができる。

東京のムスリム観光客

外国人ムスリム観光客は、旅行中であっても礼拝や食事の選択などの形でイスラームを実践する。これは、イスラームでは宗教実践と日常生活とが分かちがたく結びついているからである。ただ実践するにあたっては、ファシリティの一部を社会環境に依存しなければならない。中東や東南アジア諸国では日常の生活圏内にモスクやハラール・レストランが存在するのに対し、ホストとしての東京には、ムスリム人口が少なく信仰実践のためのファシリティがぜい弱で、急増するムスリム観光客を全て引き受けるのは困難な状況にある。これらの拡充が外国人ムスリムの誘客にとって急務であり、台東区のように自治体が旗振り役を務めている地域も存在する。

ハラール・レストランや土産物店、礼拝スペースの登場は、ホストとゲストのインタラクティブな関係から紡ぎ出された産物である。ただ、ムスリム観光客の増加自体が近年の現象であるため、外国人ムスリムによる東京理解と日本人によるイスラーム理解が同時に果たされる適切な交流文化のあり方は、今しばらく模索が必要であろう。

・執筆者
井上華奈穂・瀬崎真那・中島加奈恵・配島陽介・橋本あかり・日下部彩月・田口暖菜（執筆時観光学部生・舛谷鋭ゼミ所属）
福島康博（観光学部兼任講師）

外国人ツーリストはいつ、どこにいる？

——杜　国慶

はじめに

観光者が観光地を回遊し、まさに空間の中で動き、空間に規制または規定されているという考え方が従来の観光地理学の基本的な見方である。しかし、観光者にとって時間による規定も非常に重要であり、限られた時間のなかに如何に観光地を満喫するかが重要な要であろう。

観光者は人間としての睡眠、休息などの生理的なリズムがあれば、観光対象の営業時間による制限もある。例えば、ほとんどの博物館の開館時間は通常の仕事の時間と重なるものの、コンサート・ホールや劇場の催しは仕事以外の余暇時間に行われることが多い。また、限られた時間にしか観賞できないものもある。通常の街並みや景観なら日照時間帯であれば観察できるが、夜景や花火なら日没後にしか観賞できない。したがって、観光者の行動において時間も重要な規制条件である。

近年、日本のインバウンド観光者数が急増し、外国人の訪日旅行に関する研究も重要視されている(1)。国際都市の東京は多種多様な機能と観光資源、観光施設を有するため、多くの観光者が訪れ利用するが、都市の局部はそれぞれ異なる機能に特化したことであり、時間帯によっては訪問者数の増減が現れる。本章では、近年注目されるビッグデータを用いて、訪日外国人旅行者の東京二三区における時空間分布（いつ？　どこ？）を分析する。

ここで使用するデータは二〇一五年四月一日から三〇日までの間に測定されたもので、提供された位置数値は第三次メッシュ(2)まで確認できる、調査協力者全体の五％に満たない国の調査協力者の国籍は公表されず、大陸や地理的まとまりで集計されている。調査協力者数は五八六六八人であるものの、第三次メッシュが空白のものを除けば有効回答者数は五三二五人にのぼる。うち、東京二三区を訪れた回答者数は三八一三人で、回答者数の七一・六％を占める。換言すれば、訪日外国人旅行者の約七割は東京を訪問している。国・地域別にみれば、東京二三区を訪問する割合が最も低いのは香港（五三・一％）で、次いで中国・韓国（六五・〇％）、台湾（六七・九％）の順であり、逆に、東京二三区訪問割合が最も高いのはカナダ（八八・四％）で、次いで北欧（フィンランド、スウェーデン）（八六・三％）、インド（八二・〇％）、ロシア（八一・八％）の順である。日本の周辺に位置する近隣国・地域からは空路だけではなく、フェリーやクルーズなどの移動手段があり、東京以外の地方都市への航空便も多いため、東京を日本入国ゲートウェイ（Gateway）として利用する可能性

（1）杜、二〇一七年

（2）第三次メッシュは地域メッシュの一種類である。地域メッシュとは、統計に利用するために、経緯度を基に地域をほぼ同じ大きさの網の目（メッシュ）に区切ったものを指す。日本では一九七三年に「統計に用いる標準地域メッシュおよび標準地域メッシュ・コード」が制定された。第一次メッシュ（正式名称は第一次地域区画）は二〇万分の一地勢図の一図葉の区画を一単位区画（一辺の長さは約八〇km）としたものである。第二次メッシュは第一次メッシュを縦方向と横方向それぞれに八等分してできた区画で、二万五千分の一地形図の一図葉の区画（一辺の長さは約一〇km）に当たる。第三次メッシュ（正式名称は基準地域メッシュないし第三次地域区画）は第二次メッシュを縦・横方向それぞれに一〇等分してできた区域で、緯度差は三〇秒、経度差は四五秒で、一辺の長さは約一kmである。

が低くなる。加えて、近隣国・地域からの訪日旅行者はリピーターが多いため、東京より日本の地方に関心を示すことも一因であると推測できる。他方、北米やヨーロッパなど遠方の国から訪日する場合、東京がゲートウェイとして重要な役割を果たす。

東京二三区を一つの単位として見なして、二三区と外部（東京都市部と他の道府県）間の移動を分析する。移動総数は三万九八三九件で、二三区内の移動が三万二〇〇七件で移動総数の八〇・三％を占める。時間別に移動総数に占める二三区内移動の割合を見れば、六、七、八時がそれぞれ六八・四％、七〇・二％、六九・一％と最も低く、九時からその割合が上昇し、一一時以降は八〇％を上回り、二時と三時には最高値の九〇・二％と九二・〇％に達する。いわゆる、早朝の六時~八時は区外との間の移動が活発であり、昼間は二三区内の移動が主となり、〇時以降深夜の時間帯には移動がほぼ二三区内に限られるといえよう。

1　東京二三区と外部間の移動

二三区から外部への移動と外部から二三区への移動がそれぞれ三九三六件と三八九六件で、移動総数の九・九％と九・八％を占め、移動の八割が二三区内で発生することが分かる。外部との移動が発生する時間帯を見れば、一一時から一八時までの間が一時間に二五〇〇件を超える高い数値を有し、うち、一七時の移動が二七二六件で最高値を示し、午後とくに夕方が移動の活発期間とも言えよう。二三区から外部への移動は六時、七時、八時がそれぞれ二一・八％、二二・〇％、一九・七％で高い割合を占めるものの、外部から二三区への移動は一六時、一七時、一八時がそれぞれ一二・二％、一一・九％、一二・一％と最高値を示す。外部への移動は早朝に集中しているが、外部からの流入は午後から活発になり夕方にはピークに達することが分かる。

東京二三区と外部の間の移動は東京都市部を含めて三六の都道府県との移動が確認できる。うち、千葉県（二三二六件）と神奈川県（二〇二九件）が最も多く、次は東京都市部（一〇三〇件）、埼玉県（六六四件）、静岡県（三七三件）、山梨県（二六一件）、京都府（二二五件）、大阪府（一八九件）、栃木県（一五七件）の順で高い件数を有する。以上の府県との移動を

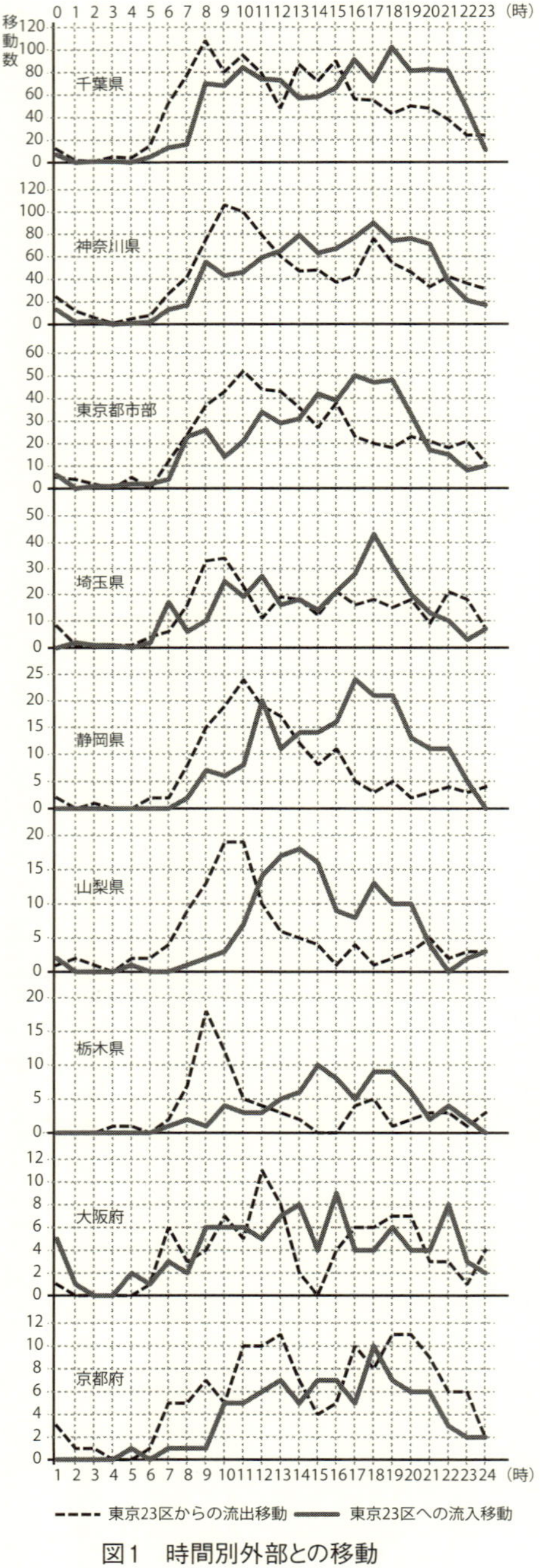

図1　時間別外部との移動

時間別にみると、東京二三区との関係が理解できる（図1）。千葉県と神奈川県、東京都市部、埼玉県、静岡県、山梨県、栃木県とも時間別移動数の分布において共通する点は、東京二三区からの流出ピークが午前中に現れ、東京二三区への流入ピークは午後または夕方に出現することである。この分布パターンは旅行者が午前中に東京二三区から出かけ、夕方に東京二三区に戻ってくることを意味し、これらの県は東京二三区に宿泊する旅行者の日帰り観光圏であると判断できる。うち、千葉県の時間別分布が他の県と比べて割と複雑である。千葉県には東京ディズニーリゾートなどの観光資源だけでなく、東京への重要なゲートウェイとしての成田空港も存在するため、東京との関係も複雑であるからであろう。そして、静岡県と山梨県は上記の日帰りパターンの共通点に加えて、東京二三区への流入には二つのピークが存在するのが特徴である。とくに、一二時（または一四時）のピークと夕方（一七時または一八時）のピークを比較すると、その差が小さい。静岡県と山梨県は東京二三区宿泊者の日帰り観光圏でありながら、関西または中部から東京へ流入してきた旅行者の経由地でもあることが分かる。

大阪府と京都府において、時間別移動数の分布には上記の日帰り観光圏のような顕著な特徴が確認できず、東京二三区の日帰り観光圏に位置しないことが二府の共通点である。東京二三区との間の移動数において両者には大きな差が存在しないが、東京への流入量と東京からの流出量においては大きな差が存在する。東京二三区からの移動数が東京二三区への移動数に対する比例を計算すると、大阪府の八九：一〇〇に対して京都府は一五九：一〇〇で約倍高く、東京二三区から京都府への流出量が京都府から東京二三区への流入量を大きく上回る。理由として、まず、大阪にはゲートウェイとしての機能を果たす国際空港が存在するため、大阪府と東京二三区間の往き来にはほぼ差がないと理解できる。京都府には国際空港がないため、東京を経由して京都府を訪れる人が多くなる。

2　東京二三区内の主要訪問先

東京二三区において合計五万二四六三件のアクセスとその約六割に当たる三万二〇〇七件の移動があった。アクセス数の時間分布を見ると、一時〜六時は全てアクセス数一〇〇〇件以下で、三時が最低値の四八八件である。七時には一〇〇〇件を超え、八時には二〇〇〇件を超え、一〇時には三〇〇〇件を超えて、一二時には最高値の三二三五件に達し、以降、一九時まで三〇〇〇件以上の高い水準を維持する。二〇時には三〇〇〇件以下に減り、二三時には二〇〇〇件を下回る。移動率の時間分布も、アクセス数の時間分布とほぼ同じパターンを呈する。

東京都は外国人観光者の主な訪問先として、新宿・大久保、銀座、浅草、渋谷、秋葉原、東京駅周辺・丸の内・日本橋、上野、原宿・表参道・青山、お台場・東京湾、六本木・赤坂、池袋、築地、品川、新橋・汐留、恵比寿・代官山、吉祥寺・三鷹、墨田・両国、八王子・高尾山、蒲田、伊豆諸島・小笠原諸島の二〇カ所について訪問率と活動、期待、満足度について調査した。(3)

東京二三区の五万二四六三件のアクセスを分析すると、外国人旅行者の主要な訪問先は上記の東京都の調査対象先のほかに、日比谷、浜松町、押上、水道橋、日暮里、羽田国際

(3)　東京都、二〇一五年、一九頁

線ターミナル、四谷、皇居、錦糸町、半蔵門、大手町、代々木公園、目黒、門前仲町などの一四カ所も多いアクセス数を示し、外国人旅行者がよく訪れる場所と理解できる。これらの訪問先の時間別アクセス比率（ある訪問先の二四時間アクセス総数に占めるある時間帯のアクセス数の割合）の最大値を見ると、深夜睡眠時間の一時から六時に最大値をもつ訪問先は存在しない。早くも七時に最大値が現れるのは羽田空港国際線ターミナルで、続いて九時に最大値をもつのは蒲田、浜松町、品川、東京駅はいずれも重要な交通機能を有する場所であり、早朝の時間帯には都市の交通機能がよく利用されていることが分かる。続いて一〇時に最大値を示す門前仲町と四谷は、それぞれ交通機能の発達する東京駅と新宿駅の近くに位置することが共通点である。一一時には築地と半蔵門、大手町、一二時には三鷹台と浅草、恵比寿が最大値を示し、築地を除けば、午前中に旅行者の訪問が多い箇所は皇居周辺に位置する見学施設であることが分かる。

そして、一三時には代々木公園と上野、両国で、行動範囲は都心から外縁へ拡がる。一四時に押上と銀座が最高値を有する。押上の最高値が一四時からスタートすることは、スカイツリー訪問は浅草（最高値は一二時に）観光の延長に位置付けられていると推測できる。また、押上の最高値が一六時まで続くことは、日暮れ時にスカイツリーに上って夕景または夜景を観賞する訪問者が多いと考えられる。一五時には原宿、一七時にはお台場、青山、渋谷、表参道、一八時には目黒、代官山、秋葉原、日比谷、一九時には水道橋に最高値が現れ、いずれも街歩き、散策、ショッピング、飲食などの機能が存在する複合エリアである。新宿と六本木はそれぞれ一九・二〇時と一九・二〇・二一・二二時に最高値が現れ、ナイトライフが盛んなエリアといえよう。池袋も二一時に最高値を有するものの、新宿と六本木のような最高値が複数の時間帯に渡って続くようなパターンとは異なる。錦糸町と大久保も池袋と同じくそれぞれ二一時と〇時の単独時間帯に最高値をもち、宿泊機能を果たす役割を意味する。

このように、観光者の一日の行動範囲は、宿泊施設から始まり、早朝の交通施設から午前中の見学施設、午後の散策施設とショッピング施設、夕方から夜はショッピング施設と飲食施設、娯楽施設、最後は宿泊施設へ戻ると移動することが確認できる。

アクセス比率の時間帯別分布において、皇居と大手町、三鷹台、浅草、代々木公園、原宿とも最高値の前後に一〇％以上の高い数値が集中し、これらの訪問先へは旅行者が特定の時間帯に集中していることが分かる。また、東京駅と日本橋、押上（スカイツリー）、渋谷、表参道、代官山、日比谷、水道橋、新宿、池袋などの訪問先は五％以上一〇％未満のアクセス率が連続する長い時間帯に渡って分布しており、最高値とその次の高い数値の差が小さく、昼間から夜間にかけて旅行者がほぼ均等に訪れていることが分かる。これらのエリアは交通、ビジネス、観光の複合機能が混在し、多種多様な目的に旅行者が利用していることに理由があると考えられる。

3　東京二三区内旅行者の時空間分布

時間帯別に第三次メッシュのアクセス分布を地図化して、旅行者の時空間分布を分析してみよう。

一時には、新宿、六本木、赤坂にアクセスが多い。とくに、新宿には三つのメッシュも高いアクセス数を有する。深夜の時間帯には、宿泊として利用するか、ナイトライフが盛んなエリアを訪れるかの可能性が高い。新宿駅北西部のメッシュには歌舞伎町が所在しており、ナイトライフのために訪れる旅行者が多いと推測できるものの、同駅の東側のメッシュには大型ホテルなど宿泊施設が多く存在している（図2）。二時には、新宿と六本木の高いアクセスが続くことに加えて、渋谷と秋葉原、銀座も高いアクセス数を有するようになった。逆に、赤坂のアクセス数は減少した。このような状態は三時まで続く。

　アクセス数の分布は四時になって大きく変わった。四時台には山手線が運行を開始し、重要な交通機能をもつ新橋と品川のアクセス数の上昇が著しい。同時に、築地市場のアクセス数も少しではあるが上昇し始

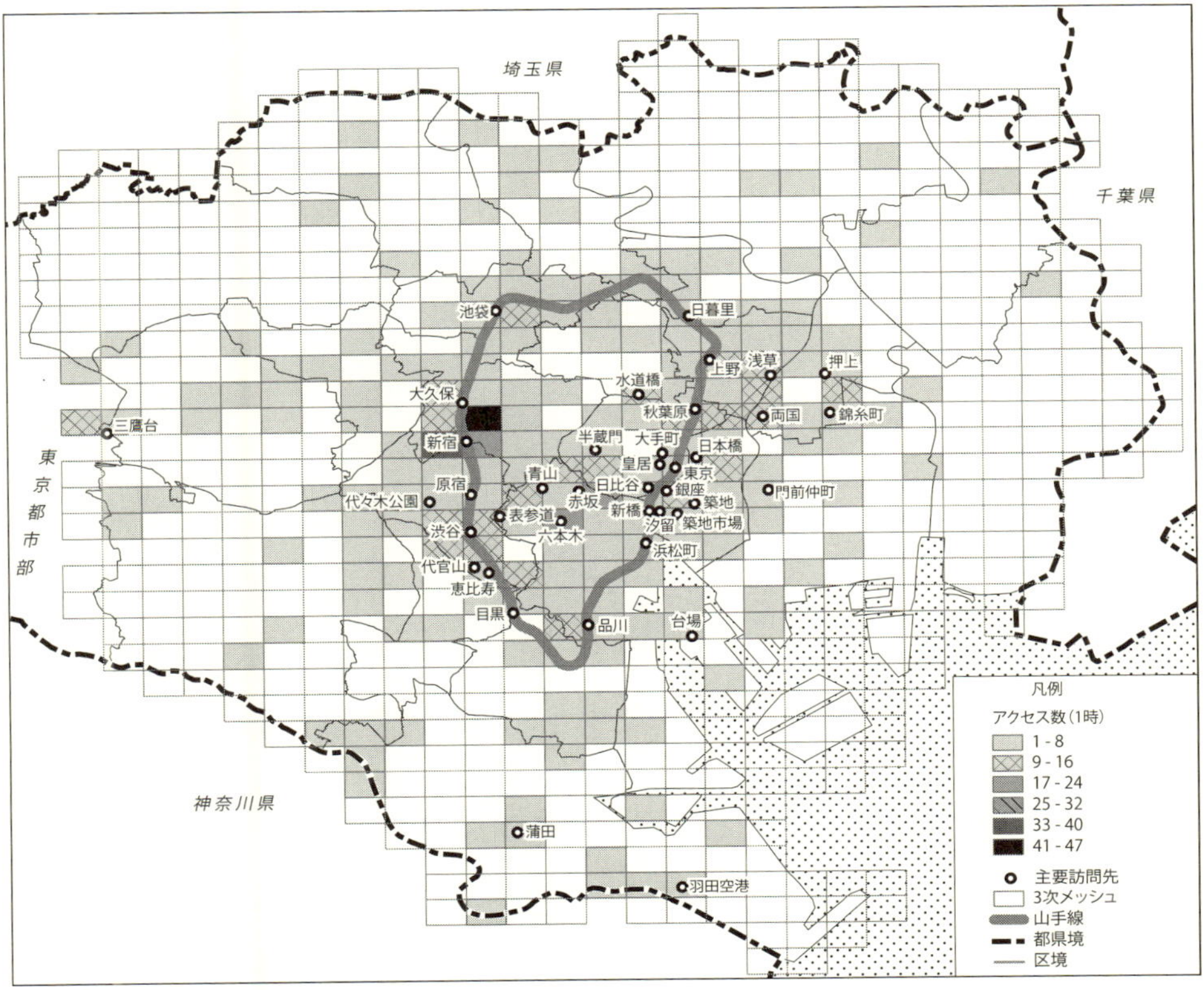

図2　第3次メッシュアクセス数分布（1時）

めた（図3）。五時には、築地市場のアクセス数がかなり高くなり、業務または観光で築地を訪れる人が増えたことを意味する。六時には訪れたメッシュ数もアクセス数もかなり大きく増加してきた。とくに、上野と羽田空港など重要な交通機能を果たすエリアの増加が目立つ。七時には、上野と羽田空港に加えて、東京駅周辺にも多くの旅行者が訪れるようになった。同じ分布パターンは八時まで続く。

九時に新たに現れた高いアクセス数は浅草と新宿駅の東（新宿御苑が立地するメッシュ）である。通常の昼間に行われる観光活動がこの時間から活発になり、浅草と新宿が東京観光において重要なエリアであることが分かる。一〇時には、浅草のアクセス数が増加し続けることに加えて、銀座と上野駅の西が高い値を示す。上野辺りに多く存在する美術館や博物館、銀座に多い商業施設の開館または営業開始時間と合致す

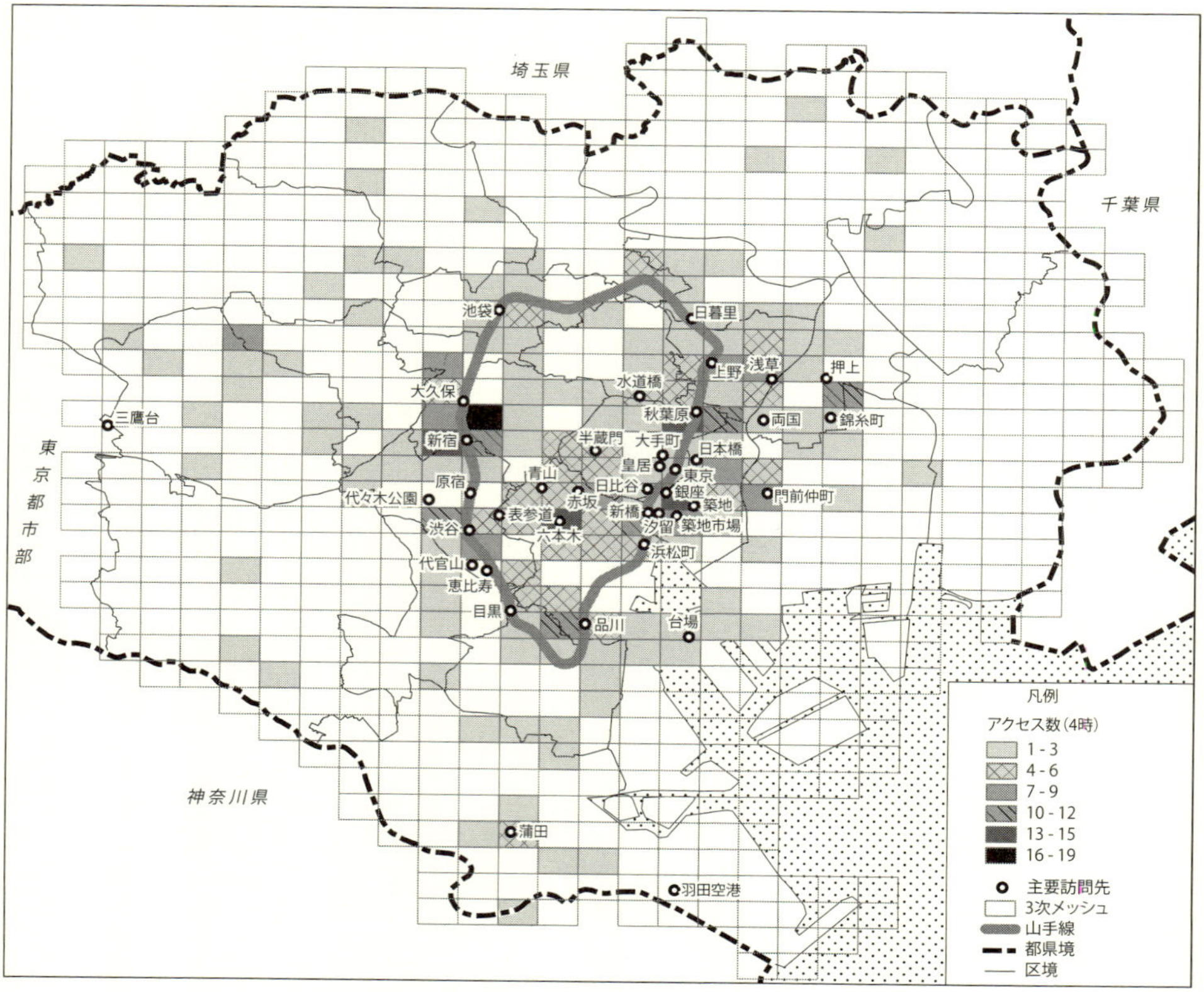

図3　第3次メッシュアクセス数分布（4時）

る（図4）。

一一時に、原宿は上野と浅草とともにアクセスが増加した一方、品川と羽田空港の交通利用が沈静化を見せる。同じ分布パターンが続き、一四時には原宿が新宿を上回って最も多いアクセス数をもち、一五時にはお台場がアクセス数を増し始めた。一八時には原宿の南に隣接する表参道とともに最上位を占め、品川も夕方の交通利用ピークを迎える（図5）。

一九時には、浅草のアクセス数が減少し始めた。代わりに、新宿と六本木のアクセス数が再び増加し始めた（図6）。二一時には池袋でのアクセス数が増加したものの、二二時からまた減少したことから、池袋はナイトライフ機能より宿泊機能が発達していると推測できる。二二時から〇時までは羽田空港のアクセス数が再び多くなり、全体的には新宿へ集中する傾向が顕著である（図7）。

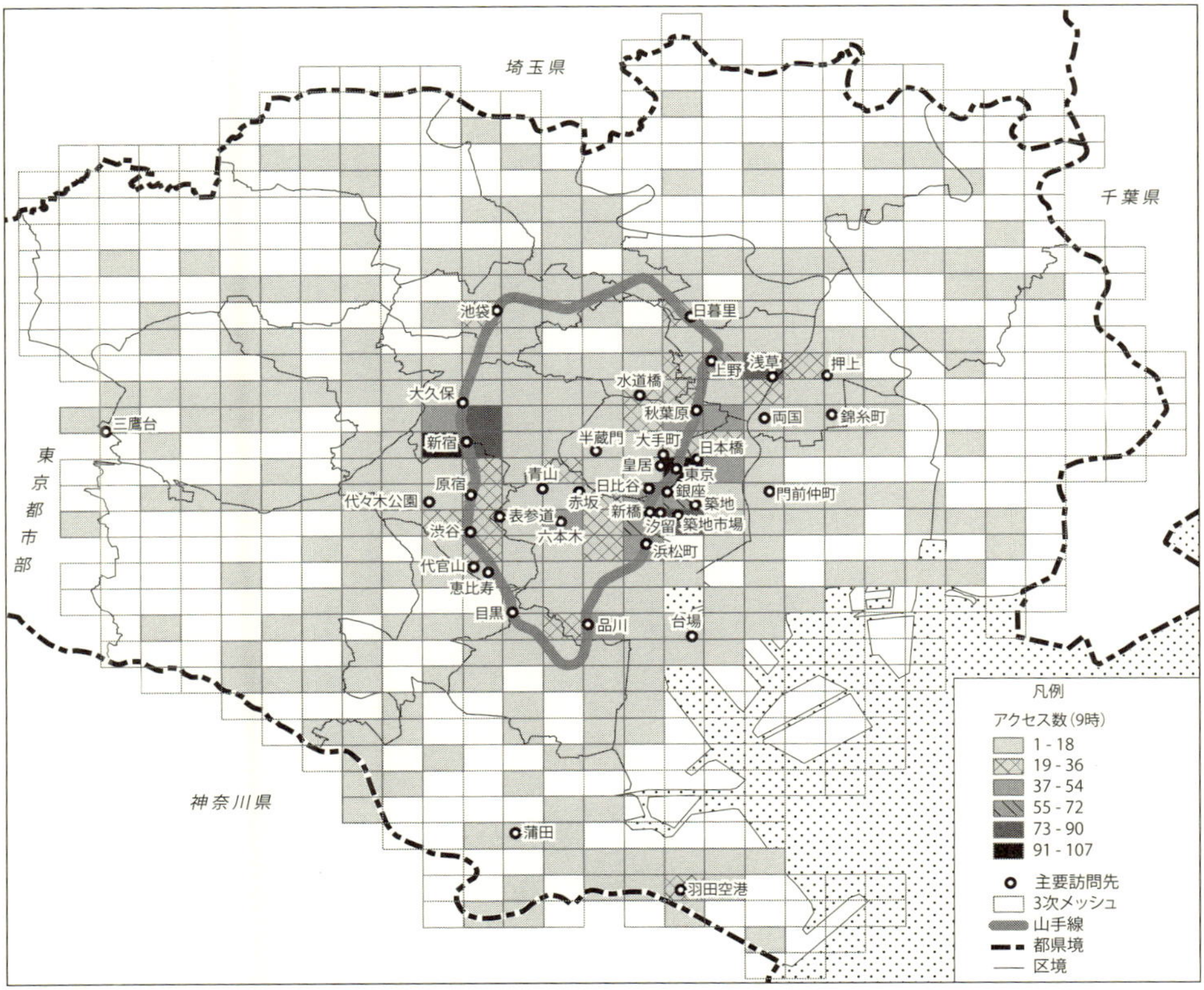

図4　第3次メッシュアクセス数分布（9時）

このように、二三区におけるアクセス数分布の変化から見えてくるのが旅行者の行動だけではなく、東京の都市機能の空間分布も確認できる。深夜一時～三時はナイトライフ機能と宿泊機能、早朝四時～八時は交通機能と築地観光、九時には通常の観光活動が活発し始め、一〇時には商業活動の開始と文化施設の開館に伴い訪問者が増加する。一一時からは遠距離移動の交通利用が沈静化するとともに原宿・表参道一帯に訪問者が増える。一九時からは浅草の観光者数が減少したものの、新宿と六本木の観光者数の増加が台頭し、ナイトライフの始まりに伴い遠距離移動のための交通機能も再び利用される。二二時～〇時は旅行者の新宿への集中傾向が強まり、羽田空港の利用者数も増える。

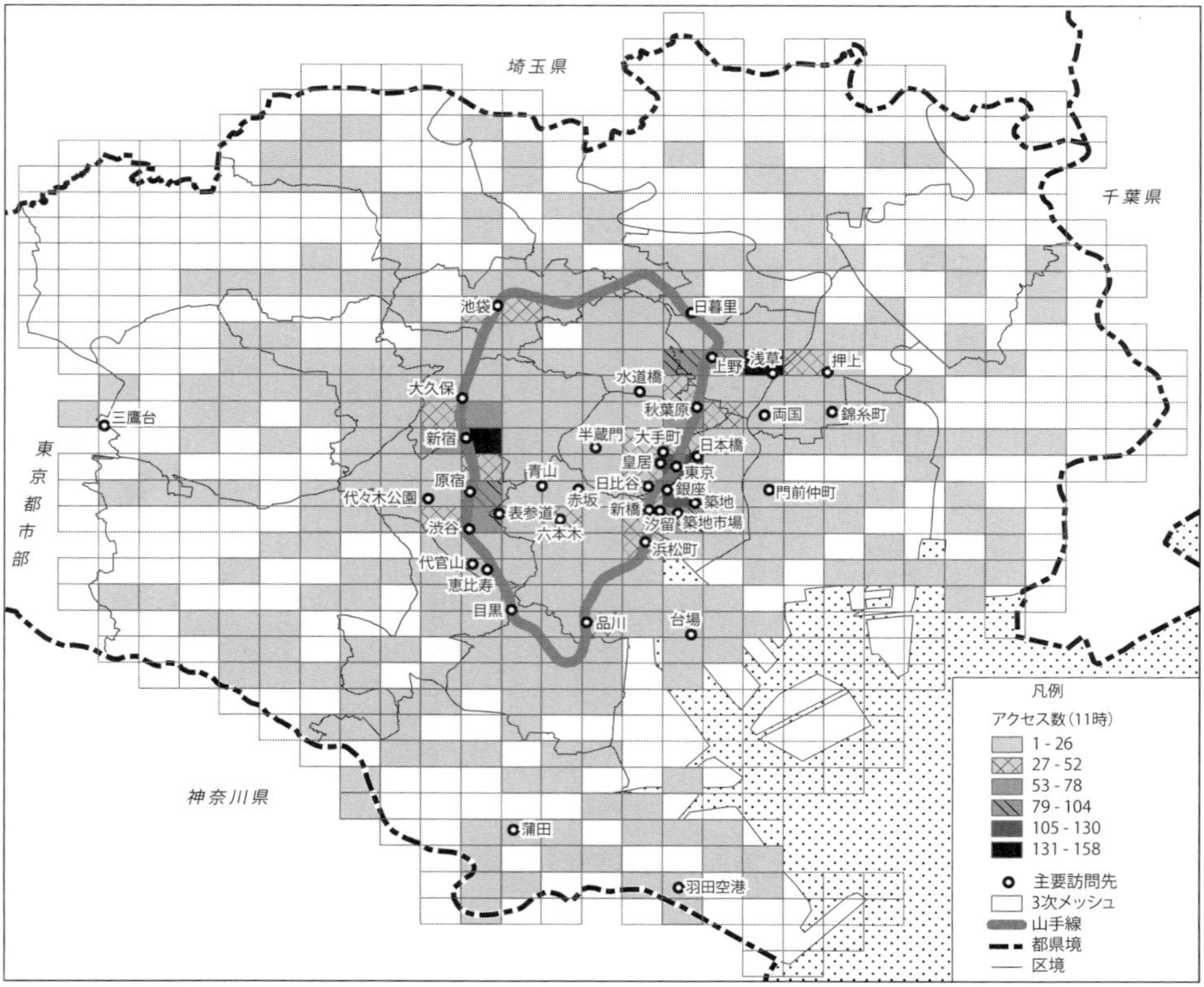

図5　第3次メッシュアクセス数分布（11時）

おわりに

以上の分析では、東京二三区と外部との間の移動特徴が確認できた。二三区から外部への移動は早朝に集中しており、外部から二三区への流入は午後から活発になることが分かった。そして、東京二三区と外部の移動の時間別分布から、千葉県と神奈川県、東京都市部、埼玉県、静岡県、山梨県、栃木県は二三区の日帰り観光圏に属することも判断できる。また、二三区内の移動において、観光者の一日の行動範囲は通常、宿泊施設から始まり、早朝は交通施設を利用して移動し始め、午前中は見学施設を中心に観光活動を展開し、午後は散策エリアやショッピング施設を利用し、夕方には買物し、さらに夜には飲食・娯楽を中心とする観光活動を行い、最後は宿泊施設へ戻る

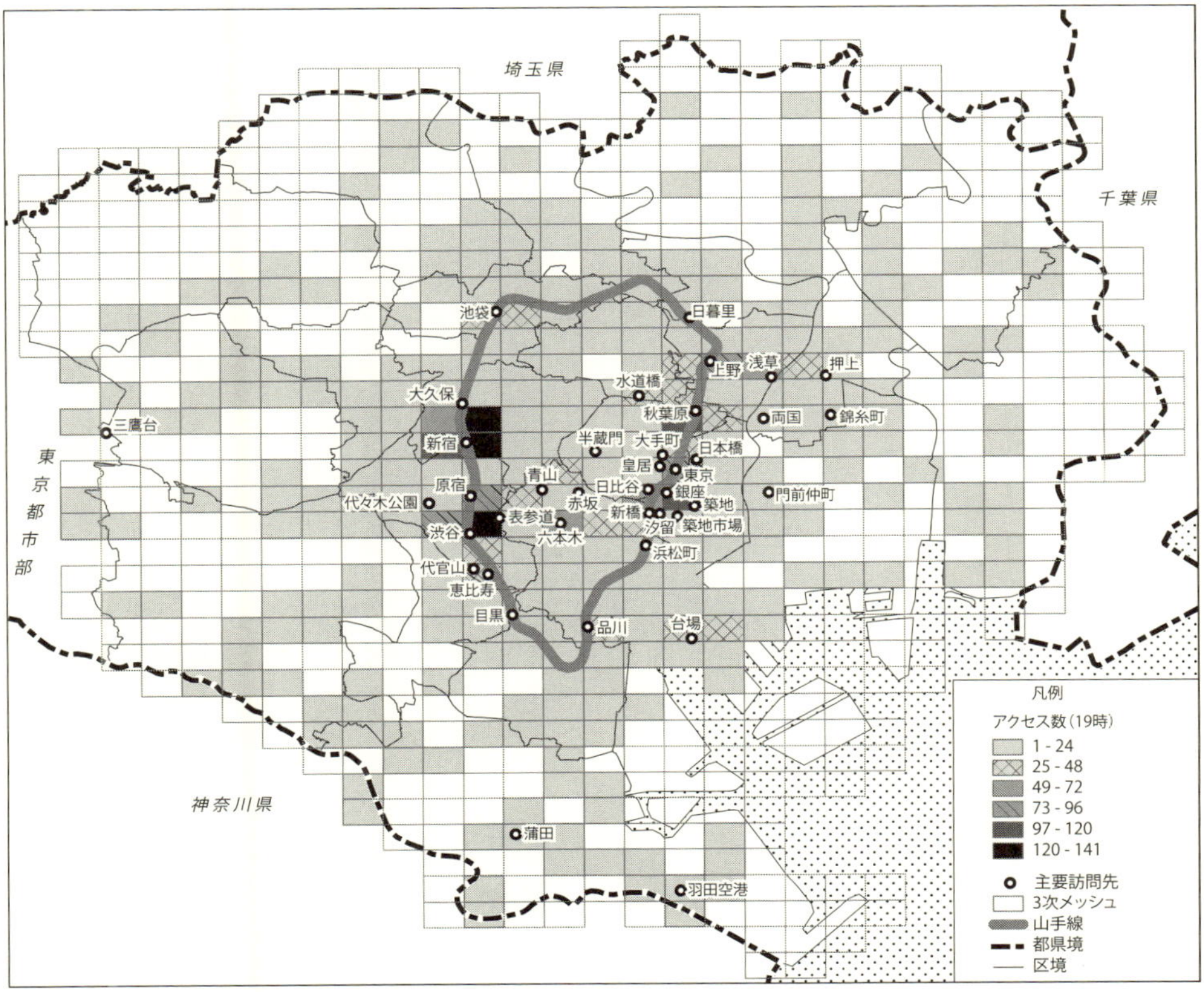

図6　第3次メッシュアクセス数分布（19時）

ように、時間帯によって観光内容と利用施設が異なることが分かった。加えて、都市機能が単純なエリアへの訪問は特定の時間帯に集中するが、複合機能を有するエリアへの訪問は時間帯と関係なく均等である特徴も把握できる。

〔参考文献〕
杜国慶「APPデータに見るインバウンド訪問者の空間構造」『立教大学観光学部紀要』一九、二〇一七年
東京都『平成二六年度国別外国人旅行者行動特性調査報告書』二〇一五年

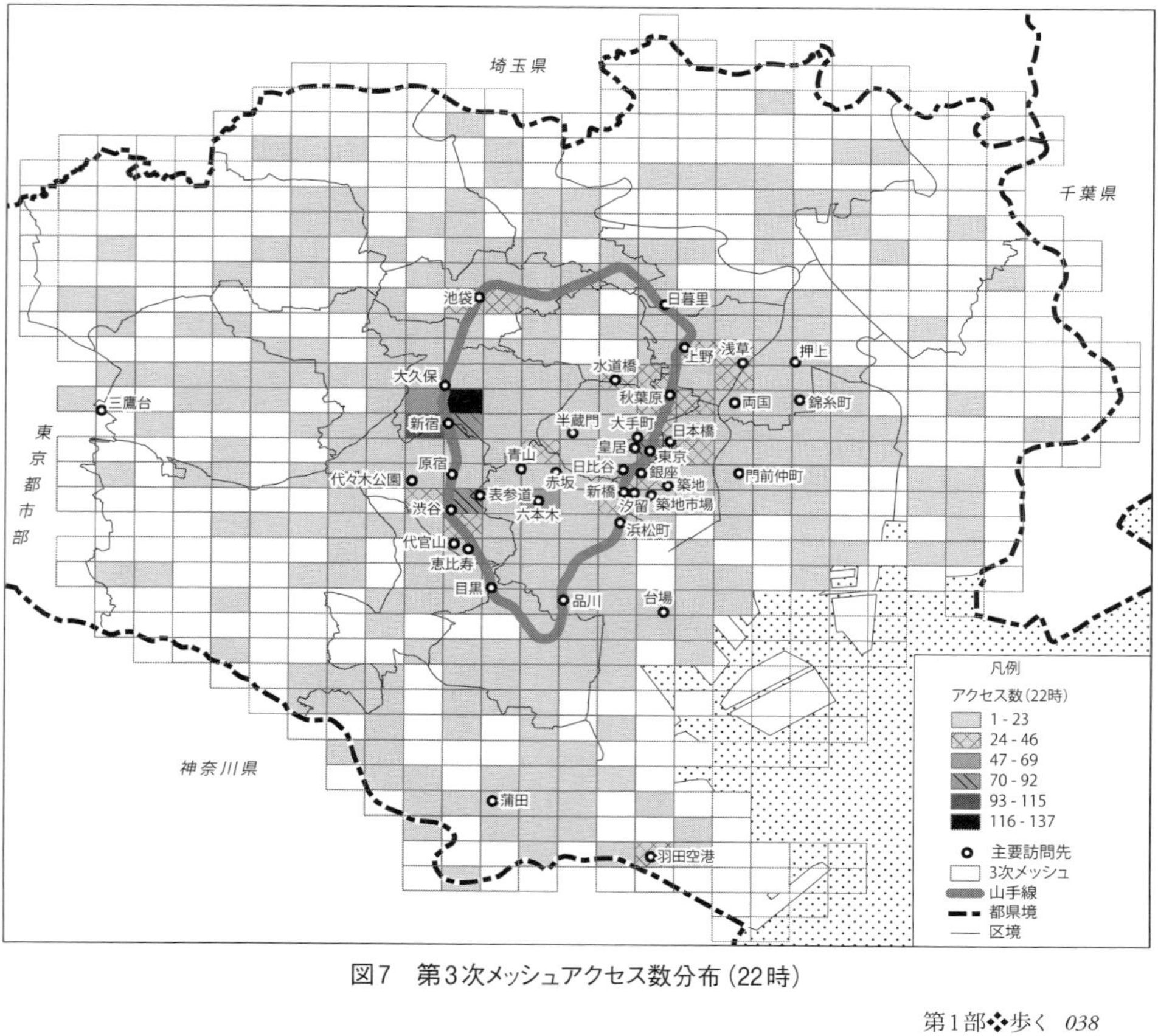

図7　第3次メッシュアクセス数分布（22時）

東京上空より

コラム

外国人プライベートツアーの様相

庄司貴行

インバウンドと呼ばれる外国人観光客が急増し、「ゴールデンルート」と呼ばれる「定番コース」まで知られるようになったが、最も多くの外国人観光客を集めているのは首都東京である。都内で外国人旅行客を見かけることはすでに珍しくなくなり、観光バスで繁華街に到着、「爆買い」といった現象にも注目が集まるようになっている。一方で個人客、ことに比較的富裕な外国人が東京でどのような観光を楽しんでいるのかはあまり知られていない。

日本では、報酬を得て外国人の観光案内業務を行うための資格として、通訳案内士という国家資格が存在する。この通訳案内士がガイドとなり、小規模なグループを案内する形態がプライベートツアーである。全体的な統計は存在しないため、現在も現役で活躍中の通訳案内士の業務実績から、プライベートツアーの現状を紹介する。

東京のプライベートツアーに参加する外国人は、現状では約七割がアメリカ人で、それ以外にもフランス、スペインなどの西欧が主流を占める。六割以上が日本初訪問で、夫婦二人のケースでは共に六〇代以上、ファミリーの場合には五〇代の夫婦に二〇歳前後の子供二、三人という構成が目立つ。

日本での総滞在日数は一〇日から二週間で、そのうちの三日から四日を東京滞在にするケースで利用が目立つ。プライベートツアーの利用としては、平均して三日間でつまり東京滞在中はずっと同じ通訳案内士にガイドを依頼するのが主流となっている。

通訳案内士によるプライベートツアーは、多くの場合は参加する外国人観光客の宿泊先となっている、主として外資系のホテルからスタートする。ガイド役の通訳案内士がホテルロビーで出迎え、移動手段は車内でのWifi

図2　東京国立博物館

図1　表参道

利用が可能なハイヤーとなる。

一日目の典型的なリクエストは、まずは東京の全体像を把握したいというもの。横断歩道の渡り方やエスカレーターの乗り方、地下鉄の乗り換えなど、日本の生活ルールを覚えることにも関心が高い。見学コースとして、浅草や明治神宮、築地などいわゆる観光名所を回り、東京の大きさや各地区の配置を体感することに人気が高い。

二日目、三日目になるとまずは買い物。イッセイミヤケなどの日本人デザイナーはもちろん、ポールスミスの日本限定商品など、銀座や表参道でのショッピングは人気が高い。

見学先としてはアートへの関心が高く、上野の国立博物館はすでに定番化している。根津美術館の庭園や、太田記念美術館の浮世絵の人気が高い一方で、港区・東京ミッドタウンの21_21 DESIGN SIGHTなどの現代アートもよく知られている。また最近ではアニメへの関心が高く、「三鷹の森ジブリ美術館」などは外国人観光客にすでに大変有名なだけでなく、アニメーションの専門学校において、プロの講師のもとでの二時間のプライベートレッスンなども人気が高い。

プライベートツアー参加者の多くは、すでに来日前から多くの情報を、ことにその友人関係から収集し、すでに希望の行き先、体験したいことをリストアップして来日していることが多い。友人から紹介された日本の本物を実際に体験し、さらには友人がまだ知らない日本を発見して、帰国した際の土産話にしたいという傾向が強くみられるのが特徴となっている。

工場街の生活世界
――大田区・京浜蒲田周辺を歩く――

門田岳久

1　はじめに――人もゴジラも羽田から

日本の怪獣映画において湾岸エリアはしばしば怪獣が東京に上陸する玄関口として登場する。一九五四年に製作された初代の『ゴジラ』（東宝）は、水爆実験で目覚めた南洋の古代生物が小笠原近海から芝浦に上陸し、品川や銀座和光、有楽町の日劇、国会議事堂や勝鬨橋《かちどきばし》といった当時の大都市東京の象徴的な場所を破壊しつつ、最終的に化学兵器によって海中で殲滅させられるというパニック映画である。太平洋戦争での原爆投下の記憶が新しい当時にあって、冷戦構造下での核実験や第五福竜丸事件といったニュースを背景に、日本社会が潜在的に抱いていた外部からの脅威や不安を刺激する映画としてヒットした。

二〇一六年の映画『シン・ゴジラ』（東宝）はシリーズ二九作目にあたり、初代へのオマージュ作品として、また総監督庵野秀明が撮ったアニメ『新世紀エヴァンゲリオン』を想起させる脚本としても話題になった。本作のゴジラは東京湾アクアラインから多摩川河口に現れ、海上に浮かぶ羽田空港（東京国際空港）第四滑走路脇を通過しながら呑川《のみがわ》を上り、蒲田に上陸した後は初代ゴジラをなぞるように品川を破壊する。(1) 二度目の上陸は鎌倉からで、再開発で発展する武蔵小杉を経由して東京駅へと至る。初代のように国会議事堂や銀座・浅草方面は登場しない。

日本映画における怪獣の回遊ルートの変遷に、東京の交通網の発達と大衆観光の誕生を重ね合わせて読み解いたのは速水健朗である。速水は一九六五年の『大怪獣ガメラ』（大映）において、羽田空港を破壊したのちに銀座、新幹線、首都高速、東京タワーを攻撃していくガメラの経路が、羽田空港の米軍からの全面返還（一九五八年）や東京オリンピック（一九六四年）を目前に控えた時代を背景に、羽田に下り立ってランドマークをめぐる観光客のルートと一致していると指摘する。芝浦から上陸した初代ゴジラ、そしてガメラ以降羽田を玄関口にするようになった怪獣。その変化には船から飛行機へという長距離交通の主役交代だけでなく、大衆化された観光の誕生や「外国人観光客から見た東京という意識の芽生え」(2) が表れている。

羽田空港は、成田空港がオープンした一九七八年から国内線特化の時代を経て、二〇一〇年に再国際化を果たした。二〇一六年の国内・国際線を合わせた年間乗降客数は八〇〇〇万人を超え、二位の成田空港の二倍にのぼる。(3) 国際線だけで見ても二位の関西国際空港に迫る年間一五〇〇万人に達し、その数は航空会社の成田から羽田便へのシフトに伴って

(1) シン・ゴジラの上陸地は一種の「聖地巡礼」として、ルートマップを含めネットに多々情報が出ている（一例として、「大田区生まれのオレが写真でたどる『シン・ゴジラ』第一次上陸ルート」http://wivern.exblog.jp/26087950/ 二〇一八年一月一六日最終アクセス）。

(2) 速水、二〇一六年、二三六頁

(3) 国土交通省「平成二八年（暦年）空港別順位表」http://www.mlit.go.jp/common/001198108.pdf（二〇一七年九月一九日最終アクセス）

年々上昇している。羽田空港はいまや世界でもトップ5に入る数の旅客が乗り降りする巨大空港であり、日本／東京の大きな玄関となっている。

他方、羽田空港の位置する東京都大田区の中でも羽田から蒲田のエリアに目を向けると、時代の先端を走る大空港とはまた違った空間が広がっている。シン・ゴジラが東京上陸直後に「破壊」した呑川や京浜急行線沿線の蒲田地区には、空港から鉄道や車で都心のオフィス街や浅草・渋谷などの著名観光地へと急ぐ人にはあまり目に入らないような下町があり、とりわけ金属加工を中心とした小規模な町工場やそこで働く労働者の生活空間が広がっている。

そこは確かに観光化する東京の象徴としての華やかな景観とは違うかもしれない。だが世界の多くの空港がそうであるように、羽田空港もそこに先行して存在した庶民の生活空間のすぐ脇に（あるいは、生活空間を排除することでその真上に）[4]できている。東京は常に発展や洗練の物語の中で語られることが多く、羽田空港はまさにその物語を象徴する記号として登場することが多い。

それと同時に東京もまた「街」であり、そこには人口に膾炙した記号性だけでは記述しきれない日常の積み重ねがある。文化人類学・民俗学を専門とする筆者からみれば、こうした人びとの日常に目を向けることが「街」を理解するための出発点である。本章では二一世紀の東京の玄関口である羽田空港の後背地としての蒲田と、その周辺を読み解いてみたい。

（4）　空港建設をめぐる問題といえば成田空港問題（いわゆる三里塚闘争）が有名であるが、羽田空港にも同様の歴史がある。現在のB滑走路（および一九九三年まで稼働していた旧旅客ターミナル）あたりには一九四五年まで鈴木新田と呼ばれる三〇〇〇名が住む集落があった。同年空港を接収した米軍・GHQは突如四八時間以内の立ち退きを強いたという。ちなみに東京モノレール天空橋駅付近にある鳥居は、集落内にあった旧穴守稲荷神社の鳥居が移転されたものである。

2　京浜蒲田とその周辺

ある冬の朝、私は居住する大田区のマンションからゴミ捨てに出た。精密機械部品を作る隣の工場の駐車場では年配の工員が掃除をしており、足元からは煙が上っている。今日《きょう》日《び》たき火を見ることも少なくなった。私は寒いですね、といいながら近づくとそれは落ち葉ではなくマグネシウムの削りカスのたき火（？）であることがわかった。工員のおじさんの足元からは青白い火が見えた。京急蒲田駅からほど近いエリアの冬の一風景である。

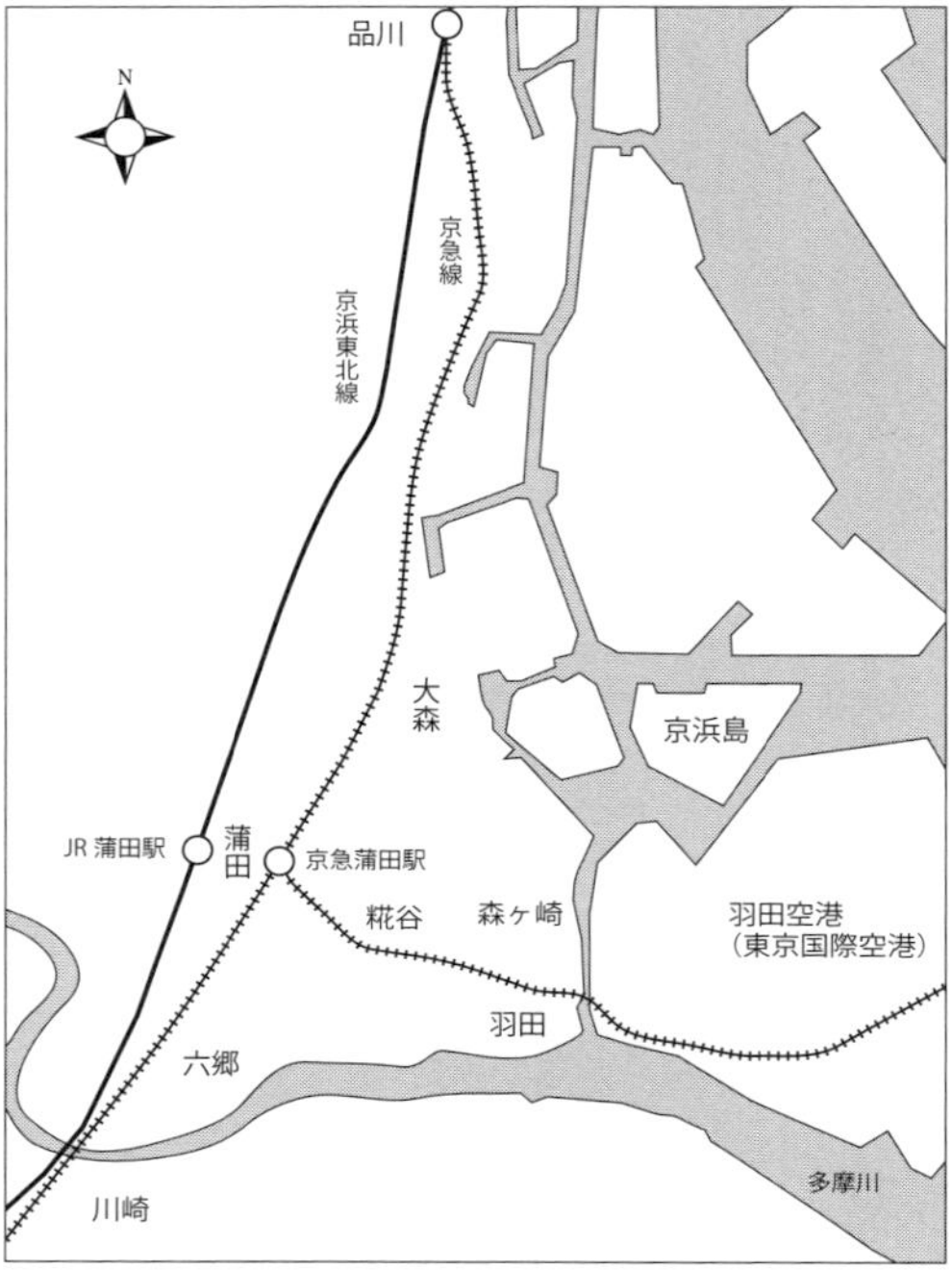

図1　大田区・京浜地区

羽田空港から京急線で約一〇分のところにある蒲田は、東京の城南地区、とりわけ京浜地区と呼ばれる湾岸エリアの中心的な街である。蒲田はいわゆる歓楽街を中心とした商業地区であるが、その繁栄を支えてきたのが大森、糀谷《こうじや》、六郷、羽田、下丸子《しもまるこ》といった大田区の低地エリアに広がる工業地帯だ。多摩川を南に挟んだ川崎市川崎区から横浜市鶴見区の臨海部が京浜工業地帯の中心であり、グローバル企業の大工場が立ち並ぶのに比べ、大田区に多いのはいわゆる町工場であった。同じく町工場街でも紙やプラスチック製品の多い墨田区と比べ、大田区は川崎の重工業の下請けとして金属部品の加工が盛んな物作り産業の地域として栄えてきた。

　もともと大田区は江戸・東京の郊外として、明治末年頃までは果樹園が広がり、大森や現在の平和島を中心とした海岸では海苔養殖や漁業が盛んであった。また蒲田や森ヶ崎には鉱泉が湧き、これらの地区に加えて穴守稲荷のあたりにも芸者の出入りする旅館や料理屋が立ち並ぶ「三業地《さんぎょうち》」が栄えた時代もある。一九二〇（大正九）年から一九三六（昭和一一）年までは現在のJR蒲田駅東側に「松竹キネマ蒲田撮影所」(5)があり、キネマの町のイメージは映画『蒲田行進曲』（一九八二年）にも登場したことでいまに記憶されている。

図2　昼間の蒲田の繁華街。夕暮れになると大勢の酔客や呼び込みで賑わう。街には100円ロッカーや格安ネットカフェ、ラブホテル、マンション、エスニック料理店、ビジネスホテルなども多い。蒲田は多面的な顔を持っている（2016年10月、筆者撮影）。

　手工業としては一九世紀初期の文化時代から大正時代にかけて農閑期の副業として始まった麦わら細工や、麦稈真田《ばっかんさなだ》と呼ばれた麦わら帽子の大規模生産が盛んであったが、明治末～大正の頃には区内に近代的な工場が進出し始めることで産業構造は大きく変わっていく。

（5）　一九二九年の歌「蒲田行進曲」で「虹の都 光の港 キネマの天地」と称された蒲田に、宮田登は「人工的な都市空間」のにおいを読み取る（宮田、一九八三年）。のどかな田園から即席のごとく歓楽街に生まれ変わった蒲田から、松竹が撤退したきっかけは東京飛行場（羽田空港）と工場の騒音であるという。松竹の跡地は現在「大田区民ホールアプリコ」（大田区蒲田五—三七）となっている。

大きな契機となったのは第一次世界大戦（一九一四～一九一八年）による軍事需要で、大工場が増え始めた芝浦と川崎に挟まれたこのエリアにも、徐々に大小さまざまな工場が進出し始めた。東京と横浜を結ぶ幹線道路・第一京浜（国道一五号線）に沿うような形で、東京瓦斯《ガス》大森製造所、電業社、三菱重工、荏原製作所、三省堂印刷工場、大竹製菓、宮田自転車、関西ペイントといった様々な業種の工場が建ち並び、昭和の初期には工場地帯というにふさわしい風景が広がることになった。工場数の増加に伴い従業員や生産額は右肩上がりになり、旧蒲田町(6)を中心とした周辺の人口も急増していった。

3　仕事／生活の一体化

工業地帯としての大田区京浜地区を紹介したり分析したりする書籍は多いが、多くは経済的観点の書籍である。この地域で働く人びとの日常生活に焦点をあてたものは多くはないが、みずから町工場の旋盤工でもあった作家・小関智弘《おぜきともひろ》の一連の作品はどれを読んでもおもしろい(7)。しかしもう少し分析的な手法で読み解いたものとなると意外に少ない(8)。その中で、一九八三（昭和五八）年に発行された『大田区史』に焦点を当ててみたい。

この区史の民俗編では、戦後を代表する民俗学者、宮田登の指導のもと当時筑波大学などの大学院で学んでいた若い研究者が、六郷や糀谷など蒲田周辺の町工場街で職人の日常生活や働き方をフィールドワークによって明らかにしている。「町場と都市の民俗」と銘打たれた箇所は、それまで農村の伝統文化研究というイメージだった民俗学の刷新が表れ

(6)　東京府荏原郡蒲田町に一九二二（大正一一）年から一九三二（昭和七）年まで存在した町制。その後東京市蒲田区を経て、一九四七（昭和二二）年に大森区と合併。両区から一文字ずつを採り、現在の大田区となった。

(7)　小関の著作は文庫や新書での発刊、再版が多く入手しやすいが、個人的な観点で二冊あげるなら『大森界隈職人往来』（小関、二〇〇二年）、『春は鉄までが匂った』（小関、二〇〇四年）をおすすめしたい。なお漫画家・つげ義春の作品にも、メッキ工場を描いた『大場電気鍍金工業所』（つげ、二〇〇八年）などでしばしば町工場が登場するが、つげの舞台は城東地区で、立石（葛飾区）あたりとされている。ただ戦後直後の様子などは小関の著作と読み合わせると京浜地区と似たような仕事／生活だったことがうかがえる。

(8)　京浜地区の労働者文化に焦点をあてた秀作として道場親信『下丸子文化集団とその時代』（道場、二〇一六年）がある。本書は詩作と同人誌活動を中心とした、一九五〇年代に絶頂を迎えたいわゆるサークル文化運動に焦点をあて、社会運動史の観点から労働者の政治・文化を論じ

ているだけでなく、戦前から高度経済成長期を経た工場街の貴重な記録となっている。同書によると、一九八〇（昭和五五）年の大田区では工場数八三〇七、従業員数九万四九七一人、製品出荷額一兆四九六七億円、区内労働者のうち工業従事者の割合は三七％に達し、いずれも東京二三区第一位の地位を占めている。この地域にあって典型的な、精密機械部品の金属加工を中心とした中小規模の町工場が林立する六郷や糀谷を調査した岩本通弥の記述をもとに、当時の町空間での仕事と生活を垣間見てみよう。

蒲田の東側にある糀谷に町工場が広がるのは昭和一〇年代以降で、特に一九六二（昭和三七）年の漁業権全面放棄により、海苔養殖業者が転業するなどして工場数が飛躍的に増加したという。[9] 時は高度経済成長の入り口にあたる。もともとこの地域で「地の者」（土地で生まれ育った者）が工場に働きに出るようになったのは大工場が進出し始めた大正期からであるが、農漁業が衰退した戦後においては、工業やそれに関連するサービス業などに従事する人がますます増えていった。

糀谷などの町工場の特徴は、岩本によれば極端な職住近接である。例えば一九八〇年時点で西糀谷一、二丁目には一八三の工場があるが、そのうち一〜二人で経営される工場が二四・六％を占め、一〇人以下の工場となると全体の七〇％にのぼる。そのほとんどが家族経営であり、親方が社長であるとともに父親でもある。従って工場イコール住居というケースが多く、全体の七四％が同一敷地内に建っているという。

さらに一八三の工場のうち、家族のみが従事する企業が三分の一にのぼる。家族以外の従業員も多く働くが、全従業員のじつに七割が同一町内に居住しているという。おそらくほとんどは徒歩か自転車での通勤であったと考えられる。岩本が「通勤地獄とは無縁の町」

ている。付言すると、労働者の多かった大田区京浜地区では政治的にも日本共産党支持者が少なくないが、同時に創価学会の池田大作名誉会長の出身地区（大森）でもあるため、公明党の支持者も多い。

（9） 漁師が工場経営に多く転業したこと、そして必ずしもうまくいくことばかりでなかったことは小関智弘のエッセー（小関、二〇〇二年）に描かれている。なお大森を中心とした海苔養殖や漁業については大田区立郷土博物館（大田区南馬込五—一一—一三）、大森海苔のふるさと館（大田区平和の森公園二—二）で展示されている。特に後者はスタッフにかつての海苔漁師も含み、展示だけでなく書籍や体験コーナーも充実している。

というように、昼間人口と夜間人口の差が少ない、都内にあって驚くべき環境だといえる。

後述のように大田区の町工場街は一九八〇年代末以後、バブル経済やリーマンショックを経て様変わりしつつある。しかし家族で経営され近隣からの若い従業員が働くという構造はいまもある程度持続している。私は週に二、三回程度、このあたりの保育園に通う息子の「お迎え」に通っていた。そこではほかの父母に混じって、まだ子どもがいるとは思えない若い工員二、三名がお迎えに来ているのを見かけることが何度もあった。おそらく勤めている工場の社長や若専務の子どもの迎えを頼まれたのだろう。町工場の終業時刻は都心の大企業よりも早いので、[10]夕方五、六時にもなれば道ばたや公園で工員たちと楽しそうに遊ぶ子どもたちの姿を目にすることも多い。

家族や従業員ぐるみの子育て、などというとずいぶん「暖かい」ように聞こえるかもしれないが、そこに過度な意味付けがなされているようには見えない。むしろ当たり前のことのように行っている。昭和初期に町工場街ができてから、特に意識することなく続いてきた日常の風景なのだろう。

(10) 住宅と混在地域が多いため、夜間の騒音対策という面もあるだろう。その代わり休日は大企業ほど多くない。日曜は休みでも、私が見る限り土曜や祝日は稼働している工場が多い。

4 設計図を蒲田の空に飛ばすと

もう少しだけ『大田区史』から仕事と生活の近さについて抜き出しておきたい。このように極めて小規模な工場が多いこともあって、一つの工場で作ることのできる製品もおのずと小さなもの、というよりは部分的なものにならざるをえない。出荷されていく商品を傍目で見ていても、なかには有名企業の名を冠した大きな看板を作っている工場もあるが、多くは完成品ではなく、素人目にはなんの部品なのかわからない鋭く輝く金属加工品を出荷している。

　従って工場同士で細かな分業体制が敷かれており、岩本によればそれらは日頃、金属加工ならばプレス屋（金属板を打ち抜く）、機械屋（切削や研磨）、カタ屋（金型成形）、酸素屋（溶接）、板金屋（鉄板の折り曲げ）などと呼ばれている。いくつもの「〇〇屋」は横に繋がっており、ひとつの製品のオーダーを順に回していき、最終的に依頼主の大工場へと納品する。この「横請け」と呼ばれるつながりは強く、グループの名前を付けて行きつけの飲み屋やスナックで定期的に会合を行うこともあるというのは、私も何度か聞いたことである[11]。

図3　大田区産業プラザPiOに展示されている下町ボブスレー。地域の商店街などの祭りにも出展し、積極的に知名度を上げようと試みている（2016年11月、筆者撮影）。

　工場同士が近所に並ぶことのメリットも大きい。ひとつの工場では仕事が手に負えないとき、また他の工場が仕事にあぶれているときは同じ「〇〇屋」で仕事を融通し合い、零細経営の会社を持続させようとする。連絡も運搬も、人力でできるに越したことはないのである。蒲田あたりでは、ビルの上から設計図を紙飛行機にして飛ばすと完成品になって戻ってくるというような口伝があるが[12]、それはこのように専門職種ごとの工場が居並び、

（11）　戦後、蒲田駅周辺の飲み屋街の繁栄を支えてきたのもまた工場の労働者たちである。今でもスナック、立ち飲み屋、大衆割烹などが立ち並ぶが近年再開発が著しい。京急蒲田駅からJR蒲田駅方面に向かう商店街の裏にある「柳通り」は、夜になれば多少淫猥な雰囲気のあるスナック街だが、マンション建設などで虫の息である。近辺には蒲田のB級グルメを代表する羽根つき餃子「金春《コンパル》本館」（東京都大田区蒲田四―五―六）、「你好《ニーハオ》本店」（大田区蒲田四―二四―一四）がある。

（12）　これは大田区産業振興協会の奥田耕士さんに伺ったことである。

それぞれの職人が得意技を活かして工業製品を完成することができるということである。またそれは、頼まれれば何でも作れるという自負でもある。

「戦時中に支給されたジュラルミンでシャモジや弁当箱をつくったら、飛ぶように売れましてね。（略）板からたたき上げてヤカンをつくってしまうんです。機械もないから、機械屋さんじゃ旋盤の代わりに自動車の車輪を回して削るとか、いろんな工夫をして生活品を作ったんです」(13)。岩本の生活史調査で、戦前には軍需工場の下請けを行なっていたベテランの板金職人は終戦直後をこう振り返っている。二〇一一年からこのエリアの若手職人を中心に、冬季オリンピックチームにボブスレーを開発している「下町ボブスレー」は、まさにこのような、何でもつくるという職人精神から誕生したのである(14)。

5　苦境のなかの町工場

私は二〇〇九年から大田区に住むようになった。当時はリーマンショックの直後にあたり、六郷や糀谷の町を歩いても稼働しているのかどうかわからない工場が多かった。民家と一体化している工場が多いため、音がしなければそこが工場かどうかすら分からないこともある。ところが徐々に景気が上向きになってくると、しーんとしていた工場からも旋盤を回して金属を削る音、ガッチャンとプレス加工する音が響くようになってきた。たとえ社長一人で回している工場でも、世界に名だたる自動車メーカーや電機メーカーから直接依頼を受けて納品をしている町工場街は、グローバルな景気の波をまっさきに受けるこ

(13)　岩本、一九八〇年、六七六頁

(14)　下町ボブスレーネットワークプロジェクトは、二〇一一年から大田区内の企業有志を中心に始まった、国際競技で使用しうるボブスレーマシンを開発するプロジェクトである（細貝、二〇一三年）。二〇一四年にはNHKでもドラマ化された。二〇一八年冬季オリンピックでの採用はならなかったものの、国内外の大会に供給を行っている（下町ボブスレーネットワークプロジェクト『下町ボブスレーネットワークプロジェクト公式サイト』 http://bobsleigh.jp（二〇一八年九月一日最終アクセス））。

となるのである。

ところで工業地帯としての大田区の最盛期は必ずしもバブルの時（一九八〇年代末～九〇年代初頭）というわけではない。その当時すでに円高が進み、輸出産業に直結する製造業は苦境に陥っていたからだ。大田区産業振興協会の資料によれば、工場数のピークは一九八三（昭和五八）年の九一九〇で、それが二〇〇八（平成二〇）年には四三六二にまで減少している。製造品出荷額でも半減以下になり、近年では職人の高齢化と廃業が進んでいる。加えて日本の製造業は中国や東南アジアなど海外への移転が顕著になり、町工場の納品先であった大企業の工場が京浜工業地帯からも次々となくなっている。

大規模工場の移転は工業中心だった町の風景を一変させている。私が大学院生時代の二〇〇〇年代をすごした川崎市の武蔵小杉には、工場跡に一棟あたり五〇〇～八〇〇世帯も入る高級なタワーマンションが複数建ち、都心に通う大企業のホワイトカラー層が万単位で転居してきた。工場のモノクロームの壁や屋根が広がっていたかつての景観とは全く違うものになっている。

大田区の中で比較的大工場の多かった多摩川沿いの六郷でも、跡地が都営や民間のマンションや学校に転用され、都心への近さもあってベッドタウン化しつつある。大正から昭和初期にこのエリアに進出してきた大工場で、いまも残っているのは関西ペイントなど少数である。新住民はやはり都心への通勤客が多く、もはや岩本が描いた「通勤地獄」に無縁な町とはいいがたい状況である。更に新住民への騒音対策として、住宅街に散在する町工場が京浜島などの臨海部に新たにつくられた工業団地に引っ越すケースも増えてきた。

こうした環境の変化にあって、町工場の経営者たちは連帯し技能継承や医療機器分野へ

図4　六郷の町工場街。一見住宅街に見えるが、よく観察すると工場だらけで、そこで何かが生まれている（2016年10月、筆者撮影）。

の進出、海外企業との折衝、そして下町ボブスレーなど将来に繋がるあらたなチャレンジを試みている。私が学生の引率でタイのバンコクに行くんだという話をすると、どの町工場の社長も、バンコクには○○という友達がいてとか、町工場の職人たちでタイに行ったんだとか、最近タイ語を勉強している、という反応をしてくれる。彼らの職場は仮に一〇〇平米にも満たない小さな工場かもしれないが、その意識はいまグローバルなフロー（政治・経済の流れ）に繋がっているのである。

6　路地に工場を発見する

こうした新たな取り組みの中で私が注目したいのは、広い意味での観光分野への歩みである。これまで町工場は「外の目線」を意識した取り組みはほとんどなされてこなかった。仕事と生活はあくまで注文主や同業者、従業員との関係で成り立つ世界であり、日頃利害関係をもたない外部の人間に仕事や職場をオープンにする必要もなかったからである。しかし徐々に状況が苦しくなる中でひろく区民や外の人間に理解を深めていくことが、ひいては将来の地域の産業振興に繋がっていくことが意識され始めた。

例えば大田区産業振興協会では『大田区モノづくり二〇一四』という一般向け冊子を作成している。[15] これは大田区の製造業の歴史、特徴、課題や将来展望が分かりやすくまとめられた読み物である。私が注目するのはこの冊子の中に、首都大学東京や横浜国立大学などの工学や観光学の分野が中心となって結成した「モノづくり観光研究会」が、まちづくり資源としての工場街の空間特性や工場町屋《まちや》を紹介している点である。

工場町屋とは工場と住宅機能が一体化された建築物のことであるという(図5左上)。冊子によると、蒲田周辺に広がる工場町屋には特徴と魅力が多く、その構造的特色、土地利用の巧みさ、超効率的な屋上利用の形態、町との関連などいくつかのポイントに着目すれば、まちづくりの資源になるのだという。それは要するに、外部の人が見てもおもしろい! という一種の提言である。

例えば図5右上は一階が工場、二階が子供の遊び場になっており、左下の写真では二階に搬入口が付けられている。このエリアは住宅や工場が密集し、地価も決して安くはない。効率的な土地利用を求めて工場町屋も「上」を最大限に活用するのである。図5右下は二階の居住スペースに一階工場を通らずに行くための階段である。確かに糀谷、六郷あたりでは妙に外階段の付いた建物が多い。私はふだん、その階段がいったい何であるのかあまり深く考えず通り過ぎていた。しかし工学や観光学を専門とする研究会の記述を読んでいくと、その機能や住人の気持ちが見えてくる。これまでただの風景として見過ごしてきた一つ一つの構造物に「意味」が読み取れ、働く人びとの工夫と知恵が伝わってくるのだ。

またこの地域にはよく、行き止まりになった道路の左右に工場町屋がぎっしり並んだ路地がある。車が来ない安全な場所は、前述のように子どもや工員が外で遊ぶことを可能に

(15) 公益財団法人大田区産業振興協会、二〇一四年。この冊子は大田区産業振興協会から購入可能である(http://www.pio-ota.jp/二〇一八年一一月一六日最終アクセス)。

▲ 工場町家は究極の職住近接である

▲ 屋上は子どもの遊び場として使われる

▲ 工場町家の上部に備え付けられたクレーン

▲ 2階の住宅にアクセス

図5　『大田区モノづくり2014』から、工場町屋を見るポイントを抜粋

する。冊子によるとこれは一九七〇～八〇年代に工場跡地を再開発したものらしく、日本の産業構造転換の時期と一致することがわかる。

私たちはふだん、町を歩くときに何を考え、どこを見ているだろうか。「観光」のために整えられた場所に初めて降り立ったときには、まず左右に一八〇度見渡し、建物や山の端まで上を見上げる。そうやって概観をすばやく「スキャン」したのちに、これと決めた道をより丹念に確認しながら歩く。しかし日常の生活空間、あるいは観光のためにしつらえられたわけではない場所では、あまりきょろきょろするわけにもいかず少しうつむき加減で通り過ぎる。そこに町の「意味」は生まれない。

いくつかの工場で社長の話を聞き町工場の書籍を読み重ねていくと、日頃何も考えず通り過ぎていた大田区の街路に、実に多くの町工場が存在していることがわかった。町工場のファサード（建物正面の意匠）には騒音対策で扉を閉め切っているものも多く、建築構造をよく見たり小さな看板を発見したりすることで、これまで民家や車庫だと思っていた建物が、実は工場だったとわかる。

町工場街が「外の目線」を意識するとは、このような情報を積極的に出すことによって日頃利害関係がない人に町の「意味」を作り出してもらうということだ。私の目の前に、突如町工場が「増えた」ように、「意味」がわかると俄然歩くことが楽しくなる。もちろん私の勝手な認識の変化以前から、そこにはずっと工場があり、職人が働いていた。「町を歩く」という行為が観光の原点になるのは、このように見聞きするものに「意味」を読み取る瞬間なのである。

7　おわりに――世界につながる土間

大田区観光協会や大田区産業振興協会は、一般市民を対象としたさまざまな「観光」的な取り組みを進めている。実際、町工場街を歩くのはおもしろいが、大田区の町工場街は決して「観光地」になったわけではないので、いざ訪ねようとしてもきっかけをつかむのは難しい。「おおたオープンファクトリー」は二〇一七年で七回を数えた工場の見学・体験イベントである。近年工場見学は国内外を問わず盛んになっているが、大規模工場と異なり、武蔵新田や下丸子、京浜島、城南島で開かれるこのイベントは中小規模の工場に入り、実際に職人と話し、もの作りを体験できるイベントである。前述の首都大学東京もサポートしており、新たなまちづくり資源となっている[16]。

大田区役所は町工場の技術継承のため、「大田の工匠」というマスターを認定し、ウェブサイトでその技能や仕事を紹介している。その目的と主たる活動は若手職人などに対する技術指導であるが、修学旅行などの学習目的があればレクチャーをしてくれる場合もある。私はゼミ学生とともに、大田区産業振興協会の奥田耕二さんに紹介され、ベテラン旋盤工の岩井仁さん（有限会社岩井製作所）を訪ねた。

岩井さんは一九七一（昭和四六）年から京急蒲田駅至近の工場で金属加工を経営している。Googleマップで住所を探し当てると、波形トタンで囲まれた、小関智弘の書籍に出てきそうな極めて味わい深い家屋にたどり着く。一瞬間違えたかと思ったが、玄関口にシリン

(16)　詳しくはウェブサイト（http://www.o-2.jp/mono/oof/ 二〇一八年九月二四日最終アクセス）を参照。また「くりらぼ多摩川」という工場長屋跡地を活用した拠点では、定期的にワークショップや「町工ＢＡＲ」という興味深いイベントが開かれている（http://www.o-2.jp/mono/lab/ 二〇一八年九月二四日最終アクセス）。

ダーのようなものと金属の削りカスがあるのを見ると間違いはないようだ。訪ねて入ると、一〇畳ほどのスペースの土間に大型汎用旋盤とフライス盤が鎮座しており、[17]様々な工具や製品が足元から天井までぎっしりと並んでいる。奥の部屋では奥さんが皿を洗っている音がする。典型的な職住一体型の工場町屋である。

墨田区で神輿等に用いる板金を営んでいた父親が戦前に転居して工場を開き、自身も若い頃から旋盤工を続けている。職人になりたての頃は賃金も安く、日当が出たら蒲田で映画を見て、屋台でコップ酒をあおって寝たそうだ。しかし高度経済成長期には必ず賃金が上がるという希望が持てた。職人たちも、徐々に手持ちのお金が増えてくると、飲みに行くのも屋台から「お姉ちゃんのいる店」へとランクアップしていった。伊豆や熱海に社員

図6、7　岩井製作所で学生とともにお話をうかがう。そこで生み出されるモノの価値と、工場の外見とのギャップの大きさには驚かされる（2016年11月、筆者撮影）。

(17)　旋盤もフライス盤もともに回転を利用して金属を削る工作機械だが、旋盤が対象となる金属を回転させながら固定の刃に当てて製品を作るのに対し、フライス盤は刃自体を回転させることで削り出す。二つの機械を巧みに使い分けることで、どのような金属製品も生み出すことができるようになる。

旅行へいくときは、親父（岩井さんの父親）が運転する大型のオート三輪にわんさか乗車し、酒盛りしながら賑やかに向かったという。私たちがもっとも震撼したのは、バブル崩壊の際、近隣の小さな工場が二〇数軒並ぶ路地で、そのうち九人の社長が首をつったという話である。どんな人間でも朝から晩まで取り立てにせめられるとおかしくなるもんだ。そのように述べる岩井さんの回想は、一九八〇年代初頭に書かれた『大田区史』以降の町工場がこうむった荒波の大きさを伝える。

岩井さんが作ってきたものは原子炉のシリンダー、自動車のシャフト、新幹線の制御装置に使う金属など、どれも極めて高い精度の求められる尺の長い金属部品である。瀬戸大橋に使われる部品も作ったという。社会のインフラストラクチャーに、この狭い工場がダイレクトに繋がっていることに感銘を受ける。

町工場街の魅力とはこのように、一見したところとても小さな規模の工場で作られたそれ自体小さな金属部品が、極めて大きな装置や機械につながっているということである。そしてそれらの装置や機械なくして私たちの日常も、社会も成り立たない。「小さなもの」が支えている機械や社会基盤の「大きさ」は計り知れない。(18) この「小ささ」が「大きさ」へと一直線上につながっているという、ギャップのある事実を身を以て理解すること。それこそが町工場街の仕事と生活を知り、その知識を持って町を歩くことの醍醐味である。

(18) このように人と機械の関係を文化人類学的に描いた研究として、タイ北部のトラクター工の技術やネットワークの民族誌としてまとめた森田（二〇一二年）の著作がある。

〔参考文献〕
岩本通弥「工場の町」亀山慶一・平野榮次・宮田登編『大田区史（資料編）民俗』一九八三年
小関智弘『大森界隈職人往来』岩波書店、二〇〇二年
小関智弘『春は鉄までが匂った』筑摩書房、二〇〇四年

公益財団法人大田区産業振興協会『大田区モノづくり二〇一四　歴史と現状』公益財団法人大田区産業振興協会、二〇一四年
つげ義春『つげ義春コレクション　大場電気鍍金工業所／やもり』筑摩書房、二〇〇八年
速水健朗『東京β　更新され続ける都市の物語』筑摩書房、二〇一六年
細貝淳一『下町ボブスレー　東京・大田区、町工場の挑戦』朝日新聞出版、二〇一三年
道場親信『下丸子文化集団とその時代　一九五〇年代サークル文化運動の光芒』みすず書房、二〇一六年
宮田登「世相の変化」亀山慶一・平野榮次・宮田登編『大田区史（資料編）民俗』一九八三年
森田敦郎『野性のエンジニアリング――タイ中小工業における人とモノの人類学』世界思想社、二〇一二年

学生研究

変わりゆく「未来」の郊外社会
——多摩ニュータウン——

葛野浩昭ゼミ

ニュータウンへの入り口——聖蹟桜ヶ丘

新宿から京王線の特急に乗って二五分、多摩川の長い鉄橋を渡って多摩市に入ると、電車は聖蹟桜ヶ丘駅の強く湾曲したホームへと滑り込む。電車の到着が近づくたびに「カントリーロード」のメロディーが流れるホーム、そう、ここは一九九五年公開のジブリ映画『耳をすませば』の駅である。

小さな駅前広場には「アニメ映画 耳をすませば モデル地案内マップ」の看板が立ち、駅に隣接する京王デパート・京王ストアの一角には「『耳すま』スタンプラリー」のマップも無料で用意されている。「聖地巡礼」といった言葉がアニメツーリズムと同義で流用されはじめた時期よりずっと前から、この聖蹟桜ヶ丘には「『耳すま』ファン」が訪れつづけている。

東京都の西部、稲城《いなぎ》市・多摩市・八王子市・町田市の四市に広がる多摩ニュータウン。今から約五〇年前、私たちが生まれる三〇年も前に、全国でも最大規模の住宅都市開発が進められた。その開発初期の様子は『耳をすませば』の前年、九四年に、やはり同じジブリ映画の『平成狸合戦ぽんぽこ』で描かれた。

ニュータウン開発が始まった多摩市の諏訪・永山団地への最初の入居は七一年、同じ多摩市の愛宕《あたご》・東寺方《ひがしてらかた》・和田団地への入居開始は七二年であった。しかし、小田急多摩線（新百合ヶ丘駅が起点）と京王相模原線（調布駅が起点）とが、これら団地に近い永山駅・多摩センター駅まで延伸したのは七四・七五年で、それまでニュータウン住民の多くはバスで聖蹟桜ヶ丘駅との間を往復しなければならなかった。ニュータウンの北東端に位置する桜ケ丘地区は高台に瀟洒な戸建てが並ぶ住宅街で、かつても今も団地はないが、駅周辺は多摩ニュータウン全

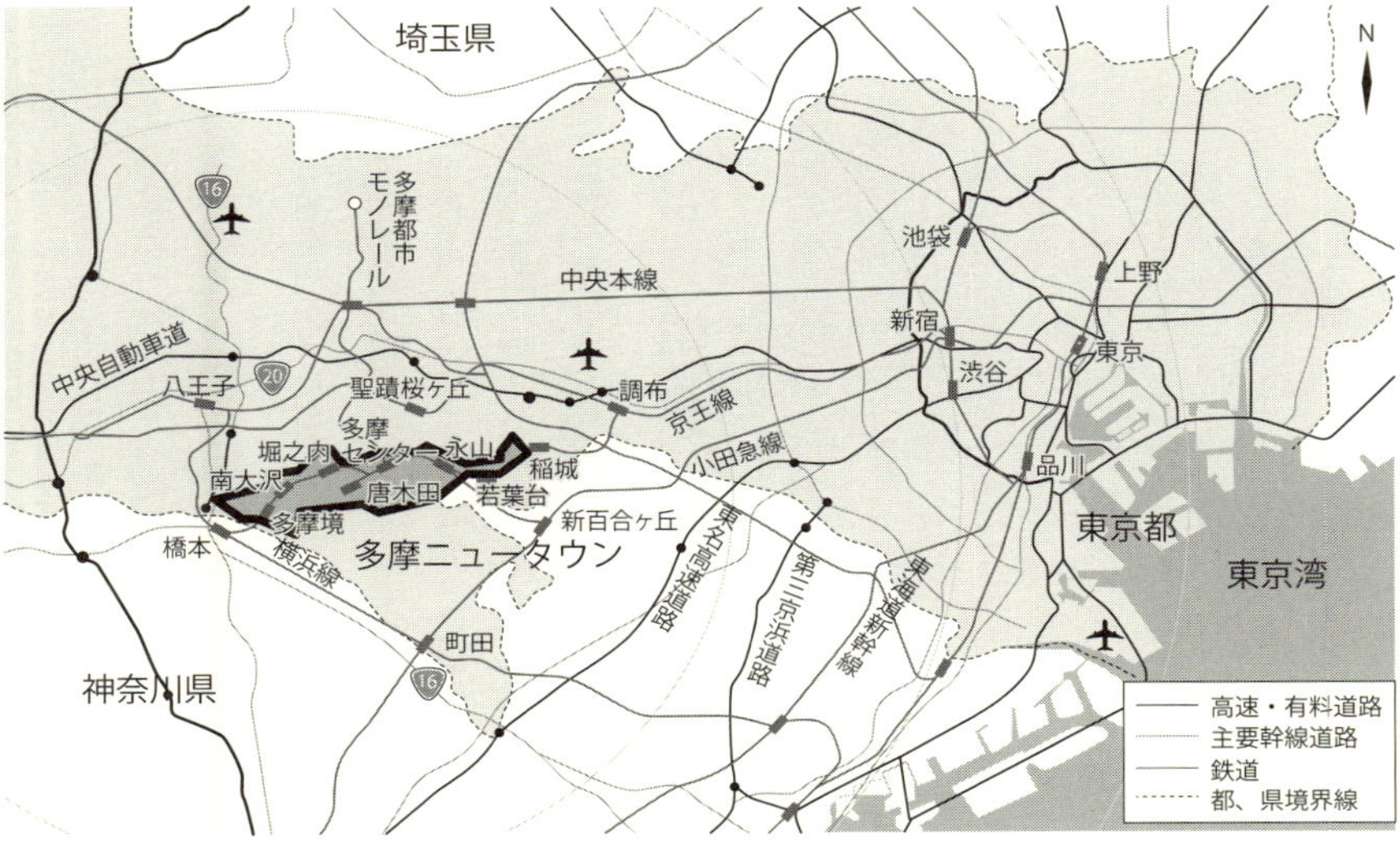

図1　多摩ニュータウンの位置

体の入り口・出口の街になった。

私たちは今回、この聖蹟桜ヶ丘駅を起点にして多摩ニュータウンへと進み、『耳をすませば』や『平成狸合戦ぽんぽこ』も意識しながら多摩センター駅周辺まで歩くことにした。このニュータウンにはかつて、高度経済成長の延長線上に夢見られた希望の計画的「未来」があったという。しかし、五〇年という途方もない時間の流れのなかで、日本も東京も社会や経済の構造が大きく変わり、その「未来」は夢や希望ばかりではなく深刻な課題にも向き合っている。その課題、たとえば住民の年齢構成の急速な高齢化などが、特に初期入居地区を中心に先鋭化して表われているともいう。

もちろん、東京の真ん中で江戸や近代東京を想像しながら歩くことは楽しい。しかし、社会科学を学ぶ私たちにとっては、ニュータウンという郊外社会の歴史や現状を考えながら歩くこともまた意義深い。

『耳をすませば』の丘へ上る

聖蹟桜ヶ丘駅の改札を出ると、すぐに『耳をすませば』〈そのまま〉の景色が目の前に広がりはじめる。主人公の雫が猫のムーンを追いかけた駅前交差点、そのすぐ向こうに見える高台の桜ヶ丘と、そこへと上る、いろは坂。この、いろは坂の途中は、雫の父親が勤める図書館の場所（桜公園。図書館はない）、雫が坂を突っ切って上り下りする近道としての長い急階段、作品最後で聖司が雫に結婚しようと打ち明ける「秘密の場所」（ファンの間での通称「耳丘」）、同級生の杉村が雫に告白してふられた神社（金毘羅神社）、そして、坂を上り切った奥で聖司の祖父が経営する地球屋があるロータリー（実際のロータリーに地球屋はない）など、何から何までが『耳をすませば』〈そのまま〉である。

ここまで作品〈そのまま〉だと、訪れる人の多くがすべてを一つ一つ写真に収め（時には自分も一緒に写し込み）、たとえばネット上で写真と作品中の画像とをセットで並べて、「私、『耳すま』の聖蹟桜ヶ丘へ行ってきました」「あなたも行きませんか?」と報告・勧誘したくなる。いったいいくつあるのか数え切れない「『耳すま』歩き」の報告・紹介サイトは、当たり前のように、どれもが同じ場所・構図の写真ばかりだが、そのことがかえって桜ヶ丘が持つ磁力の大きさを物語っているとも言えるだろう。

映画やテレビ、それもアニメで観たものを〈そのまま〉現実として目にすると、不思議なことに、感動する。〈そのまま〉とは誰にとっても同様に〈そのまま〉で、皆に共有される〈そのまま〉の中に自分も身を置くことが感動の源泉になるからだろうか。かつては「秘密の場所」に吊るされ（現在、「秘密の場所」は立ち入り禁止）、今はロータリーの洋菓子屋に置かれた「耳すま思い出ノート」に自分の想いを書き込むことも、全国から訪れるファンにとって『耳をすませば』と桜ヶ丘とをより大切なものとしてきた。

図2　桜ヶ丘ロータリー

『平成狸合戦ぽんぽこ』の団地へ下る

小高い桜ヶ丘を西側へと歩いていくと、南側や西側の丘下の遠くに、『平成狸合戦ぽんぽこ』の舞台である巨大な団地群が見え隠れする。「『耳すま』ファン」は、聖司が桜ヶ丘を生活の場としていること、しかし雫は丘の下に広がる団地に住んでいること、つまりはニュータウンの空間的かつ社会的な構造を知っている。だから、作品中に描かれた背の高い配水棟（雫のベッドからも窓の外に見える緑色の水道棟）を目標にしながら、桜ヶ丘をこえて、雫が住む団地探しにも踏み込む。桜ヶ丘の西側につづく愛宕団地がそれで、私たちも団地の中へと入っていく。

団地に入ると、私たちは二種類の違和感にとらわれた。

一つ目は、団地が一つの「閉じた世界」に見えたことである。『平成狸合戦ぽんぽこ』にも描かれたように、多摩ニュータウン開発はブルドーザーで丘陵地一帯をいったん丸裸にし、そこに「近隣住区」と呼ばれる新コミュニティ空間をいくつも造りあげる、そんな大規模で新しい社会理念に基づく計画であった（全体で二一近隣住区）。一つ一つの「近隣住区」は約一〇〇haの面積、三〇〇〇から五〇〇〇戸の住宅、一万二〇〇〇から二万人の住民で計画され、そこには二校の小学校と一校の中学校が用意された。それぞれに「近隣公園」や「街区公園」が整備され、商店・交番・郵便局・診療所も配置された。つまりは「ここで、日々の生活のすべてを済ませることができる」のが「近隣住区」で、たしかに便利ではあっただろうが、そこに新しいコミュニティが生まれたのかどうかは、たとえば『平成狸合戦ぽんぽこ』を見てもあやしい。そして私たちには何よりも、閉鎖的で息苦しい気もしてくる。

二つ目の違和感は想像以上の老朽化や人けのなさで、『平成狸合戦ぽんぽこ』から伝わってくるニュータウン誕生期の人いきれが嘘のようである。団地の一階部分にかつての地元農民たちが新しく始めた種々の商店は、今や、その多くでシャッターが下りたままである。入居が開始された一九七二年から四二年間も営業を続けてきた

図3　高層ビルから見る多摩ニュータウン

京王ストア愛宕店も、二〇一四年には閉店・撤退し、週に二回、三五分間だけ移動販売車が営業はしたものの、閉店・撤退当時は「ニュータウンの買い物難民」と騒がれた。愛宕東公園は広くて立派だが、遊具を使って遊んでいる子どもの姿は見当たらず、テニスコートでソフトテニスをする年輩の人たちだけが目立つ。

人けが薄くなった今、便利で完結した世界はじわじわと崩れつつあり、ただ「閉じた」感じだけが強まっている気がする。

多摩センターの高層ビルからニュータウンの全貌を見下ろして

愛宕団地を通って多摩センター駅へと歩く。駅前にある多摩市立複合文化施設のパルテノン多摩はハコモノ行政の象徴として悪名高いが、その一階の隅にある歴史ミュージアムでは「多摩丘陵の開発」をテーマとした展示がなされ、私たちが歩いた桜ヶ丘や愛宕団地、多摩センターがニュータウン全体の歴史の中でどのように位置づけられるものなのかを理解することができる。

続いてベネッセビルの展望階へと上ると、そこから見下ろすニュータウンの全景は、二〇万人以上が住むニュータウンとはどういうものなのかが分かって圧巻である。私たちが歩いた道のりも、そして「近隣住区」という社会理念の具体的な形も、まるでジオラマ模型を見るように、上から確認することができる。

公園の緑がとても多い、小学校や中学校の均等な配置、歩行者道路と自動車道路とが交わらない立体的な街の構造…。それらは、高度経済成長期に一気に深刻化した住宅不足から都心部近くの「近い郊外」で進んだ無秩序な住宅地開発を反省して、「遠い郊外」に、まっさらから新しく計画的に「未来」を描いた街の姿であった。

しかし、ベネッセビルから見下ろす団地群は、その広がりの巨大さもさることながら、あまりにも整然とした造りに気持ちが落ち着かなくもなる。特に開発初期に急いで造られた団地の建物は、数字とアルファベットの表示がなければ一棟一棟の区別がつかないほどに同じ大きさ・造りで、日当たりの都合からだろう、いずれの部屋も同じ方向に窓が並ぶように建っている。建物各階の一戸一戸の部屋の中の造りも、統一された企画でまったく同じであることは容易に想像がつく。

そこで、私たちがニュータウンを歩く前に読んだ、今から三〇年以上も昔の、つまりはニュータウンの「未来」性が輝いていた時代に書かれたニュータウン論の中の言葉が、ふと、よみがえる…「防人たちの石の箱」(如月小梅『東京の遊び方』新潮文庫、一九八六年)。この「防人」とは、万葉の時代に武蔵の国から北九州へ旅立たざるをえなかった人々が、今の多摩ニュータウンあたりで故郷を振り返った「防人見返りの峠」(多摩市)を受けたものだが、如月が言う「防人」とは高度経済成長期に東京へ引き寄せられた人たちであり、「石の箱」とはニュータウンの団地のことであった。そして今、その「防人」は高齢者になり、「石の箱」は老朽化を深めつつある。

しかし、その今、多摩ニュータウンは「地域再生」といった言葉を前面に押し出して、高度経済成長時代に夢見た「未来」とは異なる、新たな「未来」へと向けて動きはじめている。その象徴の一つが、初期入居地区であった諏訪二丁目住宅の「ブリリア多摩ニュータウン」への大規模立て替えで、五階建の団地二三棟が一四階建の高層マンション七棟へと生まれ変わった。「子育て世代を呼び戻す」「多世代共生」が再生のキーワードで、三〇・四〇代の子育て世代が数多く購入・入居したことで諏訪地区の住民の高齢者率は三二%から二四%へと下がったと伝えられる。二〇一八年、東京都都市整備局が策定した「多摩ニュータウン地域再生ガイドライン」も、「多摩ニュータウン再生に向けて、二〇四〇年代の目指すべき将来像を再生の担い手となる皆様と共有する」と謳っている。

多摩ニュータウンは、首都東京の中心部ではなく、郊外、それも「遠い郊外」である。しかし、その「遠い郊外」は、その時どきの東京社会・日本社会にとって、夢見たり苦悩したり再び展望したりする「未来」でありつづける。そして私たちの多摩ニュータウン歩きも、さらにつづく。

・執筆者

青野里咲※・秋元里緒※・安部文子・荒井捺希・稲澤伶奈・大嶋優萌・小笠原佳南・金原愛・陸実結・齋藤優花・土田歩・森井加奈（観光学部生・葛野浩昭ゼミ所属・※は草稿執筆者）

今日、都市を歩くということ
――東京・渋谷・観光――

高岡文章

はじめに――「瓦礫の街」から「サリンの街」へ

一九九五年、私は大学進学のため上京した。正確にいえば移り住んだのは東京都ではなく神奈川県藤沢市ではあったけれど、大阪で生まれ育った私にとって、おおざっぱにいえば藤沢も東京の一部みたいなものだった。東京は都市的なものの総体だった。速度やダイナミズムの象徴であり、輝かしさや憧れの源泉であった。いささか個人的な事柄から書きはじめたのにには理由がある。私の上京体験は、単なる私的な物語にとどまらない時代性を帯びている。

一九九五年一月、関西で大きな地震がおこった。通っていた高校のある神戸は瓦礫の街と化した。線路は折れ曲がり、マンションもビルも傾いた。高校の体育館は遺体安置所になった。住んでいた豊中は大阪府のなかで最も被害が大きく、街のあちらこちらがブルーシートで覆われた。関東の大学に入学した私は被災者として厚遇された。

同じ年の三月にオウム真理教による地下鉄サリン事件がおこり、四月になっても街には依然として危険な香りが漂っていた。大学の講義室では横浜の異臭騒ぎのためしばらく帰宅を控えるようアナウンスがなされた。東京は、自分たちこそが理想の国家をつくるのだと信じてやまない彼らの「最終戦争」の舞台になり、人は目に見えぬ有毒ガスにおびえた。駅や広場からは次第にごみ箱が消え、いたるところに監視カメラが設置されるようになった。

社会は混沌とし、世紀末的な雰囲気に満たされていた。何かがおわり、何かがはじまりつつある、そんな時代の転換点を生きている感覚を誰もが覚えた。これまでのやり方が通用しなくなり、既存の言葉では社会の現実を捉えにくくなっていた。文学者や思想家に代わって、社会学者や心理学者が評論家の席に座るようになった。

震災とオウムという平成の二大事件がたてつづけにおこった「戦後史の転換点[1]」ともいうべき時期に、「瓦礫の街」から「サリンの街」へと私は上京してきたのだった。新宿、渋谷、青山、六本木といった街は眩しく輝いていて、(有毒ガスを避けながら)私は東京の空気をめいっぱい吸いこんだ。しかし、私にとっての東京がはじまろうとしていたまさにその瞬間に、ある面において東京という都市の「おわり」がはじまろうとしていた。

本章では、都市を歩くことの可能性と不可能性について考えてみよう。一九八〇年代から九〇年代にかけて、東京は燦然と輝いていた。バブル景気によって地価は高騰し、ニュー

(1) 速水、二〇一三年

ヨークやロンドンとならぶ世界都市と呼ばれた。文学や社会学、美学、建築、都市計画の分野で都市論がもてはやされ、その多くは東京論だった。東京は文化的意味に満たされ、イメージやモードや記号と戯れていた。東京には語るべき何かがあり、訪れるべき場所があった。そして急いで付け加えると、今日ではそのような語り口は失われつつある。「輝かしい東京」といったイメージや意味によって、いわば「目に見えないもの」を通して都市を経験することは、もはや有効とはいえなくなっているようだ。

今日、私たちは東京を、都市を、どのように生き、どのように歩いているのだろうか。まずは記号の瓦礫を歩くことからはじめよう。

1　都市論の時代——新宿から渋谷へ

一九八〇年代から九〇年代にかけて東京は眩しかった。政治や行政の中心であり、世界屈指の経済都市であった。ファッションや音楽などの最先端の文化を誇示し、「〝花の都〟大東京」として君臨した。都市を一つのテクストに見立て、それを記号論的に読み解く都市論が隆盛を極めていた。ロラン・バルトやジャン・ボードリヤールらフランスの思想家が人気を博し、象徴や記号や消費について論じた彼らの著作や思想はそれ自体がファッションだった。人は東京を語りながら都市について論じ、都市を語ることによって社会や文化を論じた。都市は社会そのものだった。

多くの若者にとって、渋谷こそが東京だった。吉見俊哉は一九八〇年代の代表的な都市

図1　多くの若者が「ぴあMAP東京」を片手に東京を歩いた。写真は1995年版。

論の一つともいえる『都市のドラマトゥルギー』において、一九七〇年代における東京の盛り場の変化を「〈新宿的なるもの〉から〈渋谷的なるもの〉への移行」と捉えている。一九七〇年代から八〇年代にかけて、渋谷は原宿や青山、六本木と一体となり、東京的なるもの、つまり最も新しく先鋭的なものを象徴していく。

マンハッタンレコードやタワーレコード、HMV、WAVEなどのレコード店がヒップホップカルチャーの発信源となり、宇田川町は「世界一のレコード村」と呼ばれた。渋谷系と称される音楽が流行り、ライブハウスは若者たちで溢れかえった。ユーロスペースやシネマライズなどの映画館がミニシアター系という映画の一ジャンルを生みだしていく。西武資本のPARCOやLOFTと、東急資本の東急ハンズ、SHIBUYA109、Bunkamuraとが競うように／支えるように「おしゃれな渋谷」を演出していった。渋カジやフレンチカジュアルなどのファッションを身にまとって公園通りやスペイン通りを闊歩し、アフターヌーンティーで背伸びして紅茶を飲むことは、あの時代の最先端を意味した。渋谷は若者たちの舞台であり、まぎれもなく「消費社会の首都」だった。

このような渋谷の生き方／歩き方を象徴していたのが、シティ情報誌『ぴあMAP東京』

だ。東京の最新情報やカルチャースポットが詳細な地図とともに掲載されていた。渋谷からはじまって、新宿、池袋、銀座、原宿、青山、赤坂、六本木といった街が紹介され、私だけではないだろう、多くの若者が『ぴあ』や『アンアン』『ノンノ』『ポパイ』などの情報誌に導かれて東京を遊んだ。

「これらのカタログ雑誌は、そうした手段によるのでなければ認識が困難なほど複雑化した東京にあって、若者たちにどこへ行き、何をすることができるのかを教える台本の役割を果たしていった」[2]。買い物でも、街歩きでも、観光でもよい、この時代を生きるということは都市を歩くことであり、記号に彩られた空間の意味を解読し消費することに他ならなかった。スマートフォンはまだなく、情報誌だけが道しるべだった。

(2) 吉見、一九八七年、三〇七頁

2　渋谷からPARCOが消えた日——場所から非-場所へ

二〇一六年、しばらく東京を離れていた私は、一二年ぶりにこの街の住人になった。若杉実は渋谷の隆盛から衰退までを描いた著書『渋谷系』をこんな書きだしではじめている。「『最近、行かなくなった』ぼくの〝周り〟ではこんなことばが行き交っている。」[3]。一九九五年ごろを境に、かつてポップカルチャーの聖地だった渋谷から人びとが撤退しているというのだ。確かに駅の利用客数では池袋や品川に追い抜かれ、埼京線や副都心線の開通とともに渋谷は通過駅としての性格を強めていく。先鋭的な若者たちを魅了した文化的な磁力は失われ、その存在感は下降の一途をたどる。

(3) 若杉、二〇一四年、八頁

愛は
PARCO PARCO PARCO PARCO PARCO PARCO PARCO
　　Only
　　視線の先に　遮るものがないよ
　ずっと
PARCO PARCO PARCO PARCO PARCO PARCO PARCO
だけ
悲しい時は涙　我慢しながら
あのファッションビルをいつだって見上げてた
サヨナラじゃない
渋谷PARCO

「渋谷からPARCOが消えた日」の歌詞（抜粋）
JASRAC　出　1900103―901

欅坂46が「PARCO PARCO PARCO…」と歌う『渋谷からPARCOが消えた日』（二〇一六年）は、渋谷の文化的衰退がそれ自体で一つの物語として消費されている事実を象徴的に示している。「悲しい時」には「いつだって見上げた」渋谷PARCO、「寂しくなるたび」に来た渋谷PARCOがもはやそこにはない。再建工事のため建物はすでに取り壊され「視線の先に遮るものがない」。視界から消えた渋谷PARCOと、それが物語る消費社会の首都渋谷の凋落。

北田暁大によれば、公園通りが象徴していた記号空間としての渋谷は、一九九〇年代以降にその象徴的価値を失っていく(4)。柏、大宮、町田、立川、相模大野などのプチ渋谷が登場し、渋谷の相対的な地位が下落していく。郊外の渋谷化である。と同時に都市としての渋谷は物語性を失い、単なる大きな街と化していく。渋谷の郊外化だ。

渋谷は「情報量・ショップの多さというなんとも色気のない数量的な相対的価値によって評価される『情報アーカイブ』として機能(5)」するようになった。公園通りに代わって一九九〇年代以降の渋谷を象徴するのが、東急が駅構内にオープンさせたショップ「ランキンランキン（ranKing ranQueen）」である。化粧品や雑貨などの売れ筋商品をランキング順

(4) 北田、二〇〇二年
(5) 北田、二〇〇二年、一二六頁

図2　建て替えのため解体された渋谷PARCO

にならべて販売する店舗では、商品の購入にあたって豊富な知識や尖ったセンスは求められず、消費者が背伸びをしたり気負ったりする必要もない。目に見えない記号性から目に見えるランキングへ。物語から情報へ。舞台化から脱舞台化へ。

吉見が一九七〇年代から八〇年代の渋谷の隆盛について論じ、北田が一九九〇年代以降の渋谷の衰退について語るとき、彼らは渋谷について語ると同時に、渋谷的なるものに先端的にあらわれている現代社会の実像をも見ようとしていた。渋谷は東京の象徴であり、東京は現代社会の象徴だった。しかし、近森高明はこのような「同時代の都市空間の編成原理の転換を読みとり、それをモデル化したうえで一般化するというやり方」そのものが今日ではもはや有効性を失っていると述べる(6)。

都市は象徴性や記号性を失い、郊外化/情報アーカイブ化が進展し、私たちはそこに語るべき何かを見失ってしまった。若杉がインターネットの普及によって音楽と「街との接点は希薄になるばかり(7)」と述べるように、確かに都市/街を基点として物事を把握することはますます困難になっているのかもしれない。渋谷の衰退がはじまったとされる一九九五年はインターネット元年でもあり、私たちは現実の都市空間よりもサイバースペースのほうに目を向けはじめていた。

ただし近森は、二〇〇〇年代以降の都市について語るとき、何かの喪失や解体という物語では都市空間のリアリティに接近することはできないとする。「こんなの都市じゃない」と嘆くのではなく、その嘆きを支えている「これこそが都市である」という前提そのものを疑う必要がある。彼はジャンクな消費装置が「だらしなく」ならぶ都市状況を「無印都市」と名づけ、そのような都市ならぬ都市、いわば「非-場所」を内在的に分析すること

(6) 近森・工藤編、二〇一三年

(7) 若杉、二〇一四年、一九一頁

を提唱し、コンビニやTSUTAYAやショッピングモールにおける人びとの経験や感触を追求していく。

田中大介も近森の問題意識を継承した著書『ネットワークシティ』のなかで、都市を「文化」として語る吉見的な論じ方は「擦りきれ、剥がれた」と述べる[8]。代わって彼が提示するのが、「モノ」としての都市を論じる「インフラの社会学」である。都市にどのような意味や記号やイメージが溢れているのかではなく、剥きだしとなってそこに存在する道路、交差点、駅、ビルの厚みとして都市を把握すること。「ヒトとヒト、モノとモノ、モノを介したヒトとヒトとの連なりと重なりが、インフラという分厚く、巨大な骨格として露わになる」ネットワークシティとして都市を理解すること。「見えないもの」から「見えるもの」へ。

このようなモノやインフラの厚みが前景へと可視化されるにいたる契機として田中が阪神淡路大震災や東日本大震災をあげていることは興味深い。未曾有の大災害が、都市の記号性を根こそぎ洗い流し、その跡には瓦礫があられもなく残される。二〇年のときを経てどうやら私は再び瓦礫の街に連れ戻されてしまったらしい。

(8) 田中編、二〇一七年

3 都市の時代の果て?——都市論から観光論へ

都市を語ることは今日において根源的な困難さを抱えこんでいる。語るべきは都市ではなく郊外であり、ショッピングモールであり、サイバースペースなのかもしれない。東浩紀は『東京から考える』において「おそらく、東京という総体について思想的に語るなんてことは、もはや不可能だし無意味なんですね」と語っている。(9)

多木浩二は都市論がまだ命脈を保っていた一九九四年にすでに、従来的な意味における都市は消滅したと述べている。そして、コンビニやテーマパークや空港などにみられる新たな都市的状況を「ゼロ」と形容した。(10)

では「都市の時代の果て」ともいうべき今日において、私たちはどのように都市を生き、都市を歩き、都市について考えることができるのだろうか。即座に答えを追い求めるのはやめておこう。この種の問いは、「都市とは何か」というそもそも論を招き入れ、私たちを危ういトートロジーへと飲みこんでしまう。ここでは「観光」を補助線として、問いをずらしてみよう。

ここ一〇年ほど、書店の人文科学の棚を最も賑やかにした論者のひとりがイギリスの社会学者で観光研究者でもあるジョン・アーリであろう。二〇一〇年以降、彼の著書は毎年ほぼ一冊のペースで邦訳されてきた。場所、移動、グローバル化、消費といった概念や現象に研究関心を傾けながら、それらが先鋭的に問題化される局面として彼は観光に注目してきた。

アーリだけではない。ここ二〇年ほど、人文科学の領域では空間や場所、グローバル化やローカリティ、移動や観光をめぐる議論が活発におこなわれてきた。ヒト・モノ・資本・情報の急速でグローバルな移動が国家の領域や社会の枠組みを揺るがしてきた。しかし、移動性の高まりや情報技術革命の進展は、都市や地域の空間性／場所性をなし崩しにするどころか、かえってそれらを問題含みのものとして前景化させた。そう、都市とは何かと

(9) 東・北田、二〇〇七年、六六頁
(10) 多木、一九九四年

図3　いまや訪日外国人が必ず訪れる渋谷スクランブル交差点

いう問題構成が暗闇に迷いこむのを横目に、ローカリティや移動や観光がますますビビッドに躍動しているのだ。

アーリが一九九〇年に主著『観光のまなざし』の初版を出版したとき、観光はまだ「一見すると、こんな下らない主題はないようにみえる」ものだった[11]。観光という非日常の行為を分析することによって、労働や政治といった正常な社会の構造を明らかにするという逸脱論的な着想が彼にはあった。

ところが一九九五年に出版された『場所を消費する』において、観光はもはや非日常でも逸脱でもない。現実に移動していようと、ヴァーチャルな旅をしていようと「人びとはほとんどの時間をツーリストとして過ごしている[12]」。社会生活のほとんどすべての局面に視覚的な消費、つまり観光化が進展しているというのだ。アーリが「ツーリズムの終焉[13]」について語るとき、ある時代（例えば都市の時代！）がおわったという喪失の物語はそこには存在しない。むしろ逆だ。観光の論理が社会のすみずみまで行きわたり、社会や文化の構成原理となり、社会のすべてが観光的なものになる。「観光という社会」において、観光は終焉するのだ。

観光こそが社会である。PARCOやオウムも顔負けの、いかにも八〇年代で大仰な言説の退屈な反復に聞こえるかもしれない。都市論や記号論が「擦りきれ、剥がれた」時代に、はたして観光論の場所などあるだろうか。

(11) アーリ、一九九五年、三頁
(12) アーリ、二〇〇三年、二四三頁
(13) アーリ、二〇〇三年

おわりに――ここからどこかへ

アーリは問う。「ポストモダンの過程が皮相で軽薄な没場所性へ向かっているのとまさに期を同じくして、きわめて多くの人びとが場所を保護するべく一斉に新しい制度機構を作り出すようになるというのは、一体どういうことなのだろうか。[14]」。

都市を記号的な文化空間として位置づけたり読み解いたりする営みが失効するかたわらで、私たちは地域の場所性が政策や産業の対象となり資源となる例を確かにいくつも目撃してきた。大分県の一村一品運動（一九七九年）は、「なにもない」村の隠れた産品を発掘し、名物として売りだした。これまで後進性や停滞といったニュアンスを帯びていたローカルという言葉には、ポジティブな意味が付与された。B級グルメや地域限定商品、ローカルヒーローやご当地キャラクターが、地域活性化や観光の文脈で注目を集めてきた。

「八〇年代渋谷」的な場所消費のあり方は、渋谷という都市においては霧のように消えてしまった。しかし同時代に開園した東京ディズニーランドにはそれとの同型性を見いだすことができるし、お台場や横浜みなとみらいなどのウォーターフロントや、清里や門司港などの観光地をその正統な後継者と位置づけることもできよう。渋谷的なものは観光空間のなかに忍びこんだのだ。[15]

私たちは二〇〇〇年以降、まさしく観光の時代ともいうべき局面に遭遇してきた。観光は国家の政策の中心に位置づけられ、地方自治体は観光による地域振興を打ちだした。秘

(14) アーリ、二〇〇三年、三七五頁

(15) もちろん、八〇年代的な都市空間と現代の都市空間を単純に同一視することはできない。北田は東京ディズニーランドが八〇年代渋谷と同様に「舞台化」「記号化」として分析しうるのに対し、二〇〇一年に開園した東京ディズニーシーとユニバーサル・スタジオ・ジャパンでは「脱舞台化」「脱記号化」といった特徴が顕著であると述べる（北田、二〇〇二年）。また、東京ディズニーランドを詳細に分析した新井克弥は、二〇〇〇年以降における東京ディズニーランドのテーマ性の崩壊を「脱ディズニー化」と呼んでいる（新井、二〇一六年）。

境や僻地においても百貨店やコンビニにおいてもローカリティが日々消費されている。LCCや民泊によって移動や宿泊はさらに身近になった。電車に乗れば外国人観光客と隣り合わせだ。寺社参詣という伝統的な旅は、パワースポット巡りやアニメ聖地巡礼として反復されている。ポケモンGOやインスタ映え旅行のように記号的／虚構的な旅の先頭を行く人もいれば、『我が街るるぶ』や『散歩の達人』を片手に地元の街を歩く人もいるだろう。「人びとはほとんどの時間をツーリストとして過ごしている」のだ。

八〇年代的な都市の生き方／歩き方は、今日ではある面において変容したのかもしれない。しかし、物語の完成度や虚構の強度はおいておこう。経験や意味の深さ／浅さも問わないでおこう。目に見えないもの、あるかないかわからないものを求めて私たちは移動している。観光している。幸福を願ってパワースポットへ向かい、ポケモンを求めて街に出る。場所に意味を求めて、記号を追いかけて、私たちは今日も旅をする。その事実に、まずは、ただただ驚こう。

〔参考文献〕

アーリ、ジョン、加太宏邦訳『観光のまなざし――現代社会におけるレジャーと旅行』法政大学出版局、一九九五年
アーリ、ジョン、吉原直樹・大澤善信監訳『場所を消費する』法政大学出版局、二〇〇三年
東浩紀・北田暁大『東京から考える――格差・郊外・ナショナリズム』日本放送出版協会、二〇〇七年
新井克弥『ディズニーランドの社会学――脱ディズニー化するＴＤＲ』青弓社、二〇一六年
北田暁大『広告都市・東京――その誕生と死』廣済堂、二〇〇二年
多木浩二『都市の政治学』岩波書店、一九九四年
田中大介編『ネットワークシティ――現代インフラの社会学』北樹出版、二〇一七年
近森高明・工藤保則編『無印都市の社会学――どこにでもある日常空間をフィールドワークする』法律文

化社、二〇一三年
速水健朗『一九九五年』筑摩書房、二〇一三年
吉見俊哉『都市のドラマトゥルギー——東京・盛り場の社会史』弘文社、一九八七年
若杉実『渋谷系』シンコーミュージック・エンタテイメント、二〇一四年

コラム

歩いて都市の履歴を体験する

西川　亮

普段我々が何気なく歩いている街は一体、何に依拠してどのように作られてきたのだろうか。建物の取り壊しや建て替え、テナントの入れ替えは日々起きていて、一見すると歴史は京都のような歴史的建造物が残る特別な都市にのみあるように思われるかもしれない。あるいは、都市の歴史ということ自体考えたことがない人もいるだろう。

しかし、都市を建物の集合として捉えるのではなく、街路や複数の街路によって形作られる地割といった都市構造から捉えると、それらが形成されてきた歴史はどのような街にも存在するものである。特に都市の形成上、地形が持つ影響は大きい。例えば、東京の山の手は台地と谷地が交互する複雑な地形からなっている。江戸時代、台地には主要街道が通り、武家地が設けられ、谷地は町人街として発展してきた。高台の武家地と谷地の町人地を結ぶ道が坂となり、中には富士見坂などの名所が生まれた。今でも東京を歩けばこの都市構造を確認することができる。

地形に依拠した都市づくりの歴史は、街路を通じて今もなお空間体験できるところに面白さがある。都市を歩けば物語としての歴史を、リアリティを持って感じられるのである。都市は一日にしてならず。多くの街は過去の様々な時代の様々な人たちが地形を読み込みながら作り上げてきたまちづくりや都市デザインの集積によって現在があるのだ。大規模再開発は都市の地形を否定するほどの力を持っているが、地形を読み込んで生まれた都市空間が魅力的なものであれば、きっと後世にも残り続けるであろう。

ＳＨＩＢＵＹＡ――すっかり外国人観光客が増え、アルファベットで書かれた地名を読むことに我々は慣れて

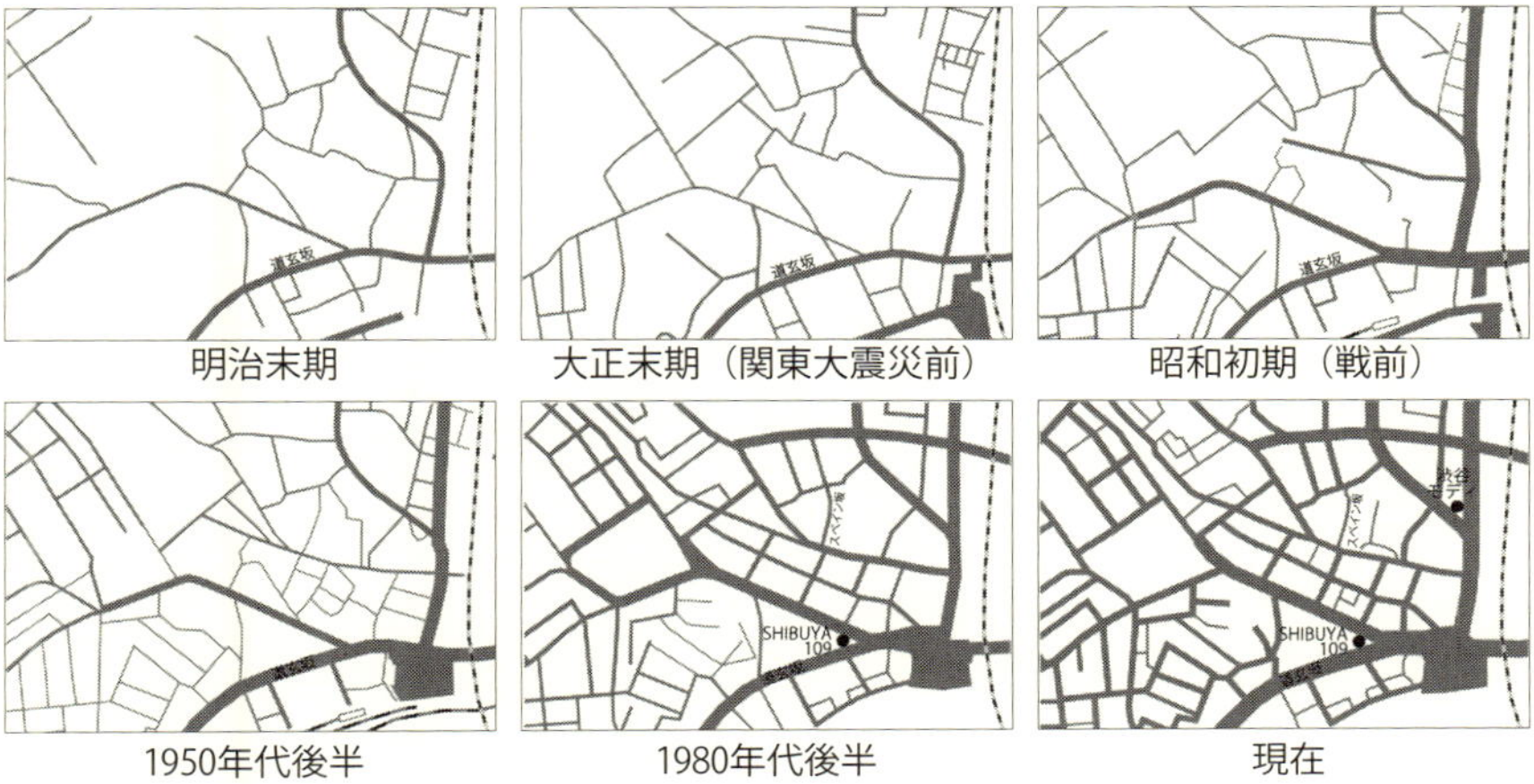

渋谷の街路変遷[2]

しまった。しかし、それは単に漢字からアルファベットへの変換に留まらず、漢字から読み取れる重要な情報を失うことも意味する。改めて渋谷という漢字を眺めてみよう。すると、渋谷は「谷」であることに気づく。[1] 表参道駅までは地下を走っていたはずの銀座線が渋谷駅では地上三階の高さにあることや、渋谷駅から東に「宮益坂通り」、西に「道玄坂通り」が伸び、ゆるやかな坂を登る空間体験をすることができることからも分かるように、渋谷は渋谷駅やハチ公前広場のあるエリアを最低地とし周辺の高地に囲まれた谷なのである。この地形の中で渋谷という都市は発展してきた。複雑な地形の中で配された街路は、平地に見られるような効率性を重視したグリッド型に整備するわけにはいかず、その結果、時代を経て複雑な街路形状を張り巡らせてきた。明治以降の地図を見るとそれがよく分かるだろう。

地形に沿って作られてきた街路は鋭角や鈍角の街角を作り出してきた。鋭角の交差点は自然と人々の視線を分岐点へと集中させる。その鋭角の街角をうまく活かした例がＳＨＩＢＵＹＡ１０９や渋谷モディである。いずれも鋭角の交差点に広場的な公共空間やピロティを作り、街角に面した出入り口を設けたことで建築が都市を歩く人々を迎え入れている。地形に順応した街路が配されたからこそ生まれた渋谷を象徴する都市景観と言えよう。

また、高低差の大きい複雑な地形を逆手に取って生まれたのがスペイン坂である。渋谷にある坂道の多くは、渋谷の高低差のある地形を読み取り自動車交通が通過できる勾配を意識して作られた街路なのだが、スペイン坂は高低差の大きな崖線に沿っている。そのため、階段が作られ、歩行者専用の街路となった。程よい幅員とやや曲線を描いた街路、その沿線に並ぶ商業施設が人々を奥へ奥へといざなっている。

このように渋谷は谷地という空間的個性に基づいた都市づくりが歴史的になされてきて、その集積として現在の渋谷があり、現在の渋谷の魅力があるのである。

〔注〕

(1) ただし、渋谷の地名の由来は諸説あり(渋谷区のウェブサイトより)、谷地に立地したから渋谷と呼ばれるようになったとは限らない。しかし、地名はその土地の歴史を知る重要な手がかりになりうるため、注意深く見るようにしたい。

(2) 地図は全てiOSアプリ東京時層地図(iPad用)に用いられているものを参考に作成した。

第2部

まなざす

面影の武蔵野

小野良平

1　はじめに――むき出しの江戸

「天下祭」として知られる、江戸・東京を代表する祭礼である神田祭や山王祭《さんのうまつり》は、今では神輿を担いで練り歩く形式となっているが、江戸期はそれぞれの氏子町が山車を出していた。その姿を描いた絵図も多く残されている。それを見ると趣向を凝らした山車も多い中で、「武蔵野」と呼ばれていたことが知られる山車がいくつも描かれている（図1）。それは共通して白か青の球体にススキを添えた簡素なものである（神田明神の資料館でその縮小模型が見られる）。天下祭というには地味なこの山車は一体なんだろうか？

実はこれは火災に遭い祭りの準備の余裕がない町が出す山車であったという（知られる

図1　神田大明神御祭図（歌川貞重）と「武蔵野」の山車（国立国会図書館デジタルコレクション）

通り、火事は江戸の街で頻発していた）。それは家屋が失われてむき出しの土地に戻った武蔵野を表現しているといい[1]、ススキの茫漠と広がる原野に浮かぶ満月のイメージである。焼け出されても洒落心を失わないのはさすがであるが、武蔵野というものが江戸市民に原野のイメージとして共有されていたことが窺えて興味深い。

　これは江戸の街が「武蔵野」の上にあるという認識があったことも示しているが、一方で武蔵野がどこを指すのかについては、現在でも武蔵野が語られる際に大抵まず登場する話題で、その地理的範

（1）福原、二〇一五年、五六頁

囲は一様ではない。さらに現在の武蔵野のイメージは後にも触れるように雑木林などが代表的なもので原野とはまた異なる。こうした不確かさにも関わらず、武蔵野の名は自治体、鉄道路線、学校、病院、企業・店舗名などに広く冠され、今ではいわば一種の地域ブランドになっている。この成り立ちを少し追ってみたい。

2　武蔵野の自然・社会史

ここでの武蔵野の範囲は、一般的理解に従い、かつての武蔵国（概ね現在の東京都と埼玉県の範囲）の中の入間川《いるまがわ》―荒川と多摩川に挟まれた台地（武蔵野台地と呼ばれる）を中心とする一帯（図2）としておく。過去の自然の姿は花粉や土壌の分析からある程度推測できるが、一万年ほど前の武蔵野台地はコナラやクリを主とする落葉樹林が中心であったようであり、[2] その後野火や人為的な火入れなどにより縄文期の頃から草原が混じるようになった可能性が考えられている。[3]

この火とはなんだろうか。縄文期には既に焼畑耕作が始まっていたことも知られるが、武蔵野でも粗放的な焼畑により人為的に火が放たれ、さらに広く野火を起こしていた可能性も考えられる。「畑」という字は日本独自の漢字で、見た通り「火＋田」であり、平安中期の辞書『和名類聚抄《わみょうるいじゅしょう》』には「火田」の語が「也以八太《やいはた》」として説明されている。さらに畑が定置化されても肥料等の資源を得る茅場（ススキなど）が必要であったが、火は樹木の成長を抑えてススキ原をもたらすため、この目的で野焼きが行われたことも窺われ

（2）吉川、一九九九年
（3）小椋ほか、二〇〇九年

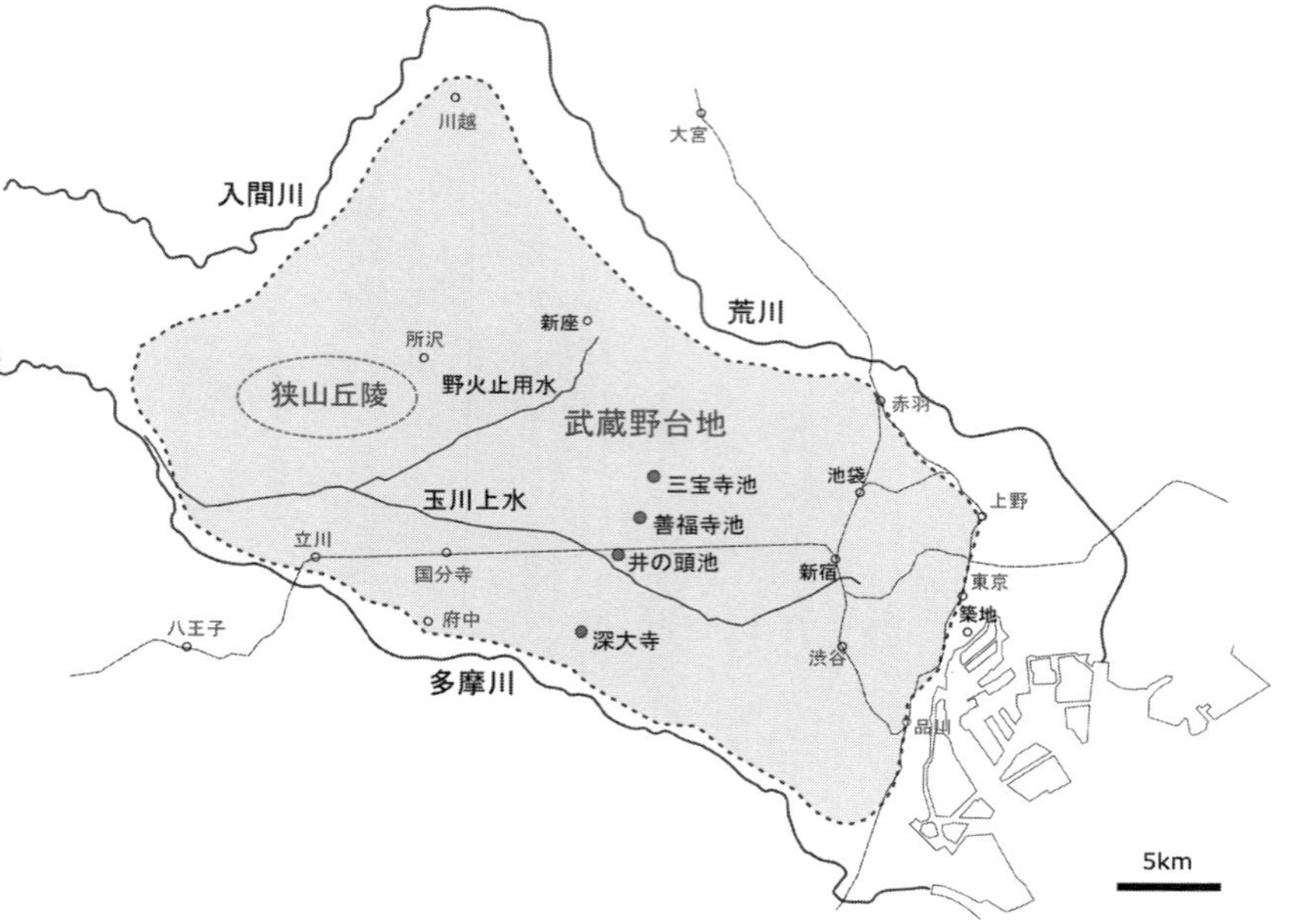

図2　武蔵野の地理的概要

る。加えて同じ平安期の『延《えん》喜《ぎ》式《しき》』には、武蔵国に御牧（馬用の官製牧場）が四か所記載されているが、広大な牧場の草原の維持にも野焼きは必要であったと思われる。これらの実態はまだ不明な点が多いが、『伊勢物語』（平安初期）に、

武蔵野はけふはな焼きそ
若草のつまもこもれり
我もこもれり

とあるのはこうした火入れを指していると思われる。そして『新古今和歌集』（鎌倉初期）には、

行くすゑは空もひとつの

むさし野に草の原より出づる月かげ　藤原良経

と広大な草原が描かれており、月も添えて「薄《すすき》に月」の風景が既に詠まれている。江戸の街を再三焼き払った火は、一方で元来の姿として人々がイメージした武蔵野の原野を生んだ要因でもあった。

武蔵野の成立に大きく関わったもう一つの要因は「水」である。台地では水を得るのが難しく、それが武蔵野の開発が遅れた一因でもある現在の井の頭公園はその一つである。地それを「井の頭」というが、神田川の水源である現在の井の頭公園はその一つである。地図をみれば井の頭公園の北東側には善福寺池、三宝寺池、南西側には深大寺《じんだいじ》などの湧水地が直線状に並んでいるのがわかる（図2）。これは武蔵野台地が西から東へ徐々に低くなる中で、この付近で傾斜が緩くなり地下水が地表に出てくるためと考えられているが、特異点といえるこれらの池は、いずれも公園として維持され東京の自然を知るスポットとなっている。

江戸期になると神田川の水を市中に引く神田上水《かんだじょうすい》が開かれたが、これでは水が足らずに多摩川から取水し本格的に開発されたのが、一六五四（承応三）年に完成した玉川上水である。上水利用が第一の目的ではあったが、今の水道とは異なり見かけは川のようであり、通過する農村部への灌漑用の役目も併せ持っていた。途中から分水もされ、その代表に野火止用水《のびどめようすい》がある。「野火止」は野火止塚という、野焼きなどによる野火の延焼を防ぐ見張り台とされる塚に由来する地名である（現在の埼玉県新座市野火止、立教大学新座キャンパスの近傍）。

この上水・用水は単に水をもたらしただけでなく、土地の風景を作っていった。JR中央線の吉祥寺付近の車窓からは、長い直線で知られる中央線に対し、これも直線状に交わる道とそれに沿った家並みからなる景観がみられる（図3）。これは玉川上水沿川に短冊状に開発された新田（畑）の土地利用の名残といえる。玉川上水は武蔵野台地の尾根筋に沿い、わずかな高低差を利用して導水したものであるが、水の流れる方向、つまり武蔵野台地の傾斜方向に沿って耕地化そして宅地化が進んだ履歴が現在の都市景観に表れている。

武蔵野に限らず地域の自然・社会史は複雑ではあるが、火や水といった根源的な自然との関わりが地域の成り立ちに関わり、その痕跡の一部が今なお目で見えることはなかなか興味深い。なお近代以降は、耕地自体の減少に加えて火入れもなくなり、震災・戦災という大禍はあったものの都市は不燃化を進め、「火」は日常のものではなくなる。「水」についても水道は管を使うようになり、さらに需要に伴せて武蔵野台地の西に浮かぶ狭山丘陵の上に村山貯水池（多摩湖）を、さらに奥多摩に小河内ダムを作るなど、遠ざかりつつまた空から見ないとわからない規模となり、人の生活との関わりは見えにくくなっていく。

3　武蔵野の風景像

以上は一応の武蔵野の実際の姿を追ってみたものであるが、人々がある地域に対して懐くイメージが実態とは必ずしも一致しないことはいうまでもない。このうち、「薄に月」

図3　中央線三鷹ー吉祥寺間付近・左上部斜めの線が玉川上水（© 2018 Google）

などの視覚的イメージは、「風景」の問題といえる。風景とは人を取り巻く環境の眺めということができるが、[4]基本的には個人的体験である一方で、場合によってはその眺めの視覚像が、ある集団内で共有されることがある。これは風景の集団表象[5]とよばれる。

改めてこの集団表象としての武蔵野の風景を捉えてみたい。その方法は、誰かが認識した風景像（表象）を表現したものの中で、その後の社会である程度流通しその風景像の共有の可能性が窺えるもの、簡単にいえば既に少しみたように、広く知られた詩文や絵図を追いかけることである。

武蔵野の名は『万葉集』にまで遡ってみられ、東歌の中に

恋しけば袖も振らむを武蔵野のうけらが花の色に出なゆめ

のように「うけらが花」とセットになったものがある。「うけら」は白い花を咲かせる地味な草花で、武蔵野の視覚イメージは初期からこうした草に託されている。次いで武蔵野の風景の定番となったのが紫草（ムラサキ）である。たとえば『古今和歌集』（平安前期）の

紫のひともとゆゑにむさしのの草はみながらあはれとぞ見る　詠み人知らず

などが代表的であるが、ここでも武蔵野は草のイメージである。なおムラサキはその根が染色に用いられたが、この技術は渡来人がもたらしたらしく、高麗人らの入植の歴史が歌の背景にみられる。この次に登場してくる風景が、先に紹介した「薄に月」などの草原で

（4）中村ほか、一九七七年

（5）中村、一九八二年

図4　花札の「坊主（芒に月）」（任天堂「都の花」）

図5　『東京府史談』（明治27年）より挿絵「武蔵野の景状」（国立国会図書館デジタルコレクション）

ある。少し後の日記文学『とはずがたり』（鎌倉後期）には、

野の中をはるばると分けゆくに、萩・女郎花・荻・芒よりほかは、またまじるものもなく、これが高さは、馬に乗りたる男の見えぬほどなれば、おしはかるべし。三日にや分けゆけども、尽きもせず。…来し方行く末野原なり。

とある。それまでは眼前の草花にもっぱら注がれていた視線が、より引いた広大な草原に向けられるようになる。

この草原・原野としての武蔵野の風景像は、都（京都）から捉えた武蔵野のイメージであったが、これが冒頭に示した通り江戸にまで継承されていた。近年見かけなくなってしまった遊びに「花札」があるが、その一枚の「坊主」で知られる大胆な絵柄の名はまさに「芒（すすき）に月」であり（図4）、花札の名称自体が武蔵野と呼ばれることもあったという(6)。

武蔵野のこの寂寥とした風景イメージは明治期になってもしばらく続いていたようである（図5）。そうした

（6）『日本国語大辞典　第二版』、「武蔵野」の項

中でこれを変えたのが、国木田独歩の『武蔵野』であり、武蔵野といえば雑木林という現在も続くイメージがここで生まれたというのが通説となっている。[7] 一八九八（明治三一）年に「今の武蔵野」の題で発表されたこの作品は（一九〇一年に『武蔵野』として刊行）、当時渋谷付近に住んでいた独歩が、その周辺の風景に加え、開通して間もない甲武鉄道を使い小金井を訪れた際の体験を交えた随想である。

> 元来日本人はこれまで楢の類の落葉林の美をあまりしらなかったようである。林といえば重に松林のみが日本の文学美術の上に認められていて、歌にも楢林の奥で時雨を聞くというようなことは見当たらない。（中略）かかる落葉林の美を解するに至ったのは近来の事…

とあるように、冬に落葉する林の美を述べている（図6）。これは先に触れたように草原化する以前の武蔵野の植生であったと同時に、草原の火入れを止めた後に比較的早く成り立つ樹林である。またこうした雑木林は、茅場と同様に農業に有用であったが、適切な頻度であれば資源用に木を伐っても切株からまた再生して林が維持されるため、耕地化の進んだ近世以降も多くみられたはずで

図6　落葉樹からなる雑木林（平林寺境内）

(7) たとえば国木田独歩『武蔵野』一九三九年、岩波文庫の解説

である。

つまり独歩の注目した雑木林は、明治期になって新たに出現したものではなく、以前から存在していた。また先の引用の通り、独歩は雑木林ではなく「落葉林」と書いたが、同世代の徳富蘆花は『自然と人生』(一八九八年)で「雑木林」を語っていた。従ってこの武蔵野の新しい風景像は、必ずしも独歩の独創ではなく、近代という時代に広がりつつあった新しい価値観に支えられながら、既にあった対象を捉えたものだったということができる。事実、『武蔵野』には二葉亭四迷によるツルゲーネフの『あいびき』の訳文が引用されており、日本の文士たちが吸収に余念のなかった西欧文学の感性が、武蔵野という東京近郊の土地に注がれていた。

4 武蔵野へのまなざし

草花、草原、そして雑木林という武蔵野の風景の集団表象の変遷を辿ってみた。これらの風景のイメージは、作者のものの見方が反映され、それが共有されることで集団表象となるといえるが、この「ものの見方(ways of seeing)」(ないし価値観、「まなざし」など)は風景論では重要な概念である。というのも、眺めという体験は人間と環境の間に成り立つ現象といえるが、その体験はその人間が依って立つ自然・社会・歴史等に支えられたものの見方なしには成り立ち得ないからである。

このことはこれまで既にさまざまに指摘されてきた。美術批評家のJ・バージャーは風景だけでなく視覚イメージ全般に、ways of seeingの重要性を論じ、(8) これは一部の地理学などへも影響を与え、(9) また観光分野ではよく知られる社会学者J・アーリの「観光のまなざし」論(10)の下敷きともなっている。また同様の概念を勝原文夫は風景の「審美的態度」と呼び、(11) 加藤典洋は勝原の考えをもとに特にその変化が生じる過程に注目している。独歩の『武蔵野』における、享保期以来の桜の名所の小金井を夏に訪れたところ土地の人から季節はずれを笑われたエピソードに関し、加藤が「それまでの文化コードからの離脱」と指摘するように、(12) 定番の名所に対する新しい視点の提示は、まさにまなざし、ものの見方の転換であったといえる。

もっとも、たとえば「花はさかりに、月はくまなきをのみ…（『徒然草』）」を持ち出すまでもなく、風景に関して既往の価値をずらしながら更新を図ることは繰り返されてきたことであり、ある意味それが文人の役目であるともいえる。独歩の新しさはこの点だけにあったのだろうか。そこで『武蔵野』の冒頭に着目したい。

独歩は「武蔵野の俤《おもかげ》は今わずかに入間郡に残れり」という文政期の地図で見たという記述の紹介から語り始める。この地図を実際に探してみれば、一八一一年（文化八）刊の『東都近郊図』に行き当たる（図7）。ところが独歩が参照したと思われる元の文は微妙に異なり、「武蔵野ノ跡ハ今纔《わずか》ニ入間郡ニ残レリ」とある。「跡」が「俤」に替えられているのである。それが記憶違い等であった可能性も否定できないが、ここでは意図的変更と考えてみる。

「武蔵野の面影」という表現は、今も武蔵野を語る際によく使われる常套句となっている。独歩はこれを江戸期の記述を紹介する形で、以前からある表現を踏襲する姿勢を示してい

(8) バージャー、一九八六年

(9) シーモア、二〇〇五年、二一七—二五六頁

(10) アーリ、一九九五年

(11) 勝原、一九七九年

(12) 加藤、二〇〇〇年、一六六—二一四頁

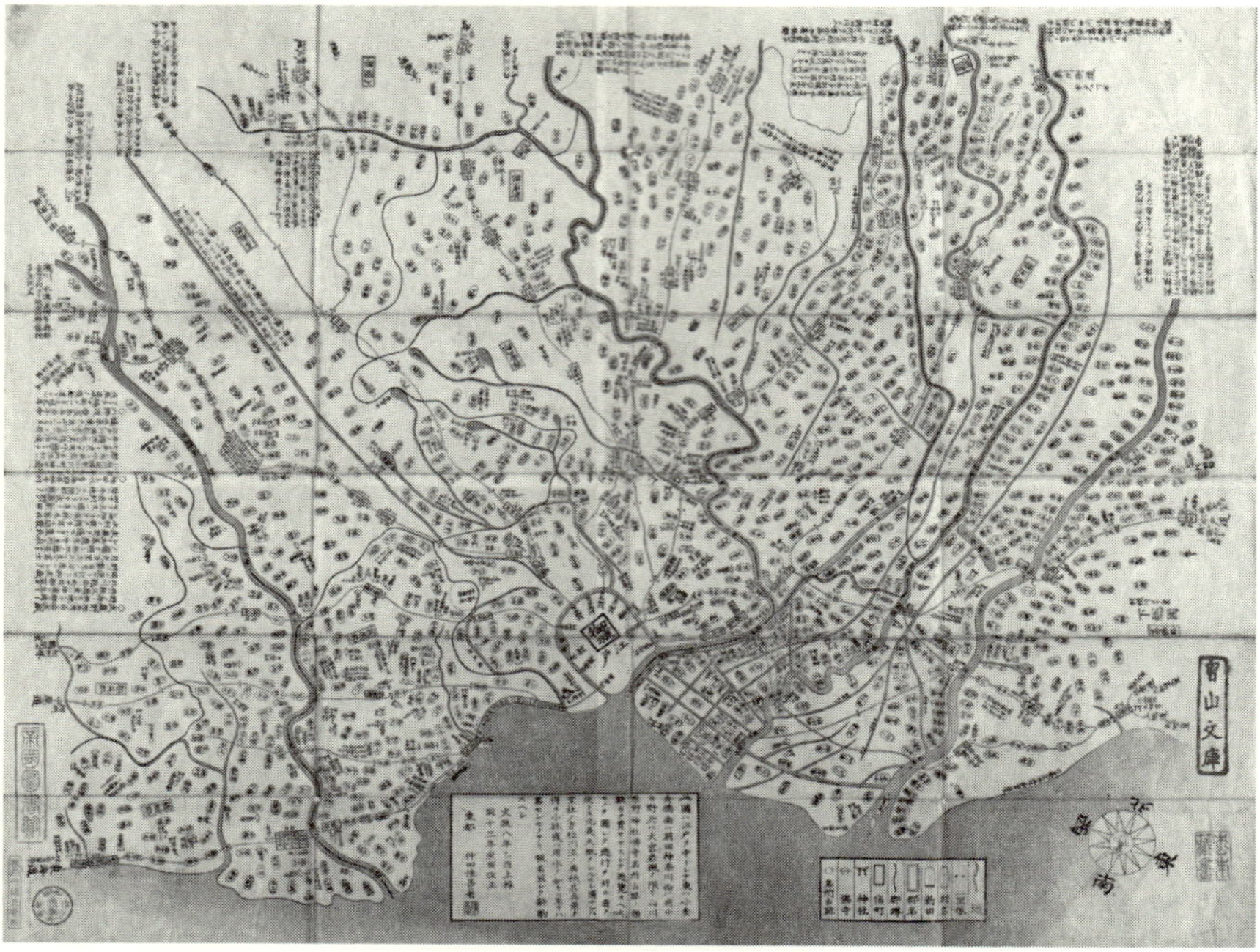

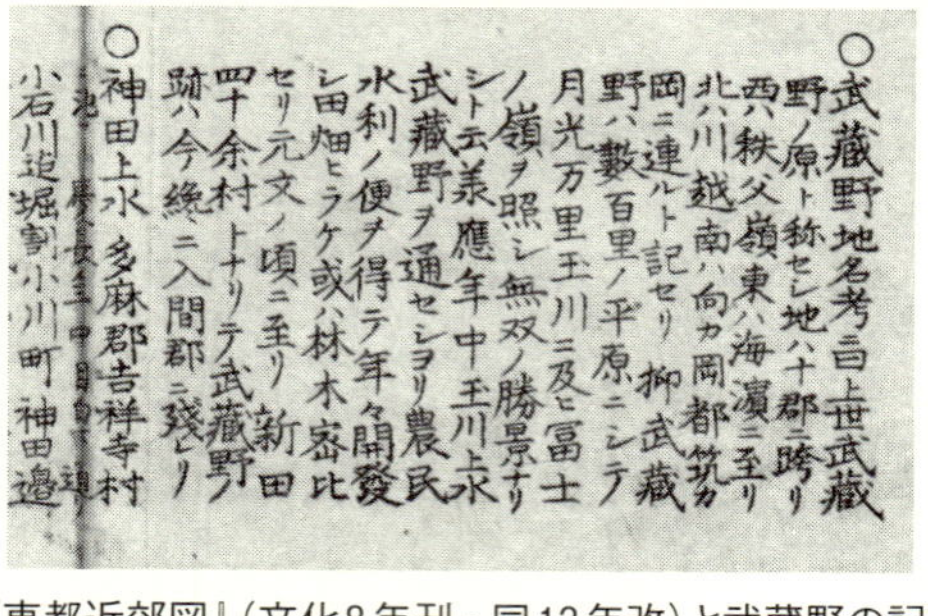

図7　『東都近郊図』（文化8年刊・同13年改）と武蔵野の記述部分
（国立国会図書館デジタルコレクション）

るが、実はここに独歩の創作が含まれているようだ。その新しさは、まなざしの対象としての雑木林への着目だけでなく、武蔵野を失われようとしている面影の中に探し求めるという、まなざしそれ自身を新たに示したところにあったのではないだろうか。手が込んだことに、独歩はそれをあからさまにはせず、逆に昔からあったまなざしであるかのように振る舞う。また既に触れた武蔵野の範囲の不確かさについて、独歩もその議論を紹介するが、その不確かさも「面影」を追い求めるまなざしを支える材料となっている。

こうした独歩の創作というより「編集」を通して、まなざされる武蔵野の対象が草原から雑木林へ変わり、さらにそれが消えて都市化されてしまっても、面影の中にそれを見るというまなざしは不変のものとして継承されることになったのではないだろうか。『武蔵野』発表当初は売れない作家であった独歩は、雑誌編集者としても活動を広げながら、夭折する直前の明治四〇年頃には随一の人気作家となっていた。その後同作品は教科書にまで使われるようになるなど、その影響力は別格であったようだ。[13]

(13) 黒岩、二〇〇七年

5　武蔵野ブランドの誕生

地域ブランドという概念が地域活性化の点などから注目されている。ゆるキャラやB級グルメなどはその断片に過ぎないが、地域ブランドを創造するための理論として、たとえば地域の魅力あるコンテンツを集めてコンテクスト（文脈）として編集し、その価値を人々のエピソード記憶に刻み込む、といった方法論の研究も行われている。[14] これらは能動的に

(14) 地域デザイン学会編、二〇一三年

地域ブランドをデザインしていこうとする立場での議論であるが、武蔵野を一種の地域ブランドとしてその成り立ちを後追いしてみるのも無意味ではない。

この理論に照らせば、独歩の『武蔵野』においては雑木林がコンテンツであり、それを面影の中に見るというのが編集されたコンテクストとなろうか。さらに昔の地図で見たとか、土地の人に笑われたとかいうまさにエピソードから作品が成り立っており、『武蔵野』には武蔵野ブランドを生み出したデザイン力が確かに備わっていたとみることも可能である。独歩は「まなざされる対象＝コンテンツ」と「まなざし＝コンテクスト」を新しく示したが、コンテクストについてはエピソード化しながらそれが昔からあるように思わせるという芸当をもって「武蔵野の面影」を不朽のフレーズとしたといえるのではないか。映画やアニメなどの作品の舞台を訪ねるコンテンツ・ツーリズムが注目されているが、エピソードには事欠かない物語的作品も、単なるコンテンツではなく、コンテクストの力がその人気が継続するかどうかにも関わるものと思われる。

独歩の死後、一九一〇年代ころから武蔵野の名はブームともいえる存在になる。東京の人口が急激に増えていき、人々の活動の場が西へと拡大していった時代でもあるが、一九一二（明治四五）年には西武鉄道の前進である武蔵野鉄道が設立された。施設・機関の移転なども進められ、たとえば立教大学は、一九一八（大正七）年に築地から池袋へ移転したが、その四年後に作られた校歌は「芙蓉（注：富士山のこと）の高嶺を雲井に望み、紫匂える武蔵野原に…」と謳い、さらに同年「立教大学内武蔵野学会」が創刊した大学新聞の名は「ムサシノ」であった（図8）。一九二〇（大正九）年には新宿に映画館「武蔵野館（現新宿武蔵野館）」が誕生し、関東大震災後は西郊への人口流動が加速したこともあって新宿

大正十一年十月十二日印刷
大正十一年十月十五日發行
東京府下巣鴨町宮下一四五五
編輯兼發行者　江尻登
印刷者　太田音次郎
東京府下西巣鴨町字池袋
發行所　立教大學内武蔵野學會
電話小石川四〇九番
（定價金拾錢）

ムサシノ

St. Paul the First（立教第一）

無花園

富士の山が遠く武蔵野の彼方に其の美しい姿を灰色のベールで静かに包んで行く。校庭の赤い土が

生の熱誠とは決して他諸大學に劣らざるものと信ずるのである。そして私共が他大學に對して誇るべ

も自ら一定の法則があり、雑然たる人事にも自ら一貫せる既定の約束がある「醒めよ努力せよ」と撞き出す武蔵野學會の朝の鐘は諸君の胸底に果してどれ程の眞實なる共鳴の響を見出し得よう？　寺男は無心である。しかし吾々

図8　立教大学新聞創刊号（大正11年）の題字（立教大学図書館デジタルライブラリー）

の発展が進み、「東洋一」の設備を誇るとされた同館は「映画の殿堂」と称えられた。(15)また西郊に限らず、築地では一九二四（大正一三）年に「武蔵野女子学院（現武蔵野大学）」が開校した。こうした中、一九一八（大正七）年には自然・人文系の幅広い学者を中心に「武蔵野会（現武蔵野文化協会）」が設立され、武蔵野は研究の対象にもなる。俳壇では一九三〇（昭和五）年から、高浜虚子が武蔵野の各所を毎月訪ねる吟行会を一〇〇回にわたり開催した。(16)

こうした流行に冷ややかな者もいた。柳田国男《やなぎたくにお》である。一九一九（大正八）年に「武蔵野の昔」(17)を発表するが、これは明らかに独歩の作品の原題「今の武蔵野」を意識している。ただし独歩と旧知の友であった柳田の批判は独歩ではなく、「当節のしきりに研究研究という人たち」に向けられ、武蔵野を江戸以降の歴史の中でしかみていないと指摘し、独特の民俗学的な視点で古来の武蔵野を捉えようとした。しかしこの柳田の物言いもまた当時の武蔵野人気を支えることに貢献している。

(15)『読売新聞』一九八四年二月一四日朝刊「二都物語二六」

(16) 高浜、一九四二年

(17) 柳田、一九四一年

6　おわりに――むき出しの東京

敗戦の前年、吉祥寺の織田一磨《おだかずま》という画家が『武蔵野の記録(18)』という本を著した。自身の作品や幼少期からの体験・記憶に加え、自然から芸術までの武蔵野のすべてに迫ろうとした、戦時下のものとは思えない大作である。織田はその結びに、「この書一冊が、武蔵野といふ地名をもって呼び慣らされてゐた土地の、最後の記録であって、この後は、武蔵野ではなく『東京都』である。名残は尽きない武蔵野とも、最早お別れしなくてはなるまい」と記した。消えゆく武蔵野のまさに「面影」を余すことなく書き尽くそうとした、武蔵野を愛し過ぎたゆえのレクイエムであったが、織田の悲観的予測は外れた。戦後の都市環境は著しく変貌し、雑木林が見られるのはわずかに公園等に限られるようになった。しかしそれでも「武蔵野」は独歩が敷いたレールの上で、変化はあっても面影の中に想うものとしてこれまでのところ健在だったように思われる。このまなざしはこれからも有効なのだろうか。

二〇一六（平成二八）年の秋、「野火止」の地で例をみない火災があった（図9）。地下の送電ケーブルが燃え、官庁街を含む都心に大規模停電をもたらした。想定外の現代の野火は、錯綜し見えにくくなっている現代都市の脆い一面を晒した。一方でその前年には、二度目のオリンピックのために取壊された国立競技場の跡地で、突然富士山が見えるようになり、束の間ながら人を集めた（図10）。両者の性格は異なるが、一皮めくったむき出し

(18)　織田、一九四四年

図9　2016年10月12日　埼玉県新座市野火止7丁目の出火

図10　2016年2月11日　神宮外苑にて

の東京を垣間見せるものであった。しかしそこには失ってきた何かが面影の中に見えるわけではなく、むしろ果てまで来てしまった都市の先が覗いているようにも感じられる。

時は人口が減少する時代になった。東京ではそれが直ちに進むわけではないようだが、開発一辺倒だった東京が非都市的方向に戻っていくことも絵空事ではなくなりつつある。独歩の示した「面影」は、あくまで東京が都市的に開発され続けていく一方向を前提にした後ろ向きのまなざしである。いわば上り坂を進みながら皆が後ろを向いていた状態であるが、それが峠を越えて下り坂になった時に皆の視線がそのままである保証はない。永遠に思われた「武蔵野の面影」も曲がり角にきているのかもしれない。

〔参考文献〕

アーリ、ジョン、加太宏邦訳『観光のまなざし――現代社会におけるレジャーと旅行』法政大学出版局、一九九五年
小椋純一ほか「火の文化と森林の生態」『森林科学』五五、二〇〇九年
織田一磨『武蔵野の記録』一九四四年（武蔵野郷土史刊行会、復刻版一九八二年）
勝原文夫『農の美学』論創社、一九七九年
加藤典洋「武蔵野の消滅」『日本風景論』講談社、二〇〇〇年
黒岩比佐子『編集者国木田独歩の時代』角川書店、二〇〇七年
シーモア、スザンヌ、米家泰作他訳「風景の歴史地理学」ブライン・グレアムほか『モダニティの歴史地理・下巻』古今書院、二〇〇五年
高浜虚子『武蔵野探勝』一九四二年（有峰書店新社、復刻版二〇〇〇年）
地域デザイン学会編『地域ブランドと地域の価値創造』芙蓉書房出版、二〇一三年
中村良夫『風景学入門』中公新書、中央公論新社、一九八二年
中村良夫ほか『景観論』（土木工学体系13）彰国社、一九七七年
バージャー、ジョン、伊藤俊治訳『イメージ Ways of Seeing 視覚とメディア』ＰＡＲＣＯ出版局、一九八六年
福原敏男『江戸の祭礼屋台と山車絵巻』渡辺出版、二〇一五年
柳田国男『豆の葉と太陽（含「武蔵野の昔」）』一九四一年（ちくま文庫柳田国男全集2、筑摩書房、一九八九年）
吉川昌伸「関東平野における過去一二、〇〇〇年間の環境変遷」『国立歴史民俗博物館研究報告』八一、一九九九年

武蔵野台地西部狭山丘陵の六道山から都心方面を望む

コラム

見通しがきかない迷宮都市東京

毛谷村英治

東京の町は、歩く者にとってまるで迷宮のように複雑で見通しがきかず、実際に見えている景色から自分の居る場所の地理的な位置を把握することが容易ではない。これは、東京が関東ローム層の作り出した丘陵地の辺縁部にあり、川に侵食された複数の谷筋が方向を違えて存在していることによる。谷筋に沿う坂道だけでなく谷筋に直行して下る坂道も存在しており、南西に下る坂の高所から遥か先に富士山を眺めることができる道は富士見坂といった名称がつけられていたりして、地形を意識して暮らしてきたことがわかる。

江戸の町では、川筋に沿って、あるいは、崖を迂回する形で道が建設されたので、碁盤目状あるいは放射状といった規則的な道路計画とはならず、地形に応じた自然発生的な道が各地にでき、それらを繋ぐ形で全体の道路網が出来上がっている。そのため、道路に沿ってその先を眺めても見通しはきかず、道の先がどこにつながっているのか判然としない。結果的に地形的に見通しのきかない道ができてしまった。

昭和の高度成長期には、東京タワーがオベリスクのように遠くから見えるランドマークとしての役割を担っていた。しかしながら、起伏のある東京の地形は、限られた場所からでしか東京タワーにこの役割を発揮させることを許さなかった。一九六八年に霞が関ビルが日本初の超高層ビルとして竣工したのを皮切りに、高度経済成長期には超高層ビルが雨後の筍のように次々と林立し始め、見通しがきかない場所が更に拡大した。

見通しが良くない東京でも広告用のアドバルーン（＝係留気球）が空に浮かび、その足元にはその広告を出す店があることを示していた時代があった。歩行者にとっては、広告を出す店舗が直接見えずとも、空に浮かぶアドバルーンを目指して近づいていくと、その直下の辺りに目的の店を発見することができた。しかし、増加する超高層ビルに視界を遮られそのような景色は次第に見られなくなってしまった。一九八〇年代に入るとポストモダンの個性的なデザインの建築が現れ始め、誰でも遠くから目立つ建物の見分けがつくようになり、分かりやすい特徴を持つ超高層ビルがランドマークとしての役割を果たすようになっていった（丹下健三設計グランドプリンスホテル赤坂新館（旧：赤坂プリンスホテル新館）一九八二年竣工・二〇一三年解体完了　など）。

近年は、実際に見える目標がなくともスマホを利用して目的地にたどり着くことができるので、建物のデザインが持つランドマーク性は嘗てほど重視されなくなっている。目的地へ向かう人はスマホの画面を見ながら歩くため、地形の凸凹はあまり意識されなくなっているかもしれない。

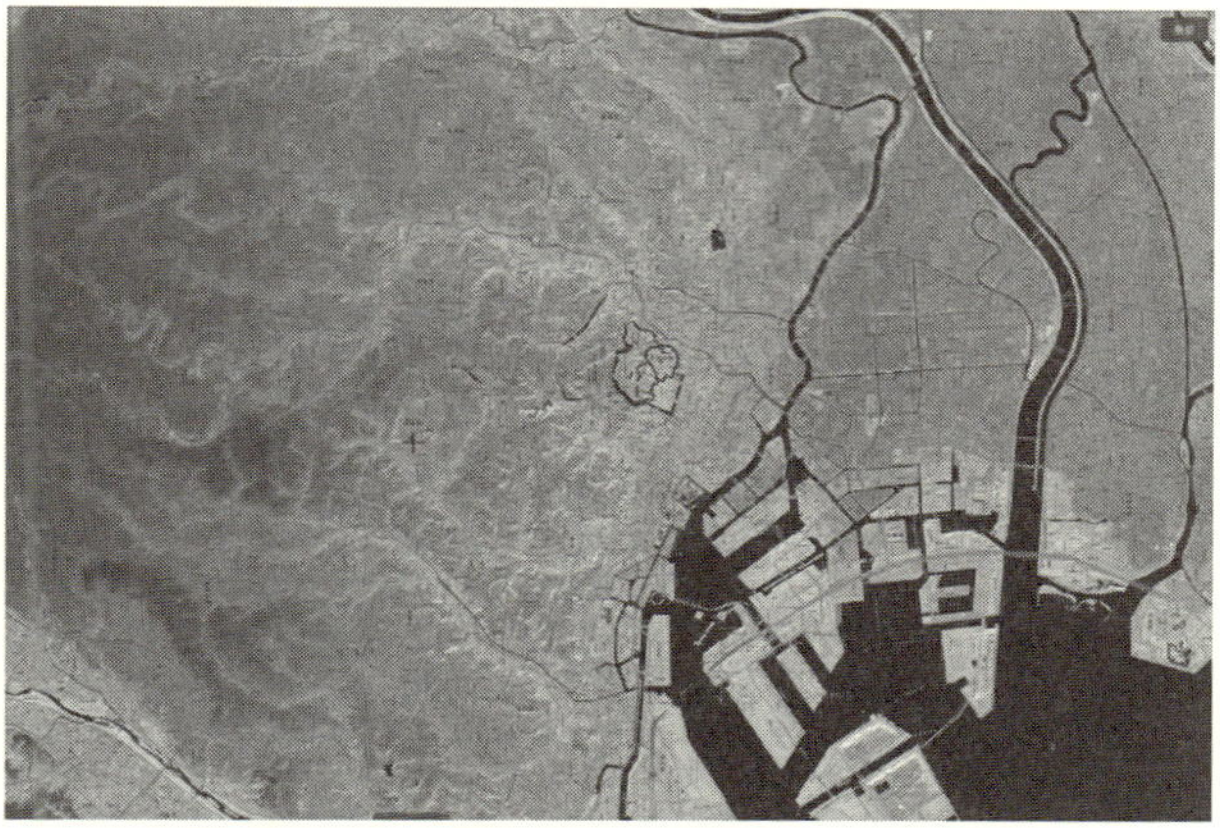

図1　ラビリンスのように侵食された関東ローム層の辺縁部に東京の町がある（出典：「東京都区部」1:25000デジタル標高地形図 2006年3月国土地理院）

図2　南極のラビリンス（©2019 Google）

一般の建物が高層化・超高層化したことによって、人々が地上から遠景を眺めることができる場所は減り、超高層建築の展望階から東京を見下ろす機会が増えた。しかしながら、高さの異なる建物がみっしり建ち並ぶ様子は、本来の地形を見えにくくしており、地上を歩いた時に遭遇する坂道がどうしてそこにあるのかを理解することを難しくしている。

東京都区部の高低図を見ると、深く侵食されてできた南極のラビリンスのような凹凸が見られる。そのため、坂道があちこちにあることも、崖があることも切り通しになった道があることもこれを見れば理解できるが、一般的な道路や鉄道が描かれている地図では、高低差が描かれていないため気づくことは難しい。実は、この自然に形作られた土地の形状こそが、東京を実質的な迷宮都市にしていたのである。見通しがきかずとも自分で歩きまわり階段を上り下りすれば長年のうちに地下街を把握することができるように都市も理解できるはずなのであるが、鉄道やバス、特に景色や高低差の見えない地下鉄で移動することで東京の地形を理解することが、困難になってきている。

〔参考ウェブサイト〕
国土交通省国土地理院　地図・空中写真閲覧サービス　http://mapps.gsi.go.jp/maplibSearch.do（二〇一九年一月二四日最終アクセス）

寺田寅彦と東武東上線

石橋正孝・松村公明

はじめに

一九二一（大正一〇）年の一〇月から翌月にかけ、寺田寅彦（一八七八―一九三五）は、大宮、浦和、日暮里、小台《おだい》の渡し、玉川、成増を訪れ、風景画を制作する。東京帝国大学理科大学教授として物理学を講じていた寅彦は、一九一九年の一二月、胃潰瘍で大吐血して入院、これを機に帝大を辞して「年来の不平をドシドシ爆発させてやろう」（明けて一九二〇年元旦の日記）と考えたのであった。然るに、この辞意は大学当局の受け入れるところとはならず、代わって無期限の休職を許されたのである。比較文学者の小宮彰によれば、寅彦の胸奥でひそかに燻っていた「年来の不平」とは、ひとつには、旧制高校における夏目漱石との出会い以来、文学に対して抱き続けてきた情熱を不十分にしか燃え立たせられずに過ごしてきたことだった。[1] 事実として、この休職期間中に寅彦は本格的に「随筆家」となっていくのだが、その一方で、休職二年目に入った一九二一年の春から、「油絵の稽古」もぼつぼつ始めていることが目を引く。自画像を手始めに、本郷区曙町（現・文京区本駒込）の自宅の庭やその周辺の風物をひとまず画題に選んではみたものの、やがて飽き足らなくなり、健康状態が上向きになったのを幸い、「うちの庭とは比較にならないほどいい題材」を求めて郊外に赴いたというわけである。本章で取り上げる「写生紀行」（一九二二年一月発表）は、その詳細を報告した随筆であり、そうして制作された油絵のうち、現存する数点を『寺田寅彦画集』（中央公論美術出版、一九七七年）に見ることができる。

（1） 小宮、二〇一五年、二四一―二五頁

1　鉄道文化の成熟、そして武蔵野の再発見

寅彦が「写生紀行」を実行した一九二二年という時期にまずは注目しよう。「第一次大戦から、一九二三（大正一二）年の関東大震災を経て、一九三〇年代に入る時期の、東京の市街地拡大は、瞠目すべきものがあった」と原田勝正がその著『汽車から電車へ――社会史的考察』で指摘するように、[2]第一次世界大戦と関東大震災の間に挟まれたこの時期は、大戦以前より市街地周辺へ急激に延びていた鉄道がその数をさらに増加させると同時に、電化と高速化をいっそう推し進めた結果、沿線の開発が進んだのはもちろん、この国に導入されて四〇年を経た鉄道が文化として人々の日常に浸透し、定着し出した時期と言える

（2） 原田、一九九五年、一六八頁

のではないか。すなわち、それはもはや新奇なものではなく、ふと気づけばいつの間にかその中にいた環境として、改めて好奇の対象となる「成熟期」を迎えつつあったように思われる。例えば、この一九二一年の三月には、寅彦の友人でもあった東京帝大農学部講師・三宅恒方《みやけつねかた》（一八八〇―一九二一）の（結果的に遺著となった）『私の電車及び汽車観』（春陽堂）が刊行され、人々の車中での行動（がら空きの車両における座席の選び方、座っている際の目のやり場等々）をめぐって、専門である動物学の知見を生かした軽妙洒脱な考察が披露されるかと思えば、寅彦自身、翌一九二二年に発表した「電車の混雑について」において、確率や統計を用いて満員電車の発生するメカニズムを解析し、鉄道文化の成熟ぶりを体現してみせる、そんな時期だったのである。

鉄道文化の浸透は、この二人が揃って着目する新風俗が、都市の中産階級による郊外への遠足やピクニックであった点にもよく表れている。三宅の方では、子供を連れてピクニックに出かける「意識の高い」家庭の主婦の知的浅薄さが辛辣にあげつらわれるのに対し、「写生紀行」の寅彦が、田端から大宮に向かう汽車でたまたま乗り合わせた「女学校の遠足」に向けるまなざしは、回復期特有の鋭敏さを伴い、健康を屈託なく享受する若さをいかにも眩しげに眺めている、という違いはある。とはいえ、彼らがともに視線を向ける側に身を置いていることに変わりはない。興味深いことに、彼らは、自らの日常的な移動や旅に関して単に随筆を書くだけではなく、旅先で好んで絵を描いた点でも共通しており、その視線はいわば二重に特権化されていた。寅彦の場合、身体的条件によって移動が制約され、観察の対象であった中産階級と移動する距離がたまたま一致しただけに、彼らとの共通点と差異が自ずから強調されている。

すなわち、「写生紀行」に向かう寅彦が一貫して目指していたのは、明らかに「武蔵野」という文学的トポスなのである。国木田独歩の言う「大都会の生活の名残と田舎の生活の余波とがここで落ちあって、緩やかにうずをまいている」地帯であって、鉄道のおかげで、ある程度の経済的条件を満たせば、誰にでも——寅彦のように健康に不安がある者であっても——容易にアクセスできるのだが、しかし、あくまで画題を探している「目」にとってのみ、価値を帯びるような風景が見つかる場所。寅彦にとっての「武蔵野」がそのようなゾーンであればこそ、彼はこのエッセイの中で一度たりとも独歩には言及しないのだ。「武蔵野」に込めた含意が、独歩を実際に読んだ者だけに想起できるように仕向け、そうではない者が出来合いのイメージを彼の審美眼に投影する事態を嫌ったのであろう。

　自分一人のアンテナだけを頼りにあてどなく彷徨う以上、同じ大宮で降りた女学生たちおよび彼女らが行くような場所は、遠くから一瞥する限りにおいて、そこで彼女たちは「草花が咲いているようで」美しいにすぎず、決して画題とはならない。結局、この大宮で彼の心を真に捉えたのは停車場の景色だけだったらしく、それ以外は俗事が中途半端に勝っていたようである。この点では浦和も日暮里も玉川も似たり寄ったりで、とりわけ小台の渡しでは「絵の世界はこの上もなく美しい。しばらくこの美しい世界に逃れて病を養おうと思っても、絵の底に隠れた世の中が少しの心の隙間を窺ってすぐに眼の前に迫って来る。これは私の絵が弱いのか世の中が強いのか、どっちだかこれもよく分らない」と嘆く仕儀に立ち至ってしまう。

　そんな寅彦が最後にたどり着いた場所、そこからの帰途に車窓から眺めた、夕日を浴びた風景が、「どうしてもこの世のものではなくて誰かの名画の中の世界が眼前に活きて動いているとしか思われなかった」がゆえに、「もしも事情が許すなら、私はこの広い平坦な高台の森影の一つに小さな小家を建てて、一週中のある一日をそこに過したいと思ったりし」、実際に翌年、出身地である高知に所有していた土地を処分し、自らの言葉を現実とするきっかけとなった場所、それが成増であった。

2　東武東上線

寅彦をこの地に運んだ東上線は、第一次世界大戦勃発直前の一九一四年五月、東京と上州を結ばんとする気宇壮大な野望のもと、まず池袋・田面沢《たのもざわ》間で開通し、戦後の経営難から前年の一九二〇年に東武鉄道と合併したばかり、単線であり、当然にも蒸気で走っていた。沿線はといえば、「昭和初年ごろまでは、ほとんど畑ばかりがつづき、人家もまばらだったから、開業当時は、むしろ埼玉県坂戸方面で採取された砂利を運搬するのが主業務のようなものだった」[3]。この東上線に限らず、「大手私鉄のなかでも古い歴史と長い路線をもつ東武鉄道ではあるが、沿線開発は比較的遅かった」のであり、本格的な開発の「第一号」は、奇しくも寅彦の没年に当たる一九三五（昭和一〇）年に「東武東上本線（東上線）の武蔵常盤（現・ときわ台）駅開業と共に開発された、七万三六〇〇坪に及ぶ常盤台」[4]だった。

なぜか頑なに近代をもたらさない路線。作家・柴田翔が幼少を過ごした最先端の都市デザインを誇る常盤台に加え、小島信夫が芥川賞受賞作「アメリカン・スクール」（一九五四年）の舞台のモデルとしたアメリカ進駐軍の家族宿舎「グラント・ハイツ」が成増（現在

（3）日野、一九八六年、九頁

（4）土屋、二〇一七年、六五頁

は光が丘になっているが）にあったにもかかわらず、そして、沿線がすっかり開発され、寅彦が見出した武蔵野の面影を偲ぶよすがさえ残らず消滅したかに見える今日なお、東上線にはこのイメージが執拗にまとわりついている。一九八五年に出たとんねるずのアルバム『成増』に収録された「バハマ・サンセット」について、高橋源一郎が東武東上線の「都市嫌悪」と「反近代的エモーション」を語り、[5]同じ頃に大阪から移り住んできた成増を二〇年後の二一世紀初頭に再訪するパンク・ロッカーにして芥川賞作家の町田康に、「なんか、日本がなくなっている感じやね。池袋を起点に、日本というものが尻すぼまってなくなっていく」「世の中がフェードアウトして、なくなっていく」[6]と評されてしまう東上線は、言い換えれば、寅彦の画布に避け難く侵入してくる「世の中」、そして、それを代表する「観光」を受けつけない稀有な鉄道なのだ。

少なくともイメージの水準では、東上線に乗って遠足に行く「女学生」も、子供に「よい空気」を吸わせるべくピクニックに連れ出す母親もいはしない。小台の渡しで寅彦は、「我大東京はだらしなく無設計に横に拡がって、美しい武蔵野をどこまでもと蚕食して行く」と嘆じたが、ここには明白な自家撞着がある。進行中の武蔵野破壊の原動力となっている鉄道がなければ、彼の武蔵野発見もまたありえなかったはずで、しかも、彼がそうして発見した武蔵野の魅力を文章によって「宣伝」するという行為自体が、「観光」を呼び込み、それに対して彼が図った差異化を無効にすると同時に、対象である武蔵野の消費に、ひいては破壊に繋がりかねない。「写生紀行」がそれを免れたのは、成増以外に彼が訪れた土地ではすでに武蔵野は破壊されつつあり、他方で、成増およびその付近は、彼の称揚ぐらいではびくともしない「反近代性」によって観光客を惹きつけなかったからにほかな

（5）高橋、一九九〇年、五六頁
（6）町田・いしい、二〇一二年、一二頁

らない。

3　寺田寅彦と歩く成増

しかし、裏を返せば、それこそが寺田寅彦をして心ゆくまで成増を賞賛せしめ、帰りの車中より眺めた志村（おそらく東上線の上板橋駅に近い、現在は日大豊山中学・高校の敷地内にあった高台）[7]に別荘（図1）を購入させた当のものではなかったか。成増をはじめとする東上線沿線の市街地化は時間の経過に伴う自然の勢いにすぎず、とすれば、寅彦を惹きつけた反「観光」的なるものは残存し続けている。今やそれこそが「観光」に値する、なぜなら、そうすることで近代の「再帰性」が極限に達するから、などと言ったら、大方の失笑を招いてしまうかもしれない。だが、その前に、寅彦の言葉に改めて耳を傾けてほしい。

図1　寅彦が別荘で描いた志村（現・板橋区中台）の風景（『寺田寅彦画集』中央公論美術出版、1977年発行より転載）

（7）鶴ケ谷、一九九九年

東上線に乗り込み、成増に近づきつつあった彼の目に映じたものはなんであったか。

途中の景色が私には非常に気に入った。見渡す限り平坦なようであるが、全体が海抜幾メートルかの高台になっている事は、ところどころに凹んだ谷があるので始めて分る。そういう谷の処にはきまって松や雑木の林がある。この谷の遠く開けて行くさきには大河のある事を思わせる。畑の中に点々と碁布した民家は、きまったように森を背負って西北の風を防いでいる。

図2　寅彦が描いた成増の風景　成増風景（A）作品番号6（『寺田寅彦画集』中央公論美術出版、1977年発行より転載）

東上線に乗る今日のわれわれの目には見るべくもないもの、とはいえ、沿線の駅の改札をひとたび抜けて街を歩き出せば体感できるもの、すなわち、武蔵野台地（正確には、そのうち、池袋から石神井川を越えた先の成増台）の構造という地形の全体が寅彦を捉えたのであり、それは櫛比する建物に隠されているだけで、今もそこにある。一九一五（大正四）年の地形図（118頁の図3-a）と寅彦の先の記述を照合してみよう。東上線のレールが台地の尾根（標高三〇―三二m）に沿って敷かれており、その左右、特に池袋から見て右手に相当する北側、荒川（寅彦の言う「大河」）に向かって、鋭角に切れ込んだ谷が幾条も走っているのが一目瞭然である。この複雑な地形が水田の形成を阻み、段違いの畑が防風林と相まって西洋風の（乾いた）景観を織り成したが、それと引き換えに、宅地の造成を遅らせた。対して、進行方向左側では、沿線こそ畑地ではあるものの、川越街道が線路に並行しており、畑地越しに、川越街道に沿って街村形態に連なる家屋の背面を見続けることになるので、寅彦が見入った風景に該当しない。

「一見単調なように見えるが、その中にかなり複雑な、しかし柔らかな変化は含まれている」「いかにも明るく平和にのびのびした感じがする」風景を堪能し、「あまりに強い日常の刺戟に疲れたものの眼」を休ませたあと、いざ、「成増で下りて停車場の近くをあてもなく歩いた。とある谷をくだった処で、曲りくねった道路と、その道傍に榛の木が三、四本真黄に染まったのを主題にして、やや複雑な地形に起伏する色々の畑地を画布の中へ取り入れた」（図2）。

地形図（118頁の図3－a・b）によれば、当時は南口しかなかった成増駅の南側は一〇〇mほどで川越街道、さらに街道を西へ進むと、五〇〇mほどでこの地域最大の集落である白子が位置する（図4）。寅彦が白子へ接近したとは考えにくく、線路を渡り、北側に向かって急激に落ち込む二股の狭い谷に入っていったものとおぼしい。実際に歩いてみると、元の細い川筋がそのまま遊歩道に整備されていて、並行して走る比較的繁華な通りの裏通りと化していささか時代に取り残された感が漂う（図5・6）。左右を見ると、建物が段差を伴ってちぐはぐに重なり合っており、やはり駅の北側に住んでいた町田康がいしいしんじとこの辺りを歩きながら交わしたやりとりを興味深く思い起こさずにはいられない。

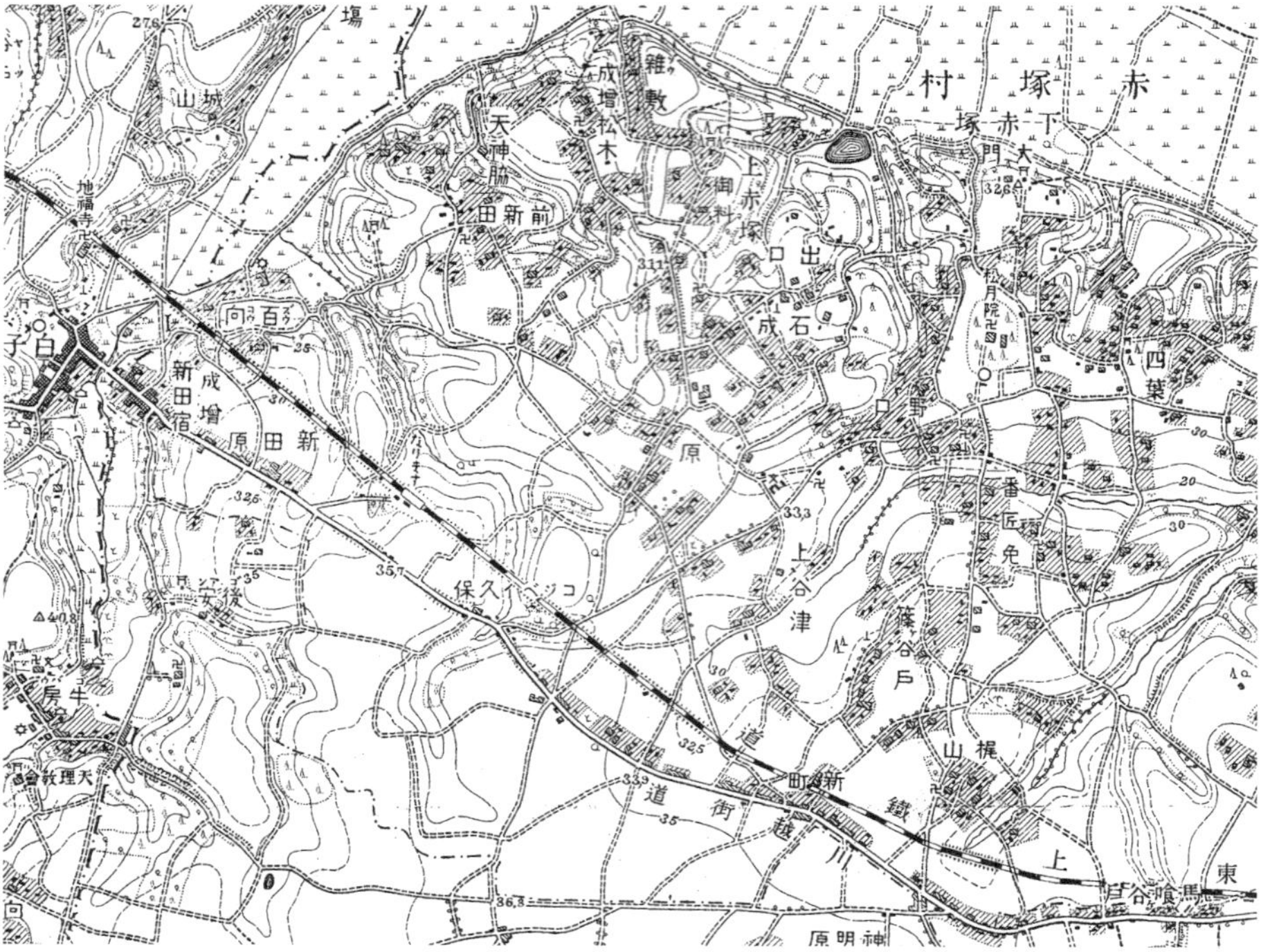

a) 1915（大正4）年

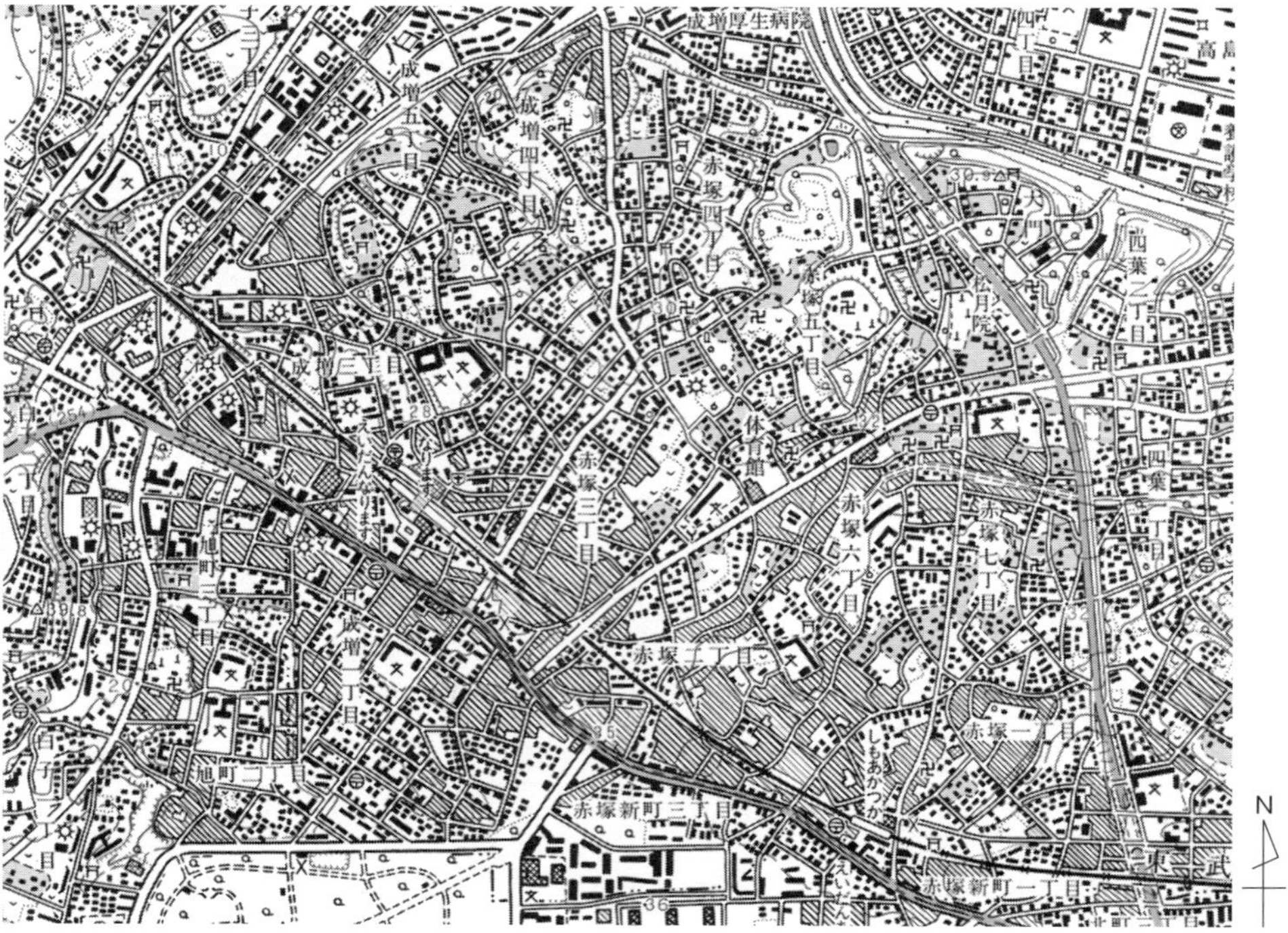

b) 2001（平成13）年

図6　遊歩道に整備された元の細い川筋（2017年、筆者撮影）

さらに旧百々向川の遊歩道を下りつつ振り返ると風景は変化する。図5の地点は洗い越しのように、たどってきた成増の町並を忘れてしまいそうである。

図4　成増駅南口（2017年、筆者撮影）

寅彦の時代、成増駅には現在の南口しかなかった。当時は川越街道の宿場町、白子へとつながる畑の中の一本道も、今では東上線沿線有数の繁華な通りへと変貌した。

図7　旧百々向川と旧白子川の合流点（2017年、筆者撮影）

われわれがたどった旧百々向川の細い遊歩道は旧白子川に達して終わる。奥から手前へ流れるのが旧白子川。旧百々向川は写真中央、左手から旧白子川に合流している。この低地は武蔵野台地の成増台（写真左手方向）と朝霞台（写真右手方向）との境界線をなしている。

図5　成増駅から北西側に向かって急激に落ち込む二股の狭い谷（2017年、筆者撮影）

成増駅北口から旧百々向川の谷間を下りつつ振り返ると、斜面に貼り付いた家々の奥に成増駅北口の複合施設「アリエス」が見える。写真左手の隘路が今では暗渠となっている旧百々向川の遊歩道である。

図3　新旧地形図にみる東武東上線・成増駅付近の地域変貌（1915年・2001年）

a）2万分の1地形図「白子」（1915年鉄道補入）（×0.8）

b）2万5千分の1地形図「赤羽」（2001年部分修正測量）（等倍）

町田　いろんなものが置いてあって、人の住む家はぎっしり並んでいるんだけど、全体的に、どこか粗い。ていねいさに欠ける、そういう感じやろか。

いしい　それぞれのつながりがない。関係がない。

町田　ああ、そうかもしれないね。車きたら黄色やし。突然に赤い屋根もあるし。ばらばらやん。(8)

この「ばらばら」感の所以について、町田はさらに次のように考えを進める。「これは、それぞれが、自分が生きていくためだけを考えて、ほかのことを一切考えなかった結果のような気がしますね」「一個一個のものが現実に存在していながらも、仮設っぽいというか。どっしりした建物が建っていながらも、なにかひどく雑で、そこに物質がある気がしないというか」(9)。おそらく「ばらばら」感は地形によって増幅されているのであって、「そこに物質がある気がしない」とは、要するに、いくら市街化が進んでも地形を隠しきれないということではないだろうか。われわれは、「ばらばら」感を通じて寺田寅彦を惹きつけたものを感じ取ることができるのである。

(8)　町田・いしい、二〇一二年、一八頁

(9)　町田・いしい、二〇一二年、二〇頁。

おわりに

われわれがたどった細い遊歩道は、旧白子川（ここも遊歩道に整備されている）に達して終わる（図7）。そこから先は荒川の沖積低地で、寅彦が嫌った水田がかつては広がって

いた。ここまで来ると、鬱蒼と生い茂る樹木に覆われた斜面が目立ち、往時を若干偲べなくもない。来た道と並行する別の坂を通って駅方面に戻る途中には、畑も少しだけ残っており、「曲りくねった道路と、その道傍に榛の木が三、四本真黄に染まったのを主題にして、やや複雑な地形に起伏する色々の畑地を〔中略〕取り入れた」という寅彦の油絵に近い構図も見つけることができる。それはまた、寺田寅彦という稀代の随筆家の感性が形成された現場を追体験するささやかなトリップでもある。

〔参考文献〕

小宮彰「大正九年における寺田寅彦の随筆の始まり」『日本文學』一一一、二〇一五年（小宮彰『論文集――寺田寅彦・その他』花書院、二〇一八年に再録）
高橋源一郎「ひとは何故、東武東上線沿線に住むのか」『ジェイムス・ジョイスを読んだ猫』講談社文庫、一九九〇年（単行本初版一九八七年）
土屋和男「遊歩道とクルドサックのある街　常盤台」片木篤編『私鉄郊外の誕生』柏書房、二〇一七年
鶴ケ谷真一「丘のうえの洋館――寺田寅彦」『書を読んで羊を失う』白水社、一九九九年（平凡社ライブラリー、二〇〇八年）
原田勝正『汽車から電車へ――社会史的考察』日本経済評論社、一九九五年
日野彰生『東武東上線歴史散歩』鷹書房、一九八六年
町田康・いしいしんじ『人生を歩け！』角川文庫、二〇一二年（単行本初版二〇〇六年）

コラム

寅彦の武蔵野を探して

石橋正孝・松村公明

本章の舞台、東京都板橋区は、東京特別区部の北西端を占め、北は荒川を境に埼玉県戸田市と、西は白子川《しらこがわ》を境に埼玉県和光市と接する。同区は地形的な特徴から、言わば〝武蔵野台地の板橋区〟と〝荒川低地の板橋区〟から成るが、とりわけ高度経済成長期以降、東武鉄道東上線と都営地下鉄三田線がそれぞれの主要な交通軸となって、固有の沿線イメージが創り上げられてきた。

118頁の図3-aは、一九〇九（明治四二）年測図の二万分の一正式図「白子」に、一九一四（大正三）年に開通した東上線の駅と線路が補入されたものである。そこには「僕は武蔵野はまず雑司谷《ぞうしがや》から起こって線を引いてみると、それから板橋の中仙道の西側を通って川越近傍まで達し」と、独歩が引いた武蔵野台地の北縁、当時の北豊島郡上板橋村と同郡赤塚村、同郡志村付近が示されている。「池袋から乗り換えて東上線の成増駅まで行った」寅彦は、東上線上を東から西へと移動しながら、右手の車窓から見える武蔵野の風景を描写しているとみられる。

東上線の線路は石神井川《しゃくじいがわ》を渡ると川越街道に寄り添い、上板橋と成増の二駅がそれぞれ川越街道下練馬宿（125頁の図3-aの「宿」）と同街道白子宿（118頁の図3-a）に近接して設置されていた。118頁と125頁の図3-aによれば、沿線に馬喰ケ谷戸《ばくろうがやと》、篠ケ谷戸《しのがやと》、上谷津《かみやつ》の集落名が見出せるように、右手には前谷津《まえやつ》川をはじめとする大小の谷戸（図1）が迫る一方、左手には川越街道沿線に並ぶ街村集落と、その奥から石神井川の支流・田柄《たがら》川の流路が近づいて、線路はきわめて限られた隘路を辿っていたことがわかる。車窓右手には台地の高まりに向かって、「畑の中に点々とした民家は、きまったように森を背負って西北の風を防いでいる」と寅彦が描写するように、屋敷林や平地林に特徴づけられた武蔵野台地の起伏に富んだ農村風景が想像できる。成増に近づくにつれて、右手には白子川の支流・百々《すず》向川《むきがわ》によって開析された広くて深い谷戸が寅彦の目にも見渡せたはずである（118頁の図3-a）。

寅彦の写生紀行からおよそ一〇〇年、二万五千分の一地形図「赤羽」（二〇〇一年発行）には、一変して市街地によって被覆された武蔵野の現在の姿を見て取ることができる（124頁の図3-b）。ときわ台駅（旧・武蔵常盤駅）北口には、一九三五年に分譲が始まった常盤台住宅地が広がっているが、周囲の市街地にすっかり埋め込まれ、その特色ある街路網によって判別するほかない。成増駅北口を刻んだ百々向川は暗渠となり、谷間の底を細々とした遊歩道が旧白子川河道まで続いていた。上板橋駅から北へ一km足らず、寅彦の別荘跡とみられる地は、造成によって日本大学豊山女子中学・高等学校の校地へと姿を変え（図2）、台地と低地を分ける崖線の縁には、

図1　東武練馬駅（2017年 筆者撮影）

東武練馬駅（板橋区徳丸二丁目）は地平駅であるが、上りプラットホームの壁越しに線路の北側を望むと、高架駅であるかのようである。眼下の駐輪場から北（写真奥）へと伸びる道路は、かつて前谷津川へと繋がる谷戸（谷地）であった。

図2　寅彦の別荘付近（2017年 筆者撮影）

写真中央は寅彦の別荘があったとされる現・日大豊山女子中・高等学校キャンパス。幾筋もの尾根をスリバチ状に刻んでいた台地北縁の地形は造成によってすっかりその姿を変えている。

b) 2001 (平成13) 年

a）2万分の1地形図「白子」(1915年鉄道補入)（×0.8）
b）2万5千分の1地形図「赤羽」(2001年部分修正測量)（等倍）

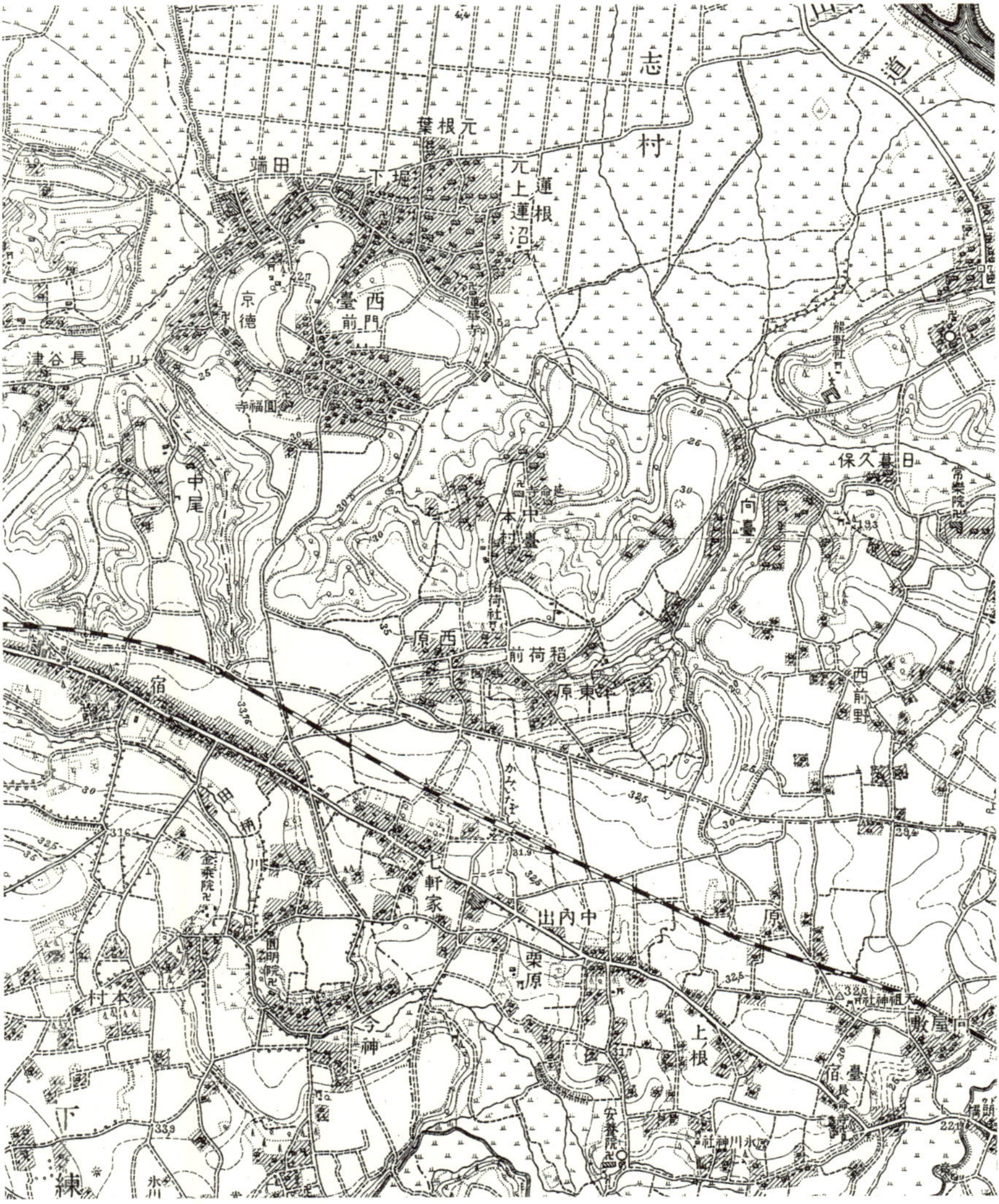

a) 1915（大正4）年

図3　新旧地形図にみる東武東上線・上板橋駅付近の地域変貌（1915年・2001年）

サンシティの大規模な高層住宅群が壁のようにそびえていた（124頁の図3-b 現在の中台三丁目付近）。

東上線はもっぱら台地上を走る上、線路沿いに立ち並ぶ家々に遮られて遠景を望める地点は数少なく、「今、私たちは台地の上を走っています！」という実感が湧かない点で、その車窓の景色が活き活きと描写される機会は少ない。しかしながら、気まぐれにどこかの駅の北口に降り立って、太陽を背に歩いてみると、〝武蔵野台地の板橋区〟はまさに斜面都市であり、このことが市街地の一様な被覆を拒否したのであろうか、寅彦に描写された武蔵野の風景を実感することができる。道に迷いながら、幸いにも、首都高速5号線の高架が眼前を横切る地点まで辿り着けたなら、そこが武蔵野台地と荒川低地の縫い目となる崖線であり、今度は〝荒川低地の板橋区〟に開けた新しい市街地とのコントラストに目を見張ることであろう。

「武蔵野に散歩する人は、道に迷うことを苦にしてはならない。どの路でも足の向くほうへゆけばかならずそこに見るべく、聞くべく、感ずべき獲物がある。」と独歩は記している。

〔参考文献〕

貝塚爽平『東京の自然史』講談社学術文庫、講談社、二〇一一年
貝塚爽平監修・東京都地学のガイド編集委員会編『新版 東京都 地学のガイド—東京都の地質とそのおいたち』コロナ出版、一九九七年
本田創『東京暗渠学』洋泉社、二〇一七年
皆川典久『凹凸を楽しむ東京「スリバチ」地形散歩』洋泉社、二〇一二年
矢嶋仁吉『集落地理学』古今書院、一九五六年

エコツーリズムの島——小笠原諸島——

羽生冬佳

はじめに

東京都小笠原村。ボニンブルーと呼ばれる濃い青色の海にはイルカが泳ぎ、島の近くでクジラを見ることができる太平洋上の離島である。南北およそ四〇〇km、東西およそ一八〇〇kmの範囲にわたる三〇余の島々よりなり、日本の最南端の沖ノ鳥島、最東端の南鳥島（いずれも一般渡航は不可）をも含む。日本の排他的経済水域の約三割は小笠原村の島々によって確保されている。

島々の中で住民が居住するのは諸島の中でも一番目に大きい父島と三番目に大きい母島のみで、父島には約二〇〇〇人が、母島には約五〇〇人が居住している。(1) 父島、母島への

(1) 平成二八年四月現在合計二五二六人である（住民基本台帳、東京都小笠原支庁（二〇一七年））。なお、硫黄島、南鳥島には自衛隊、気象庁、国土交通省関係者等が常駐している。

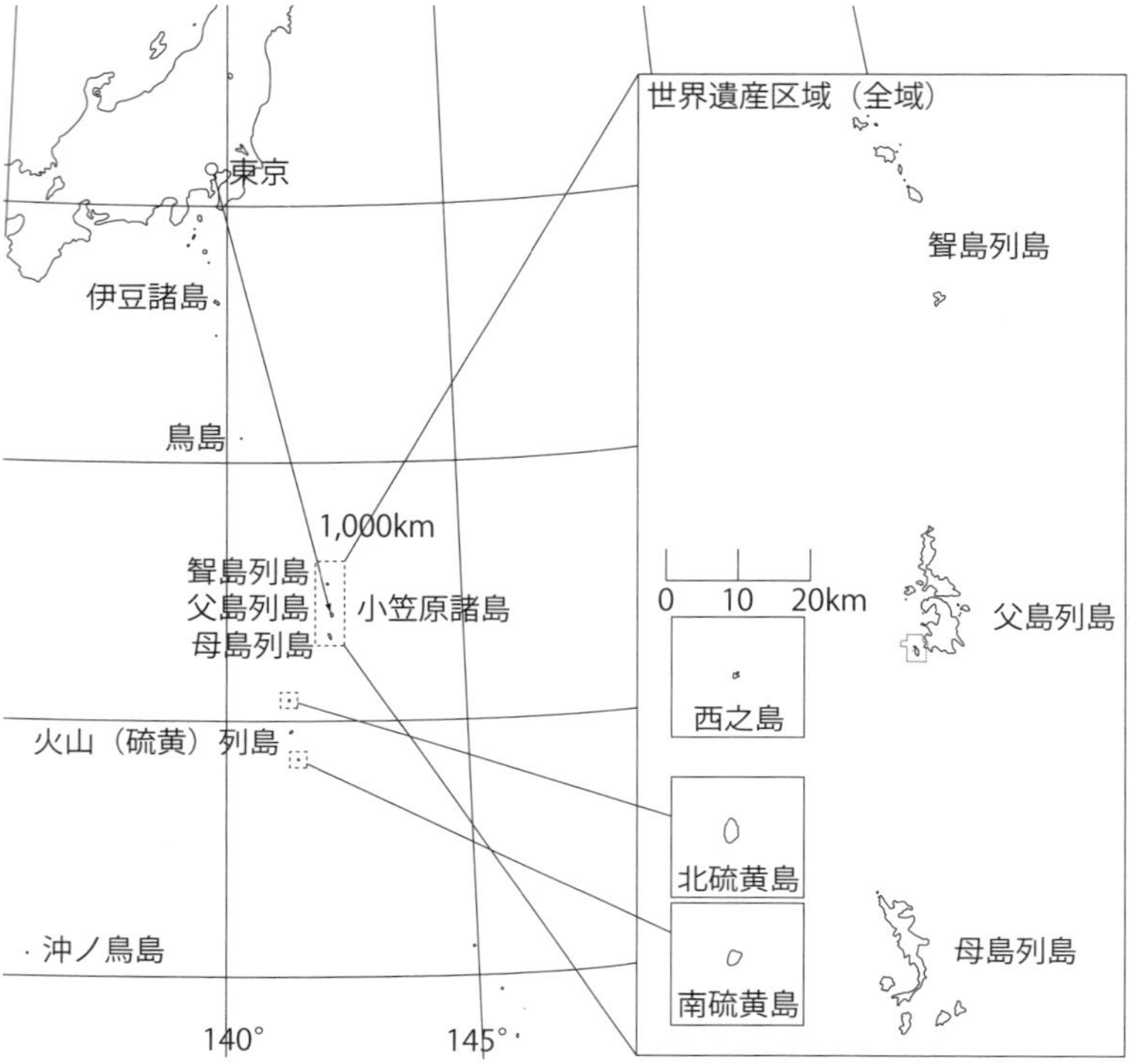

図1 小笠原村の位置と範囲

図3 海軍通信隊本部跡

図2 父島・二見港と大村地区

交通手段は船便に限られる。父島へは東京・JR浜松町駅にほど近い竹芝桟橋から出航する定期船おがさわら丸で向かう。おがさわら丸の運行は繁忙期を除き通常六日で一往復、父島へは二四時間を要する。母島へはさらにははじま丸に乗り換えて二時間である。言うなれば、「東京から最も遠い国内の地」である（図1・図2）。

小笠原諸島は一度も大陸と陸続きになったことがない海洋島で、固有の豊かな動植物種を有することから二〇一一年に日本で四番目の世界自然遺産に登録された。また、そうした豊かな自然環境からエコツーリズムの先進地ともされている。しかし、この島はただ豊かな自然に恵まれた南洋の島というだけではない、外部の様々な状況に翻弄されてきた希有な歴史を有する地である。実際に訪れてみると、そこかしこに残る戦跡などにそのことが垣間見られる（図3）。

1　世界自然遺産「小笠原諸島」

ここで、小笠原諸島の自然の価値を「世界レベル」に高めた世界遺産について簡単に見ていきたい。世界遺産とは、一九七二年にユネスコ（国際連合教育科学文化機関）総会で採択された「世界の文化遺産及び自然遺産の保護に関する条約（通称：世界遺産条約）」に基づき、「世界遺産一覧表」に記載された資産を指す。条約の目的は国際社会が価値を共有する遺産を国際的な協力の元で保護していくことであり、締約国は自国内に存在する遺産を「認定し、保護し、保存し、整備活用し及びきたるべき世代へ伝承することを確保する

図4　代表的な植生である兄島の乾性低木林
＊写真提供　一小笠原自然情報センター
http://ogasawara-info.jp/press_center/photo_gallery3.html

こと」が義務づけられている。

日本では、一九九三年に初めて白神山地、屋久島が自然遺産として登録されたが、それに継ぐ候補地の選定が二〇〇三年に行われた。自然環境の価値の高い地域の中から絞り込んでいく形で選定が進められ、最終的に知床、小笠原諸島、琉球諸島が条件付きで推奨される。小笠原諸島は特異な生態系を形成している点について高く評価されたものの、外来種対策や重要な地区の保護担保措置が不十分と指摘される。これを受けて南島一帯を天然記念物に指定した他、国立公園区域を拡大し保護地域の規制を強化するなど制度の見直しが行われた。こうした取り組みの成果が認められ、二〇一〇年に推薦書の提出に至り翌年世界自然遺産に登録された。

小笠原諸島が適合するとされた登録基準[2]は（ix）生態系に関するもので、限られた面積の中で独自の種分化が起こり、数多くの固有種がみられるなど進化の過程をみることができるという点であった。代表例である陸産貝類（カタツムリ）をみるとわずか数百m離れるだけで同じ種であっても全く色や形が変化している例もあり、小笠原で確認されている一〇六種のうち固有種が九四%を占める[3]。植物も記録されている七四五種のうち在来種が四四一種、固有種が一六一種（固有種率三六%）と、種数が多く固有種率が高い[4]（図4）。

なお、日本からの推薦では生態系の他に、海洋性島弧の形成過程を観察することができ

（2）登録資産が「顕著な普遍的価値」を有していることを評価する基準。文化・自然資源合わせて一〇の基準が設けられている。
（3）千葉、二〇一二年、一四頁
（4）東京都小笠原支庁、二〇一七年、四一頁

る唯一の地域として登録基準（ⅷ）地形・地質に、また世界的に重要な絶滅のおそれのある種の生育・生息地として登録基準（ⅹ）生物多様性についても満たすとしていたが、不適合とされた。合わせて外来種対策を継続することや、インフラ開発について環境影響評価を確実に実施すること、ならびに観光による影響を確実に管理することが要請・奨励された。

2　世界自然遺産登録の影響

一般的に世界遺産への登録は観光者増に結びつくと理解され、地元関係者は大いに期待するが、一方では観光による負の影響に対して腐心することになる。小笠原ではどうだったのか。

小笠原への観光客数の推移（図5）をみると、世界自然遺産に登録された二〇一一年には前年の倍近い二万七〇〇〇人が、またその翌年にはさらに増加し三万四〇〇〇人が訪れている。この年のおがさわら丸の乗船者数から割り出すと乗船率は年間平均七割弱となり、八割を越える便が全体の三分の一近くに達している。[5] クルーズ船の不定期寄港も急増し、同年には三二隻一万一九〇〇人とおがさわら丸での観光者の半数に迫る人数が来訪している。その後は減少傾向に転じ、二〇一五年は約二万人となった。世界自然遺産への登録のインパクトは長続きしなかったのである。日本国内には世界遺産が文化・自然合わせて二二（二〇一八年八月現在）を数えるようになり、看板としての「世界遺産」の価値が相

（5）データ出典：「小笠原チャンネル」http://www.ogasawara-channel.com/（二〇一八年五月八日最終アクセス）

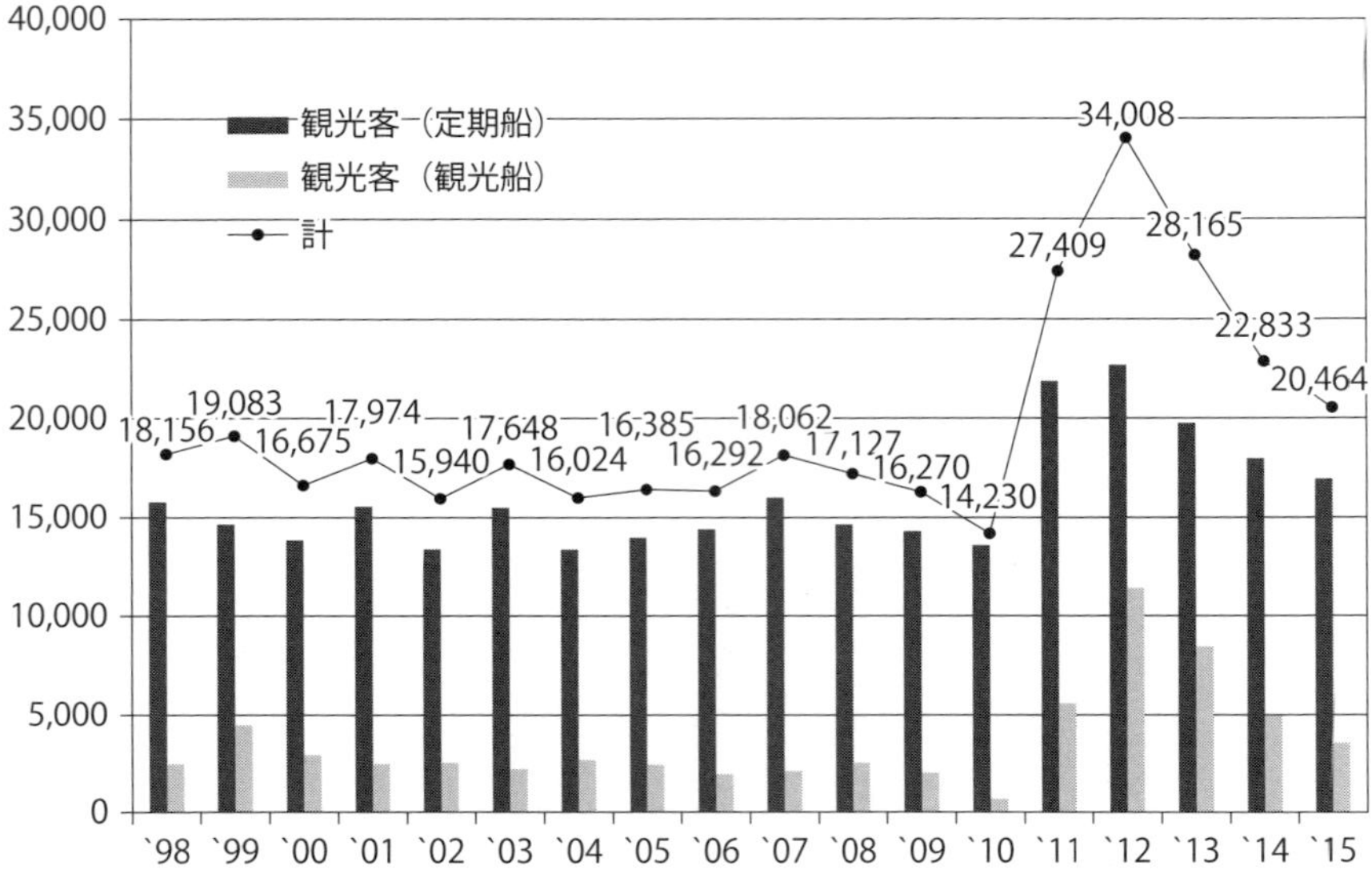

図5　観光客数の推移

出典：東京都小笠原支庁「管内概要　平成28年度」

対的に薄れてきたこともあろう。加えて小笠原村が行った調査によれば、世界遺産登録直後に増加したのは六一歳以上の年代であり、クルーズ船を利用した来訪者や、さらには小笠原の観光事情についてあまり知ること無くツアーに参加してくる人が多かったようである。(6) こうした登録ブームに反応した来訪者は自然利用の様々なルールを理解せず、水が貴重な小笠原で遠慮なくシャワーを使用するなどの軋轢を招いたようである。この地は、現代の都会人がイメージする「（都会的な快適性を有する）南の楽園」とは少し違っていた。(7)

　小笠原では何より自然環境を保全することを最優先としなが

（6）　森下、二〇一二年、四頁

（7）　第八五回小笠原諸島振興開発審議会（二〇一三年五月一三日開催）「配付資料三　これまでの小笠原諸島振興開発審議会における議論の論点整理」に「リゾートと間違えて小笠原にいらっしゃるというお客様も」との発言が見られる。

ら、それを活かした観光を産業の基軸に据えている。広範囲にわたって国立公園区域指定による強い開発規制がかけられているだけでなく、不在地主が多いことから土地取引が困難である。そのため宿泊施設は小規模なものが主流で相部屋スタイルも多い。中心部である父島大村地区のメインストリートでも商店の数は限られているなど、観光施設・サービスは多様なものとはなっていない。こうした環境下で小笠原諸島が指向した観光の形態が、自主ルールの下に行う自然を生かした「エコツーリズム」である。

3　エコツーリズムの先進地

エコツーリズムは自然・文化を資源とし、それを保全しながら経済の活性化を図る観光形態である。一般的には単なる自然体験観光と認識されることが多いが、背景には一九七二年に開催された「国際連合人間環境会議（ストックホルム会議）」以降の持続可能性の概念を最上位に置いて全人間活動を行うべきとする哲学がある。[8] どちらかというと理念・理論の輸入からスタートした日本のエコツーリズムは、豊かな原生自然の残る地域のみではなく、里山など身近な自然や自然と深く関わる文化も対象とする形で成立・発展してきた。

小笠原諸島では一九八八年に返還二〇周年イベントとして、有志によるホエールウォッチングがイベント的に実施された。翌年一九八九年にはホエールウォッチング協会が設立、本格的に事業化に着手する。その際、ハワイのマウイ島での実践などを手本に、クジラへの接近時に船を減速することや進入禁止距離を定めた「小笠原ホエールウォッチング

（8）　海津・真板、二〇〇四年、二二頁

の手引き書」[9]が作成された。これが小笠原諸島における「自主ルール」の先駆であり、後に日本初のエコツーリズムの事例とされた所以である。[10] 一九九三年に策定された村の総合計画では観光が産業の基軸となり、その方向性として「自然環境」、エコツーリズムが位置づけられた。二〇〇一年には小笠原村、小笠原村商工会、小笠原村観光協会、母島観光協会、小笠原ホエールウォッチング協会などによる小笠原エコツーリズム推進委員会が設置される。この後、ドルフィンウォッチング・スイムやイシガキダイ・イシダイ釣りの際のルール、あるいはウミガメに接近する際やナイトツアー時の注意点等、数々の自主ルールが設けられていった（図6）。二〇〇四年には環境省エコツーリズム推進モデル事業のモデル地区の一つとして選定され、また二〇一六年にはエコツーリズム推進法に基づく認定を受けるなど、国の支援も受けつつ取り組みが進められている。

平行して東京都は要綱による自然資源の適正利用に関する「東京都版エコツーリズム」と呼ばれる独自の施策を開始した。知事が指定する自然環境保全促進地域について関係町村の長と協定を結び、モニタリング調査の実施や利用者への東京都自然ガイドの同行の義務づけといったルールを定めるものである。[11] 小笠原村では二〇〇二年に「南島」ならびに「母島石門一帯」が自然環境保全促進地域に指定され、東京都自然ガイ

表1　東京都版エコツーリズム　個別ルール

名称	南島	母島石門一帯
利用経路	利用経路以外は立入禁止	
最大利用時間	2時間	設定しない
一日あたりの最大利用者数	上陸1回あたり15人（1日100人）	1回あたり5人（1日50人）
制限事項	年3か月は入島禁止期間の設定	鍾乳洞は立入禁止

＊上記の他、都認定の自然ガイドの同行が必要
出典：小笠原エコツーリズム協議会「小笠原ルールブック　平成27年版」

（9）その後も協会によって続けられた調査研究を踏まえ、一九九二年に「小笠原ホエールウォッチング協会自主ルール」が制定されている。

（10）海津・真板、二〇〇四年、二一三頁

（11）土居、二〇一一年、五四頁

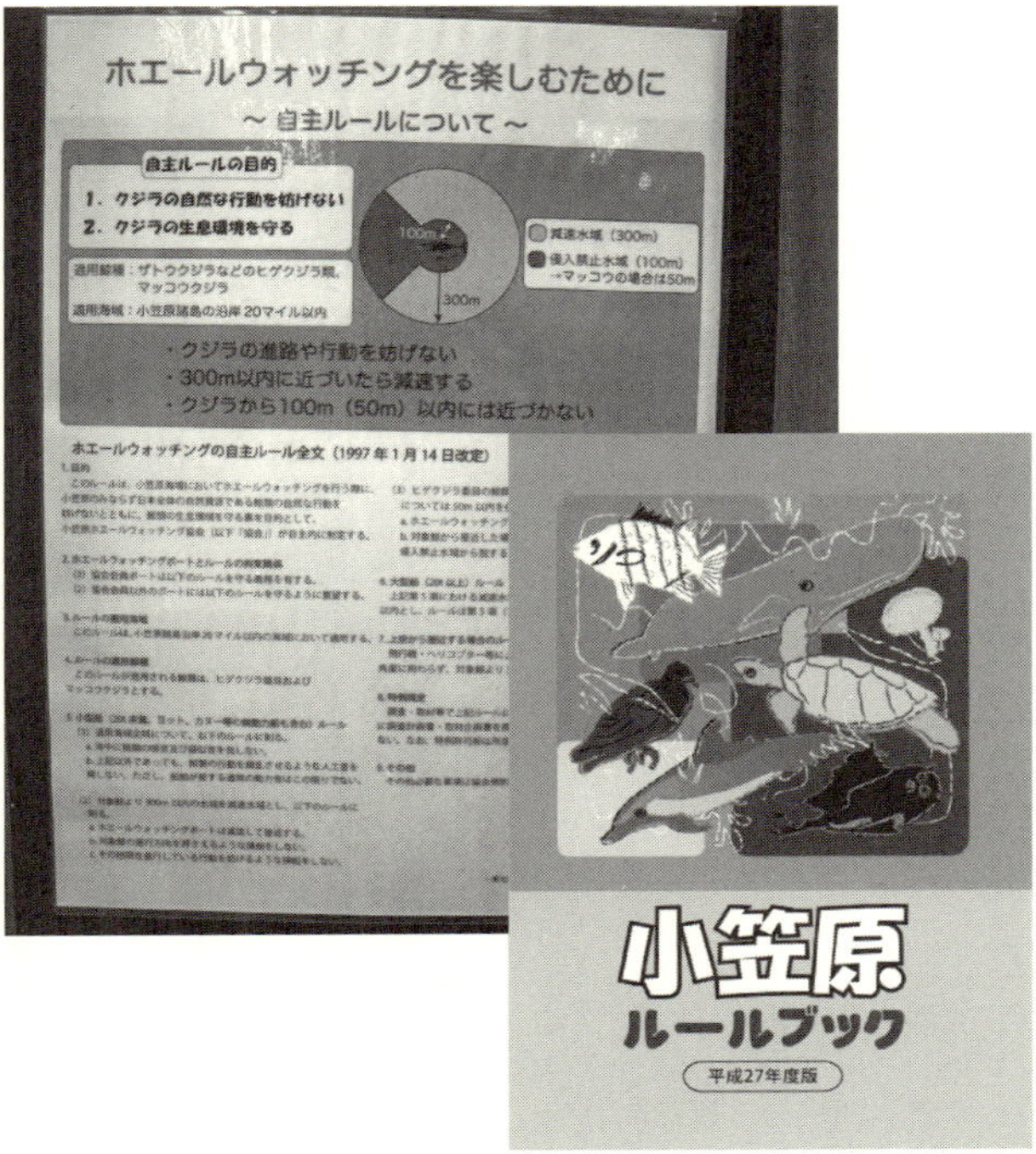

図6　自主ルールをまとめたルールブックとおがさわら丸の中の掲示

図8　東京竹芝での乗船時の靴底洗浄（小笠原海運）

図7　森林生態系保護地域の指定ルート入り口、外来植物の種子等の拡散防止対策（小笠原諸島森林生態系保全センター）

ドの育成を経て二〇〇三年から実施されるようになる（表1）。利用制限後はかえってそのことが価値を高めることとなり、南島は来島者の半数近くが参加する人気のツアーとなった（図9）。

4 エコツーリズムの実践

エコツーリズムの仕組みが多数の主体の参画の元に整えられる中、実践されている観光はどのようなものだろうか。小笠原村が来島者に対して行った調査[12]によれば、二〇一五年時点での旅行の主目的は「海主体のエコツアー・自然観察など（五二・四％）」「陸主体のエコツアー・自然観察など（四一・八％）」「のんびり・リフレッシュ（三五・〇％）」が上位を占めている。滞在日数の平均は五・〇一日で、現地で何らかのガイドツアーに参加している割合は九割を越える。旅行の全費用の平均は約一五万四〇〇〇円で、交通費と宿泊費が三分の二を占めるが、ガイドツアー代が平均約二万五〇〇〇円と比較的高額であることが特徴である。

観光者が参加したツアーは「イルカ・クジラウォッチング（五三・一％）」「南島観光（四五・七％）」「ドルフィンスイム（四二・九％）」が上位となっており、船で移動する必要がある南島を含め海でのアクティビティが上位を占めている。来訪者の二割程度はリピーターであるが、初来島者と比較して全体費用は低くガイドツアー代が高くなる傾向を見せている。また参加するツアーは「ダイビング」「カヤック・アウトリガーカヌー」が初来

(12) 日本エコツーリズム協会、二〇一六年

島者と比較して高くなっている。

このように、一見すると小笠原ではエコツーリズムが実践されているように見えるが、海での活動は移動の制約から、あるいは南島への上陸にはガイドツアーへの参加が義務づけられていることから、「その地にたどり着くため」「その経験を行うため」の手段としてガイドツアーが選択されているとも言える。また、リピーターの参加率が高くなっている。海での活動は自然と深く触れ合いはするものの、何より、世界自然遺産として登録されたのは、特異な進化を果たした陸上の生態系が評価されてのことである。登録直後は旅行目的として「陸主体のエコツアー・自然観察など」が急増したが、その後停滞傾向であり、今のところ世界的に認められた学術的な価値が小笠原諸島における観光的な魅力の中心にはなり得てはいない。

世界自然遺産に登録され、エコツーリズムの先進地としての地位を確立してきた小笠原の実態は、必ずしもその理念・理想に沿ったものとは言えないのではないか。加えて、世界自然遺産という強いイメージ、あるいは実践されているエコツーリズムは、自然環境以外の小笠原の歴史・文化の特異性を覆い隠し見えにくくしてしまっている。特に観光面では分かりやすいイメージ伝播が旅行動機に結びつくが、一方で強烈なアイコンに観光者の興味関心が集中してしまい、地域の中での観光者の偏在を加速することにもつながる。

ここで、小笠原が歩んできた歴史と観光の展開を簡単に振り返ることで、当地の別の面を照射してみたい。

図9　南島・扇池（ガイドの引率でグループまとまって移動する）

5 小笠原の歴史(13)

(1)近代以前――無人島から多国籍の島に

小笠原は一五九三年に信州深志城(現・松本城)主の曾孫、小笠原貞頼により発見されたと伝えられる。島々は長らく無人島であったが、太平洋での欧米諸国による捕鯨が盛んになるにつれ、一八〇〇年代にはイギリスやロシアの捕鯨船、軍艦、調査船が立ち寄った記録が残っている。一八三〇年には欧米人五人とポリネシア系の二〇数人が父島に入植する。彼らは捕鯨船に水や食糧を供給する役割を担っていた。立ち寄る船の不法行為からの保護をイギリス系住民がイギリス本国政府に願い出る一方で、アメリカは太平洋航路の開発を進め、遣日使節として派遣されたペリーが一八五三年に父島に上陸する。その指示の下で父島に自治政府が作られた(14)。これを見た幕府は一八六二年に咸臨丸を小笠原に派遣し、当地の領有を宣言する。幕府は父島、母島に入植していた欧米系の住民にその既得権を認めるとともに、八丈島から移民を募り父島の開拓を進める。この開拓は国際的な政情からいったん撤収となるが、明治政府樹立後の一八七六年に小笠原の再興を諸外国に通告、国際的に日本領土として認められた。こうして近代になって始めて、多国籍だった小笠原は「日本の領土」としての歩みを始めるのである。

(13) 本項は、国土交通省都市・地域整備局特別地域振興官、二〇〇六年、東京都小笠原支庁、二〇一七年、日本政府、二〇一〇年、石原、二〇〇七年、田中、一九九七年、山口、二〇〇五年を参照した。

(14) 八月二八日に主だった島民が「ピール島植民地規約」に署名し、セボリーを長官とする植民政府が成立した(田中、一九九七年、九四頁)。

（2）近代――産業の急激な発達、太平洋の要衝に

明治政府による開拓は一八七五年より始まり、給付金を支給するなど内地からの移住が図られた。一八八〇年に内務省から東京府へと移管され、一八八二年までには外国人全員が日本国籍を取得している。開拓当初は様々な作物の栽培が試みられた。バナナ、コーヒー、ゴム、綿などが試験的に栽培されたが、次第にサトウキビの栽培が盛んとなり、製糖業が島の主産業となった。このころ、山林は斜面まで開墾され、製糖用の薪材として森林が大規模に伐採されるなど森林の荒廃が進んだ。

第一次大戦後に南洋諸島が委任統治領となると、小笠原は内地からの中継点として繁栄する。南洋航路の発達で便数が増え野菜類の出荷が可能となったことから、価格が暴落していたサトウキビに代わって野菜栽培が盛んとなる。昭和の初期には冬季栽培のトマト、カボチャの出荷が急増し、農家は高額な収入を得ていた。一方、漁業も明治半ば以降には動力を用いた漁船が用いられるようになり、次第に漁獲量が増す。従来から行われていたアオウミガメ漁[15]の他、カツオ、マグロ、鯨などの漁が盛んとなり、それらの加工品の生産も行われるようになる。大正時代には船は大型化しマグロの延縄漁などが行われ、氷蔵輸送により鮮魚の内地輸送も始まった。また、大正時代に始まったサンゴ漁も幾度かのブームを迎える[16]。戦前の小笠原は農業、漁業ともに活況を呈し、暮らしやすい恵まれた島であった。一九四〇年頃の人口は現在の四倍近くの七〇〇〇人超となり、小笠原は、最盛期を迎えた。

（15） 最盛期とされる明治一〇年代には三〇〇〇頭が乱獲されたため、一八八三年に東京府は府令によりアオウミガメの捕獲を制限、一八九八年には取締規則が定められた（国土交通省都市・地域整備局特別地域振興官、二〇〇六年、七二頁）。現在でもウミガメ漁は都知事の許可事業として実施されている。

（16） 第一次サンゴブームは一九一八年に父島近海で漁場が発見された以降の大正期、第二次サンゴブームは嫁島の南方や父島北端等で新たな珊瑚礁が発見された以降の昭和初期である（国土交通省都市・地域整備局特別地域振興官、二〇〇六年、八八頁）。

（3）戦中・戦後――要塞化と強制疎開、そして占領下に

産業が活況を呈する一方で、太平洋を巡る国際情勢から小笠原は軍事的意味を強め、大正時代から少しずつ軍関係の施設の建設が進められた。一九二〇年に父島の要塞建設が始まり、翌年には要塞地帯法が適応される。秘密保持のため写真撮影、スケッチ、立ち入りなどが厳しく制限され、この頃から小笠原の姿は軍のベールに包まれることとなる。一九三七年に父島の中央部、洲崎に海軍飛行場が完成した。(17)

終戦の前年一九四四年には軍属として残された男性八二五人を除く小笠原の全島民六八八六人が内地へ強制疎開させられた。本土防衛の最前線として小笠原は捨て石とされたのである。米軍の上陸に備えて父島に約一万五〇〇〇人、母島に約六〇〇〇人、硫黄島に約二万一〇〇〇人もの日本軍が配備された。同年三月、日米双方に約二万九〇〇〇人もの犠牲者を出した激戦の末に硫黄島が陥落すると、米軍は父島、母島を素通りして本土へ直接爆撃を開始する。父島、母島では結局、地上戦が行われることなく終戦を迎える。

終戦後、日本軍は一九四六年までに内地へ完全に復員し、小笠原はアメリカの統治下に置かれた。その後、欧米系島民のみ父島への帰島が許可され、一九四六年一〇月に一二九名が帰島を果たした。外見が日本人と異なる欧米系島民は、強制疎開させられた内地で差別的な扱いを受けるなど苦労が絶えなかったという。返還されるまでの二〇数年間、米海軍とその家族一五〇名程と欧米系島民との孤立した暮らしが続く。グアムからの定期便が物資を運搬し、英語による教育も施されるようになった。農業は自家用のみ、漁業はかろうじて独自に再興しグアムへ出荷するなどしていた。

一九六八年六月、小笠原は日本に返還され東京都小笠原村が設置された。内地に留め置

(17) 現在、小笠原における空港建設候補地の一つである。

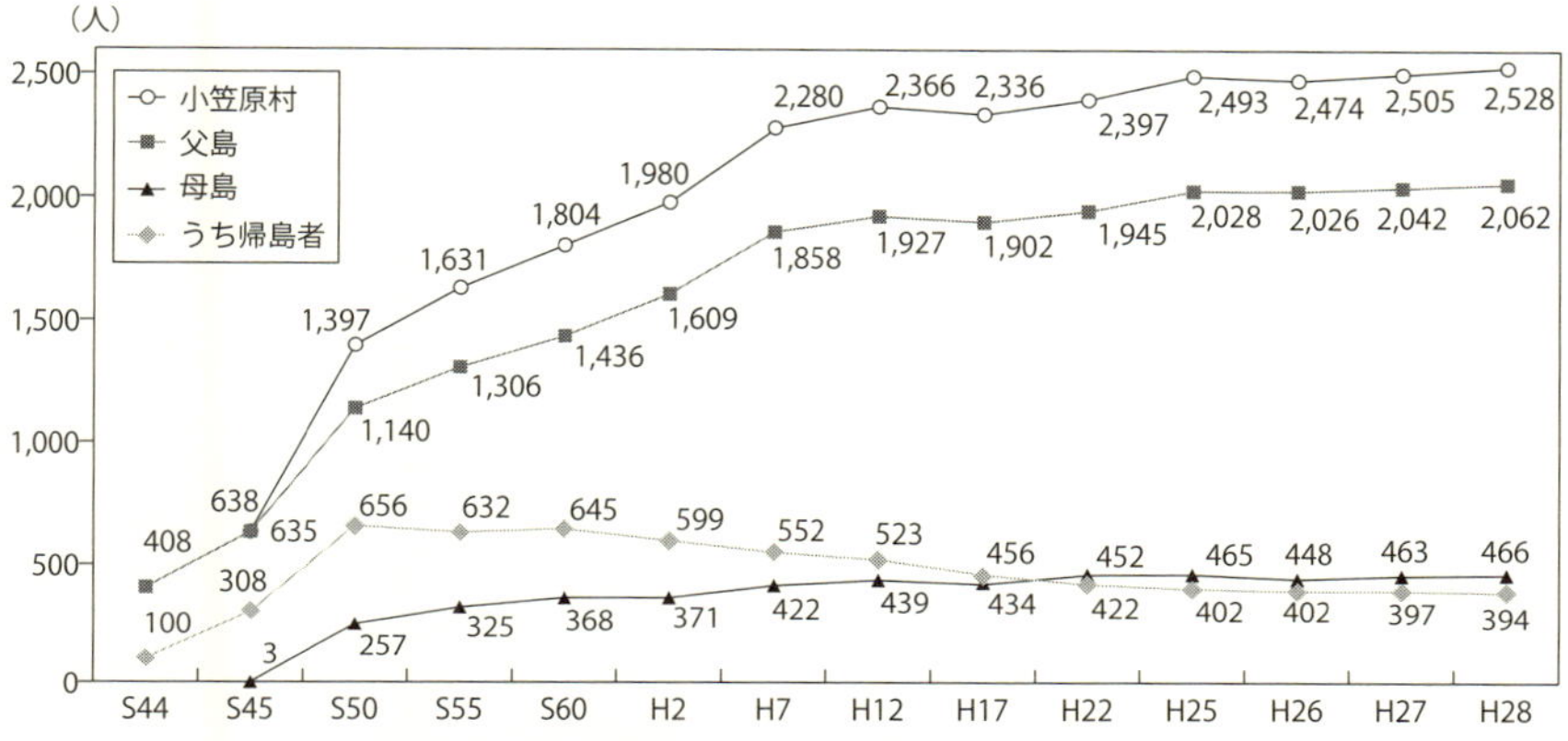

図10　小笠原諸島人口の推移（住民基本台帳）

出典：第92回小笠原諸島振興開発審議会（2018年2月13日）資料2

かれていた島民もようやく再居住が認められるようになり、これにより占領中に帰島していた欧米系島民を「在来島民」、返還後帰島した島民を「旧島民」、そして返還後に移住した新たな島民を「新島民」と呼び分けるようになる。在来島民は優先して公務員もしくはそれに準ずる企業へ採用されたが、業務では日本語を強いられ、教育も日本語となった。そのため在来島民の約三割がアメリカ国籍を選択し、ハワイやアメリカ本土に渡った。また、旧島民も帰島を選択したのは全体の一割、六〇〇人程度であった（図10）。広大に開墾されていた農地はジャングルに帰し、現在の耕地面積は父島一二ha、母島二三ha（二〇一六年一月現在[18]）と戦前の二％程度に過ぎない。

（18）東京都小笠原支庁、二〇一七年、八九頁

（4）現代――外来の思想に翻弄される島へ

返還後、国は「小笠原諸島復興特別措置法」（一九六九年）を制定し、旧島民の帰島の促進

や小笠原の復興を図るために基盤整備や公共施設、住宅整備などに着手する。復興の要となる産業振興については、農業、漁業と並んで観光業が三つの柱の一つとして考えられていた。戦前は日本軍の、戦後はアメリカのベールに包まれた小笠原は「南洋のような〝宝の島〟」とのイメージがもたれる。当時の新聞には「日本のハワイ」「南海の楽園」という表現もみられるが、アメリカの占領下で暮らしを続けた欧米系島民への好奇の視線もあった。

一方、当時の日本（内地）において開発圧力が旺盛だったことを背景に、民有地の土地取引が盛んであったことなどを受けて乱開発に対する懸念の声があり[19]、国立公園への指定が当初より指向された。この頃、自然公園行政は保健、休養のための利用促進から自然保護へと転換しつつあり、所管も厚生省から環境庁へと移管されている。一九七二年に小笠原諸島の陸域の大部分と周辺海域が国立公園に指定された。陸域の指定区域のうち五割近くが最も規制が厳しい特別保護地域である[20]。

一九七〇年には旧島民の団体である小笠原青年連盟がチャーター船による四〇〇人の団体旅行を企画する。現地は宿泊施設が無く水、食料の調達も行えない状況下である。参加希望者の大多数が釣り目的であったが、釣り場まで案内する漁民に釣りの知識が無く、海が荒れ予定通り行程が進まないといった状況に参加者の不満が募ったようである[21]。一九七二年に小笠原海運により東京―父島の定期航路（週一便、所要時間四四時間）が開設された。翌一九七三年にはキャンプ禁止条例が施行され、小笠原への観光者は宿泊施設を利用することが必要となった。一九七四年に小笠原観光協会が発足、順次島内の観光施設や遊歩道、園地整備も進んでいった。一九八八年に自然や歴史文化の解説のための施設である小笠原

(19) 例えば、国会では当時の美濃部都知事が「観光資本ですが、これで荒らされてしまうということを何とか規制しなければいけないので、これには、一番いいのは、国立公園に計画して、そうしてすべてを認可制にするのがいい」（一九六八年五月二〇日　参議院沖縄及び北方問題に関する特別委員会）と発言している。

(20) 二〇〇九年に公園区域、地種区分の見直しが行われた結果、現在では特別保護地域が七四・四%を占め、すべての国立公園の中で最も比率が高くなっている。

(21) 『アサヒグラフ』一九七〇年四月二四日号

ビジターセンターが開館、また同年からホエールウォッチングが開始されたのは前述の通りである。このように最初のチャーター船による団体旅行から二〇年足らずの間に急ピッチで観光基盤の整備が進んでいるが、観光客数の増加のきっかけとなったのは新造船の就航による交通手段の改善や、ホエールウォッチングなど新アクティビティの開発・浸透によるものである。特に交通手段の改善による顕著な増加からは、小笠原へは潜在的な観光需要があるものの諸条件（費用、所用時間）により顕在化しにくかったことが伺える。返還以来島民の悲願である航空路の開設は、自然保護の観点から空港開設予定地が二転三転し、未だ整備の見通しがなされていない。

観光以外の二本の柱、農業、漁業の振興は目標通りに達成されず、村の就業者は第三次産業比率が高い傾向にある。中でも公務の割合は二七・三％[22]（二〇一五年国勢調査）と全国の市町村でもトップクラスである。公務・公共機関関係者の転勤が多いことに加え、小笠原の自然にあこがれる移住者がいることから、毎年人口の一割強の転入出が発生している。一方、不便な交通条件に加えて医療体制が不十分なことから、高齢者は内地に転居することが多い。現在、二〇代後半、三〇～四〇代で全国平均を大きく上回り、高齢者比率が全国平均の半分以下という特徴的な人口構成となっている。小笠原は自然・社会・産業と様々な面において全国的にも他に類を見ない地として、東京の中に存在してい

図11　二見港にかかる横断幕（2017年3月）

(22)　産業大分類「公務（他に分類されるものを除く）」に分類される就業者のみの比率

るのである。

おわりに

このように通史的にみると、小笠原は都内どころか日本の中でも非常に特異な歴史を歩んできたことが分かる。戦後に同じくアメリカの占領下に置かれた奄美諸島や沖縄は住民の暮らしが継続したが、終戦前に日本によって強制疎開させられた小笠原は異国の支配の下で歴史が断絶した。また、各島の要塞化や亜熱帯性という気候条件が戦前の〝耕して天に至る〟[23]と称された段々畑や生活空間をジャングルに埋もれさせてしまった。返還後は多数の新島民も転入し新たな社会を形成するに至ったが、その土台には国や都によって実施されてきた施策がある。当初は「帰島を希望する旧島民の帰島の促進及び小笠原諸島の急速な復興を図る」（小笠原諸島復興特別措置法 第一条）ことが施策の目的とされたが、内外の社会・経済環境の中でその目指すものは次第に変わっていった。

こうした中、観光面でも積極的な民間投資は行われず、多様な旅行形態やニーズに応える施設・サービスが整備されるには至らなかった。結果たどり着いたのがアクティビティ重視のエコツーリズムである。エコツーリズムに限らず世界遺産の制度も「地域の参画が重要」としていながらも、守るべき遺産や自然の価値付けは外部の研究者らの論理によるものであった。外側からのまなざしで小笠原の自然を評価し、転入してきた新島民にとってはある程度受容可能なものであろうが、それでも地域住民の資源に対する認識や関わり

(23)　『アサヒグラフ』一九六七年一二月二九日号

方、あるいは業として観光を成立させるための仕組みの構築との間に齟齬をきたしていることが指摘されている。[24]

本来のエコツーリズムは、自然環境とそれに深く関わる風俗慣習・生活文化を資源とし、それらを保全しながら享受するものである。ここ小笠原で繰り広げられた人間と人間、人間と自然との関わりに深く思いをはせながら、ぜひ国内で最も遠い地へ赴き直に体験していただきたい。

(24) 古村、二〇一五年、五四―五九頁

〔主要参考文献〕

石原俊『近代日本と小笠原諸島』平凡社、二〇〇七年
海津ゆりえ・真板昭夫「第二世代を迎えた日本型エコツーリズムの課題と展望に関する研究」『国立民族学博物館調査報告』五一、二〇〇四年
国土交通省都市・地域整備局特別地域振興官「平成一七年度小笠原諸島の自立的発展に向けた歴史・文化探訪観光開発基礎調査　報告書」二〇〇六年
古村学『離島エコツーリズムの社会学』吉田書店、二〇一五年
田中弘之『幕末の小笠原―欧米の捕鯨船で栄えた緑の島』中央公論新社、一九九七年
千葉聡「小笠原諸島の陸産貝類について」『世界遺産年報』一七、二〇一二年
土居利光「自然資源の保全と適正利用のための仕組みの検討―東京都版エコツーリズムを事例として―」『観光科学研究』四、二〇一一年
東京都小笠原支庁『管内概要　平成二八年版』二〇一七年
日本エコツーリズム協会『小笠原村観光マーケティング調査　調査結果報告書』二〇一六年
日本政府『世界遺産一覧表記載推薦書　小笠原諸島』二〇一〇年
森下一男「小笠原諸島の自然と小笠原村の将来―自然環境保全と村の元気につながる観光とのバランス」『観光文化』三六（四）、二〇一二年
山口遼子『小笠原クロニクル―国境の揺れた島』中央公論新社、二〇〇五年

コラム

東京人はなぜ「上から目線」なのか

東　徹

他人から注目され、尊敬されるような著名人というわけでもなく、たいして偉いようにも見えない。何代にもわたって長くそこに住んでいるわけでもないし、ましてや自分がその繁栄におおいに貢献したというわけでもないのに、なぜか多くの「東京人」は地方の人に対して「上から目線」である。不思議なことに、人はなぜか地域に勝手に「上下関係」をつけ、どこに住んでいる人か、どこから来た人かによって自分との相対的な上下関係を意識するようだ。「お上りさん」という言葉が示すように、「東京人」は地方からやってきた人を上から目線で見、反対に地方から東京にやってきた人は、どこか遠慮がちである。それは、ゲスト（あるいは「よそ者」）として訪れた地域（ホスト・コミュニティ）に敬意を払い、「郷に入れば郷に従う」というように現地のルールに従おうとする慎み深い態度とはちょっと違う。その反対のケースを考えてみればわかるであろう。

生まれてから一八になるまで三陸沿岸のまちで過ごし、高校を出ると実家を離れ、東京にやってきた私は、ある時不思議に思ったことがある。なぜか東北人は東京に来ると慣れるまでどこか遠慮気味で、東京に一日でも早く馴染もうとするし、言葉もできるだけ早く直そうとする。訛りが抜けないことを恥ずかしいことだと思い、それが分かってしまうと赤面したり、ただでさえ少ない口数がもっと少なくなってしまったりする。ところが関西人は別だ。マイペースで言葉を直そうとしない人が目立つこともあって、よく言えば、関西人であることに誇りをもって堂々としているように見えた。正直最初は、我々東北人は慎ましく、早く「東京の水」に馴染もうとするのに、関西人はマイペースで横柄な奴らが多い、という印象を持たないでもなかったが、時間が経つにつれ、東北人は東京を上だと意識するのに、関西人はそんな気は微塵もないのだろうと漠然と考えるようになった。歴史的に考えれば、大和朝廷以来日本の中心であり、「上方」と呼ばれてきた地域に生まれ育った人とは違い、田村麻呂、源氏、新政府軍など、常に西からの脅威に晒され屈してきた東北の民には自分を下に見てしまうところがあるのかもしれない……などと思ってみたりもした。

実は観光学には、人々が意識する地域間の上下関係によって観光客の心理状態が変わることを説明する理論がある。[1] 心理的に自分より上だと思う地域を訪れた場合（上り型）は緊張感が強く出るのに対して、下だと思う地域（下り型）では解放感が強く出るというものである。なるほど実際の観光客を観察しているとそうした傾向が見てとれる。しかし心の中で地域を上下関係に置いて人に対する態度を変えるのは、観光客に限ったことではない。観光客を受け入れるホスト・コミュニティの人間にもみられることである。それは地方から東京に来た人を「お上りさん」と呼んで、どこか上から目線で見てしまったり、欧米人に比べてアジアからの観光客の態度に厳しかったり、旺盛な買い物意欲をどこか蔑んで見ているように感じるのは、観光客の行動そのものに原因があるだけでなく、「東京人」（あるいは日本人）の心の中にある地域間の上下関係意識が影響しているように思われる。インバウンドが年々急増し、その社会的・経済的影響は様々な形で表れているが、それを必ずしも快く思っていない人もいる。インバウンドの七割以上は東アジアからの訪日客である。そのことがインバウンドに対する態度・評価を冷ややかなものにしていると考えるのは、いささか勘繰りすぎであろうか……。

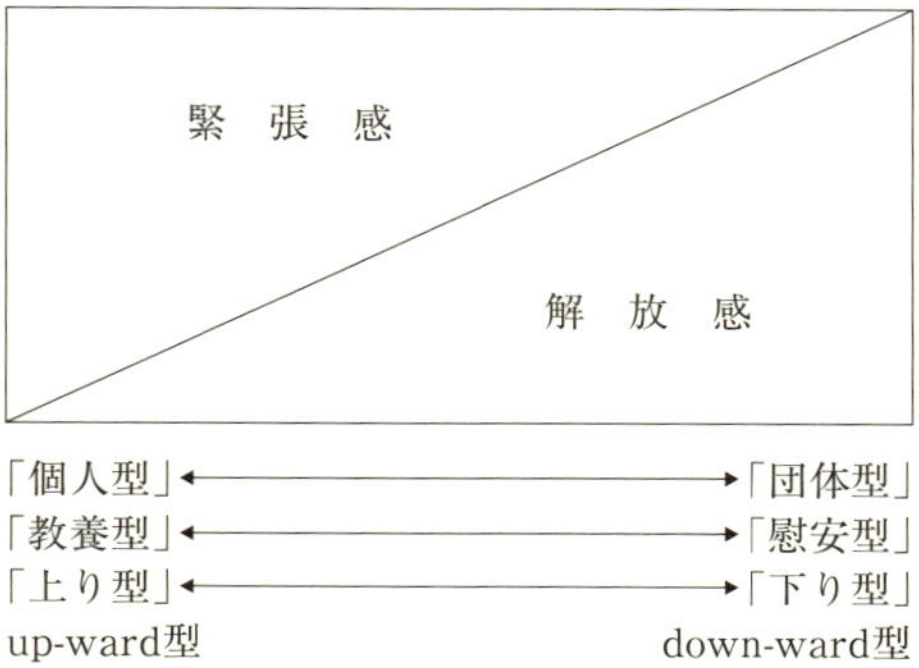

観光者の心理と旅行形態（前田勇・橋本俊哉「観光行動を成立させるもの」前田勇編著『新現代観光総論』学文社、2015年、123頁）

人の心理における地域間の上下関係意識はどのようにして生まれるのだろう。確かに東京は日本の首都であり、人口も経済力も他に比べようもないほどの規模を誇る。地域間には様々な格差がある。だがそれがなぜ、そこに住み、そこから訪れる人に対する態度にまで影響するのか。「なぜ東京人は『上から目線』なのか」。この直感的な問いかけは、観光や地域間交流が直面するであろう摩擦や問題を考えるとき、なにかヒントを提供してはくれないだろうか。

（1）前田勇編著『新現代観光総論』学文社、二〇一五年を参照。

東京における産業観光の展開と可能性

——野田健太郎

はじめに

東京都には江戸以来のさまざまな伝統工芸、世界に誇る技術を持つ中小企業のものづくり、食品産業などの工場立地、重厚長大産業の跡地など様々な産業施設が集積している。本章では、こうした豊富で多彩な産業施設を観光資源として活用し、観光ルートの開発による新たな魅力の発見や、外国人旅行者に向けた情報発信についての取り組みを紹介するとともに、今後のさらなる可能性について言及する。

産業観光とは、産業活動を観光資源として活用する観光形態であり、近年様々な形が出現しているニューツーリズムの一つである。

日本には、古来より受け継がれてきた伝統産業や、世界をリードする産業など幅広い産業群がある。こうした産業の施設や現場を公開する産業観光は、企業や組織のＰＲにとどまらず、交流人口の拡大、地域の産業集積、そしてその地域の歴史や文化を知るきっかけともなる。近時の観光スタイルでは単に見るだけでなく、体験型の観光が求められている。産業観光はまさにその流れに沿ったものであり、今後さらなる展開が期待されている。

その中で、日本経済の中心である東京には、江戸以来のさまざまな伝統工芸、世界に誇る技術を持つ中小企業のものづくり、金融やコンテンツ産業など幅広い産業が立地している。加えて首都圏に近い利便性を活かした食品産業の工場など巨大な消費地を背景に多種多様な産業が集積している。

1　取り組みのポイントと課題

二〇一三年に出された東京都の観光産業振興プランの中では、産業や食を活かした観光が施策としてとりあげられている。地域における産業観光への支援として、「地域の魅力ある産業を活かした観光の支援」、「産業観光を広める取組」、「企業等への支援」の三点が盛り込まれた。

現在でも、自治体のホームページには、工場をはじめとした産業観光のスポットが紹介されている。さらに都内には伝統産業の集積があり、見学や体験が可能なメニューの整備が進められている。それに加えて、旅行会社も「おとなの工場見学」など産業観光施設に注目しているため、関連した旅行商品の開発が行われることで、各施設の情報発信にとって追い風となっている。将来的にはアニメ産業などのコンテンツ産業も観光スポットの開発に大きな可能性を残している。

都内には多くの企業が立地しており、工場、オフィスなど今後、産業観光の施設として利用可能なものも多い。こうした施設を掘り起こし、観光ルートとして再構築することで、さらなる地域の活性化につながるものと思われる。その際に区市町村、商店街、NPOが連携を図り、街づくりなどの他の事業と組み合わせることで、より効果を高めることができる。(1)

以下では、産業観光の各事例を類型化してみよう。日本政策投資銀行(2)では、受け入れ企業の規模で、大企業と中堅企業に分類し、さらにターゲットを地域住民（特定層）にするものと、地域外も含んだ観光客を対象としたものに分類することで四つに類型化している。また、産業観光推進会議(3)では、民間ベースの事業として実施されているケースと行政や観光協会、商工会議所などが中心となっているケースに分類し、さらに、実際の事業として既に展開されているケースと、モデル事業として開始され、今後持続的な事業展開が期待できるケースに分類することで四つに分類している。

また中部経済産業局(4)においては、産業観光の目的と来訪者の目的によって、工場見学型、産地振興型、一般観光型、ものづくり人材育成型、リクルーティング型の五つに分類を行っている。産業観光の運営形態は様々であり、各主体が最適な形態を模索した結果であるが、今後さらなる展開を考える場合、類型化し成功のポイントや課題を整理することは有意義であろう。

また、工場見学を中心とした産業観光のメリットとして、企業や製品のファンづくり、

（1）東京都、二〇一三年
（2）日本政策投資銀行北陸支店、二〇一五年
（3）産業観光推進会議、二〇一〇年
（4）中部経済産業局、二〇〇六年

顧客の生の声をマーケティングに活用すること、従業員のモチベーションの向上、社会や地域への貢献があげられる。それに対してリスクとしては、安全対策や秘密保持さらには事業とのバランスなどの問題がある。[5]多くの企業が稼働中の工場や施設に併設する形で工場見学のルートを設定している。短期的には運営にかかる費用が発生するため、どの範囲で実施するかの方針を決めなければならない。一方で、その企業や製品のファンを増やすことにつながるため、長期的な観点から企業にとってメリットも大きいと思われる。さらにインターネットなどの普及により企業についてのイメージが瞬時に棄損する可能性が高まった。それに対して、企業が様々な社会的責任（CSR）活動を行うことは、企業イメージの棄損を防ぎ、または回復をはやめることにつながる。工場見学を実施することによって、企業の姿勢を深く理解している人を増やすことや地域との連携を図ることは、効果的なCSR活動の一つになると思われる。

(5) 経済産業省経済産業政策局地域経済産業グループ、二〇一四年

2　象徴的な事例の紹介

東京においては、製造業、金融、コンテンツ産業など幅広い産業が立地し、それに関連する産業観光が行われている。以下では象徴的な事例を紹介する。一つ目は企業の取り組みとして行われている例としてサントリー〈天然水のビール工場〉東京・武蔵野ブルワリー、二つ目は産業全体の振興にもつながるものとして東証Arrows、三つ目は地域に根ざす産業の振興につながるものとして、三鷹の森ジブリ美術館をとりあげる。

サントリー〈天然水のビール工場〉東京・武蔵野ブルワリー

サントリー〈天然水のビール工場〉東京・武蔵野ブルワリーは、一九六三年にサントリー初のビール工場として開設された。今では、都内で大手唯一のビール工場となっている。工場は荒井由実の「中央フリーウェイ」にも歌われているように、中央自動車道のすぐ脇に立地する。現在では、工場の周りは住宅が多くなっているが、良質な天然水がとれる場所にあり、この地で工場を立地させる要因ともなった。

図1　サントリー〈天然水のビール工場〉東京・武蔵野ブルワリー（出所：サントリーホールディングス）

同工場では、案内係と工場内を見学しながら、ビールの製造工程について学び、試飲も可能である。仕込設備を間近で見られるなど多くの工夫がされており、多くの見学者を受け入れている。地域のもつ環境資源に立脚しつつ、最先端のビール工場としてサントリーの主力商品を生み出している。同工場はＪＲ南武線・武蔵野線府中本町駅から徒歩一五分の位置にあり、ＪＲ南武線・京王線分倍河原駅から無料のシャトルバスが運行されている。こうした立地の良さを活かし、ビール工場として首都圏での配送効率が良いだけでなく、工場見学を積極的に行い、情報発信をすることで、相乗効果を高めている。[6]同施設は企業主導によって、地域内外の観光客を呼び込む形の産業観光の一つとしてとらえることができる。

（6）「サントリー武蔵野ビール工場の付加価値戦略」『多摩けいざい』七〇、二〇一四年

東証Arrows

東京都中央区日本橋兜町にある東京証券取引所（以下「東証」という）の株券売買立会場は、一八七八年に、東証の前身である東京株式取引所が売買を開始して以来、一二〇年以上にわたり、わが国の証券・金融市場の象徴的存在となっている。証券会社の売買執行の迅速化やコスト削減、一層の効率化を図ることを目的に、株券売買立会場は、一九九九年四月に閉場された。長らく行われてきた手サインによる取引がなくなることで、一九九八年一二月三〇日、最後の大納会には昔を懐かしむ人や、一生の思い出に一度は立会場に入っておこうとする人など、たくさんの証券関係者らが詰めかけた(7)。現在では、手サインなど人の動きで取引の活況を伝えることはなくなったものの、リアルタイムで点滅する株価表示ボードが躍動する証券市場を伝えている。

図2　東証Arrows（出所：東京証券取引所）

株券売買立会場の跡地は、二〇〇〇年五月より、「東証Arrows」としてオープンした。東証Arrowsは、投資家に対してマーケット情報を提供するとともに、上場会社に対

（7）　東京証券取引所「立会場の歴史」https://www.jpx.co.jp/corporate/about-jpx/history/01-02.html（二〇一八年一二月五日最終アクセス）

しては的確な情報開示をサポートしている。同所では、売買監視を行うマーケットセンターの様子を見学することができ、株式投資体験コーナーでは、株式投資を体験できる。証券史料ホールでは、明治期・大正期の株券や、かつて東証で使われていたコンピュータを見ることができる。(8) 金融業界の象徴的な存在であるとともに、教育面を含め、マーケットに関する様々な情報を多くの人に伝えている。

(8) 東証Arrows見学 https://www.jpx.co.jp/learning/tour/arrows/index.html(二〇一八年一一月五日最終アクセス)

三鷹の森ジブリ美術館

コンテンツ産業の中でも、アニメ産業の集積が東京にはあり、中でも荻窪、吉祥寺、三鷹などの中央線沿線に集積が進んでいる。そのため東京都が二〇〇一年に出した東京都観光産業振興プランの中でも、コンテンツ産業を中心に新たな観光ルートを開発していくことがうたわれた。武蔵野市では、一九九九年より、武蔵野商工会議所、商工会、アニメスタジオなどが主体となり、「吉祥寺アニメワンダーランド」というイベントを毎年開催している。(9)(10) こうしたイベントに加え、三鷹市は三鷹の森ジブリ美術館(正式名称は三鷹市立アニメーション美術館)を二〇〇一年一〇月に開館した。

美術館のホームページによれば、この美術館事業は、三鷹市の文化施設建設構想と、徳間書店スタジオジブリ事業本部の美術館構想の一致によって進められた。美術館の建物は三鷹市が所有する一方で、美術館の運営については、三鷹市と徳間書店などが出捐した財団法人が行う。美術館は来館者の入場料などによって独立採算で運営されている。さらに安全性などに配慮し、チケットの購入は日時指定の予約制となっており、コンビニエンスストアのローソンだけで購入できるシステムを採用している点も特徴的である。一日二四

(9) 労働政策研究・研修機構、二〇〇五年

(10) 吉祥寺アニメワンダーランド http://www.kichifes.jp/wonderland/home.html(二〇一八年七月二五日最終アクセス)

図３　三鷹の森ジブリ美術館（出所：筆者撮影）

〇〇人までの予約制ながら、二〇一七年一月には入場者が一〇〇〇万人の大台を超えた。(11) この背景には宮崎駿監督作品の人気がベースにはあるが、それに加え、来場者を飽きさせない建物の設計・展示品の配置や来場者への配慮がある。

(11)『朝日新聞』二〇一七年一月一五日付け朝刊、三三面

3　今後の展開

産業観光には様々な形態があるが、企業が自らの資産を有効活用し、企業のＣＳＲとして取り組んでいるところも多い。本業とのシナジーや企業のブランドイメージの向上には一定の効果をあげているものと思われる。現在は、工場見学、地元との連携の一環といったレベルにあるものも多いが、今後は事業性、収益性などの視点をさらに取り入れながら企業ブランドとの一体化を図ることで、さらなる展開の余地が残されている。

東京都の今までに蓄積された産業施設は非常に多岐にわたる。テーマ性、ストーリー性

のある観光施設として、さらにブラッシュアップを図ることが可能な施設も多い。周辺の歴史的、文化的施設と組み合わせることで、新しい観光ルートの開発にもつながるかもしれない。

日本では、国民の旅行慣れが進み、パッケージ型の商品では満足しない傾向が強まり、より地域性の強い商品が広がっていった。そうした流れの中で、産業観光、エコツーリズム、グリーンツーリズム、ヘルスツーリズムといったテーマ性の強い商品が開発されている。地域主導型の商品はパッケージ型の商品に比べ、宣伝や販売ルートの面で厳しい点はいなめない[12]。そのため、産業観光においては、既存の観光関連産業に加え、製造業などの企業、コンテンツの編集・加工を行う事業者など多様な事業者の参画も必要となろう。その結果として新しいビジネスモデルが生まれる。

近時、中国、台湾などアジアをはじめとする訪日外国人客（インバウンド）が増加している。インバウンドの観光需要もショッピングから観光地を巡る体験型への志向が強まりつつある。インバウンドを積極的に推進することで、国内にいながら自社のPRや、今後、さらなる成長が期待されるアジア地域のニーズを取り込むことができる。加えて多様な文化的背景を持つ国と交流することは、イノベーションの促進によって、企業の持続的な成長にもつながる[13]。さらに二〇二〇年には東京オリンピックが開催されることから、インバウンドを通じた産業観光のさらなる深耕が期待される。

また、東京都産業労働局商工部のホームページには、東京の伝統工芸品四〇品目が紹介されている。東京の伝統工芸品は長い歴史の中で受け継がれてきた技術を土台に作られている。伝統工芸品には、その技法を現代まで保っているものもあれば、技術を受け継ぎな

（12）産業観光推進会議、二〇一〇年

（13）日本政策投資銀行関西支店、二〇一五年

がら現代的な製品へ展開したものも存在する。伝統工芸品は地域に根差した産業として、現在まで地域経済の発展に寄与するとともに、その文化的な厚みを現代に伝えている。しかしながら、東京に住んでいる住民でさえも、伝統工芸品の多くを必ずしも理解しているわけではない。東京都は、「東京都伝統工芸品産業振興協議会」の意見に基づいて、製造工程の主要部分が手工業的であること、伝統的な技術又は技法により製造されるものであること、伝統的に使用されてきた原材料により製造されるものであること、都内において一定数の者がその製造を行っていることの四点を満たすものを、東京都伝統工芸品に指定し周知を進めている。[14] さらに、これらの伝統工芸品には、見学や実際の作成体験などが行われているところも多い。しかしながら、その規模は必ずしも大きくなく、また組織立って行われていないのが現状である。

今後、観光客に食事を提供する場面で、伝統的工芸品を活用した食器を用いる、伝統的工芸品とその他の地域資源を組み合わせたセット商品を販売する[15]など、一歩踏み込んだ対応を図ることが、伝統工芸品のいっそうの浸透を図ることにつながるであろう。

（14）東京の伝統工芸品 https://dento-tokyo.jp/items.html（二〇一八年一二月五日最終アクセス）

（15）秋田県、二〇一四年

おわりに

以上のようにいくつかの産業観光を見てきたが、東京都には伝統産業から先端産業までの幅広い産業が存在する。こうしたリソースを最大限活用し、国内の旅行者のみならず、インバウンドの取り込みを図ることが大切であり、そのためには、産業観光という切り口を通じて、旅行者の体験や一歩進んだ知的なニーズに答える観光地づくりが求められる。

〔参考文献〕

秋田県「新あきた伝統的工芸品等振興プラン」二〇一四年
一般社団法人 日本ビアジャーナリスト協会ホームページhttps://www.jbja.jp/archives/9491（二〇一八年一一月一九日最終アクセス）
経済産業省経済産業政策局地域経済産業グループ「地域活性化のための産業遺産・工場見学等の活用ガイドブック」二〇一四年
産業観光推進会議「産業観光ビジネスモデルの手法～地域に埋蔵された宝を輝かせるために～」二〇一〇年
ＪＰＸホームページhttps://www.jpx.co.jp/corporate/about-jpx/index.html（二〇一八年一一月一九日最終アクセス）
中部経済産業局「中部地域における産業観光インフラ整備に関する調査」二〇〇六年
天然水のビール工場東京・武蔵野ブルワリーホームページ https://www.suntory.co.jp/factory/musashino/info/（二〇一八年一一月一九日最終アクセス）
東京都「観光産業振興プラン 世界の観光ブランド都市・東京をめざして」二〇一三年
日本政策投資銀行関西支店「文化・観光産業先進地域に向けて（アンケート調査）」二〇一五年
日本政策投資銀行北陸支店「北陸地域における産業観光の可能性について」二〇一五年
三鷹の森ジブリ美術館ホームページhttp://www.ghibli-museum.jp/about/shikumi/（二〇一八年一一月二〇日最終アクセス）
労働政策研究・研修機構「コンテンツ産業の雇用と人材育成―アニメーション産業実態調査―」『労働政策研究報告書』二五、二〇〇五年

コラム

内地観光団の「るるぶ」

千住 一

「前の日山県老公を迎へた東京駅は、翌る一日午前十時南洋観光団の珍客を迎へた、老公の出迎へがパラ〳〵と寂しかつたのに引換へて、珍客の出迎は大した景気だ」。これは一九一五年八月二日付『東京朝日新聞』に掲載された「人の多いのに驚いた珍客」なる記事の書き出しである。ここでいう「南洋」とは、第一次世界大戦で日本が占領した旧ドイツ領ミクロネシア（以下、南洋群島）のことであり、日本内地を目的地とした観光団には南洋群島の男性住民二二名が参加した。本コラムでは、八月一日から一二日まで東京に滞在した南洋群島からの内地観光団の足跡を、当時東京で流通していた新聞各紙への掲載記事にもとづき、今日においてよく知られるガイドブック『るるぶ』の語源とされる「見る」、「食べる」、「遊ぶ」の観点から整理したい。

まず「見る」である。八日、一行は上野にて博物館と動物園を訪れた。九日付『万朝報』によると、動物園で「一番気に入つたのは象で、象が鼻へ水を含んで吹き出しては浴びる容子《ママ》を面白さうに見物し」たという。同様に九日付『やまと新聞』は動物園での観光団の姿を、「彼方此方と走せ廻り白熊の水に入る処などを見ては頗る驚異の眼を真丸にし駱駝の珍奇な格好を見ては非常の感興を以て餌を与へ」た、と伝える。その後一行は、上野公園で開催されていた「江戸記念博覧会」に足を運んでいるが、同じく『やまと新聞』は会場での彼らの様子について、「光景真に迫るパノラマは悉つかり気に入つて了ひ孰れも狂喜して見惚れた」などと書いている。

また、「見る」という点においては三日の報知社訪問とそこでの工場見学も興味深い。この日、観光団は後述する三越呉服店の後に『報知新聞』の発行元である報知社本社を訪れ、併設された工場で新聞が続々と印刷されていく様子を実見している。四日付け『報知新聞』によると、一行は「活字工場」、「鉛版工場」、「輪転機工場」

東京駅に到着した観光団一行。身につけている紋付羽織は南洋群島で活動する企業から贈呈されたものである（『東京朝日新聞』1915年8月2日付朝刊5面）。

と順を追って見学し、その様子は「パッチリ睜いた眼と共にポカンと口を開いて説明を聞く毎にアーン〳〵と肯く許り」、「碌々返事もせず中には及び腰になつて機械の内部を窺き見る」などと記された。

続いて「食べる」である。二日、観光団一行は二重橋で宮城遙拝を行った後に日比谷公園内の松本楼で休憩し、そこでサイダーを飲みアイスクリームを食べた。三日付『万朝報』は、「『こんな冷たい物を食べても歯は大丈夫ですか』と奇問を発した」という参加者を取り上げる。それから一行は札幌ビール会社に招かれ昼食会に臨んだ。残念ながら観光団を引率した海軍省からのお達しによりビールは提供されなかったようだが、サイダーやシトロンを飲みながら洋食を「鱈腹詰込んだ」と三日付『やまと新聞』は伝えている。

最後に「遊ぶ」であるが、ここでは三越呉服店での買い物と帝国劇場での観劇を挙げておこう。観光団は三日と八日に三越を訪れているが、彼らがエスカレーターやエレベーターに驚きつつも館内で買い物を楽しんだ様子を各紙ともに報じている。また、一行は九日に帝国劇場を訪れ歌舞伎「競伊勢物語」を観覧しているが、十日付『報知新聞』はそこでの彼らの反応を、「吉右衛門の紀の有常が刀を振り上げて菊次郎の信夫の首を斬り落す時ピカリと閃いた刀の光に珍客は冷やりとして一斉に肩を縮めた」と伝える。言うまでもなく三越と帝劇という組み合わせは、よく知られたコピー「今日は帝劇　明日は三越」が端的にあらわすように、当時の東京の楽しみ方の最先端であった。

前年の一九一四年に完成したばかりの東京駅に降り立った観光団一行は、山県有朋を超える人気者として描かれ、「珍客」らしいエピソードを振りまきながら東京の街を「るるぶ」したとされる。そして、彼らの背景には動物園、博覧会、工場、サイダー、アイスクリーム、洋食、百貨店、劇場といった当時の東京を彩る近代的なエッセンスが散りばめられていた。東京に暮らす人びとは、新聞という近代メディアを通してこうした観光団の姿を目にするとともに、自らが住まう東京のありようを改めて確認したのである。

〔参考文献〕

千住一「「観光」へのまなざし――日本統治下南洋群島における内地観光団をめぐって」遠藤英樹・堀野正人編『「観光のまなざし」の転回――越境する観光学』春風社、二〇〇四年

第3部

集う

ホテルから観る東京

大橋健一

はじめに——ホテルと観光

ホテルは、観光における最も基本的な施設のひとつである。ホテルという施設で睡眠と飲食、生命と財産の保護が確保されることによって観光のための滞在が可能になる。むろん、宿泊滞在のための施設のすべてがホテルなのではなく、ホテル以外にも様々な形態の施設が存在することは言うまでもない。しかし、「ホテル」という言葉が今日の日本において宿泊施設を一般的に指す言葉として広範に使われていることも事実である。日本の法制度の上で「ホテル」とは、その施設の構造と設備が洋式であることがポイントとなっているが、実際には、法律上は「旅館」に分類される和式の施設構造と設備をもった施設であってもその屋号として「ホテル」という看板を掲げていることもある。これは何よりも日本においてホテルという施設が単に物理的に洋式であるか否かを問わず、それが西洋から移入された施設であるがゆえに帯びてきた近代的で、高級なイメージが重要であることを物語っている。また他方で、今日の日本における私たちの生活様式じたいが西洋化し、たとえばベッドや洋式トイレの使用が日常化しているということもホテルの一般化と密接に関係しているだろう。

ホテルという観光の基本的施設を考えるにあたって、ホテルが西洋において発達した近代的設備を有する高級な宿泊施設であるということを改めて思い起こしておくことは重要である。これを踏まえることによって非西洋の日本、とりわけ東京においてホテルを考える時、宿泊・休息というホテルの基本的機能を押さえながらも、実際にホテルが社会的に担ってきた意味が、単なる狭義の観光のための施設・手段をはるかに超えたものであることに気づかされるのである。すなわち、それは観光がもつ広義の社会的意味を理解することでもある。

以下では、ホテルという西洋発祥の施設が地球規模で普及する過程において日本にどのように移入され、どのような意味を帯びた施設として成立してきたのかを東京に建てられた象徴的なホテルを事例として追うことによって、ホテルという施設の社会的な性質を理解するとともに、そのようなホテルという施設を通して東京という都市の性格をとらえてみることにする。

1　文化装置・政治装置としてのホテル

今日、われわれが一般的に「ホテル」と呼んでいる施設は、一九世紀のヨーロッパにおいて出現したいわゆる「グランド・ホテル」をひとつの原型としている。グランド・ホテルは、産業革命にともなう技術革新と経済発展、交通機関の発達と旅行スタイルの変化、旅行者としての富裕層の出現を背景に、特権層・富裕層を対象とした高級で大規模な宿泊施設として、いわば近代社会の象徴としてまずヨーロッパに出現した。そして、その後、ヨーロッパを起点とした近代社会の地理的拡大にしたがってホテルは地球規模で普及していった。

非西洋社会においてホテルは、このような西洋を起点とする近代社会の地理的拡大、別言すれば西洋による植民地主義の展開を支える施設でもあった。このような背景から、非西洋社会におけるホテルには、以下のような基本的性格が付与されることとなった。

まず、非西洋社会におけるホテルに求められたものは、非西洋という「文明化」されていない土地を旅する西洋人旅行者の文化的リスクを縮減し、西洋人旅行者が慣れ親しんでいる生活様式をそれらの土地においても維持可能とするための基本的パッケージを用意することであった。ベッド、洋式トイレ、西洋料理など今日私たちがホテルの施設やサービスとして何の違和感もなく当たり前のように思っているものは、みなこのパッケージの構成要素である。

他方で、非西洋社会におけるホテルは、西洋式の生活様式を可能とする文化的シェルターであると同時に、西洋人旅行者にとっては非西洋社会との出会いと接触の最前線でもある。したがって非西洋社会においてホテルは、西洋人旅行者が抱く非西洋社会に対するエキゾチシズムを充足させる空間である必要もあった。ホテル空間の各所に用意される様々なローカルカラー、その土地らしさは、このような旅行者・観光者の欲望を反映したものであり、たとえば旅館のそれとは全く性格を異にしたものなのである。

非西洋社会の側からホテルをとらえ返すならば、ホテルとは、西洋、近代、文明、そして植民地勢力と深く結びついたものであったといえる。非西洋社会におけるホテルの導入や普及が、西洋化、近代化、文明化、植民地化といった動きと並行していることは、ホテルという装置が強く政治性を帯びていることを物語っている。すなわち、非西洋社会においてホテルは、西洋・非西洋間の文化的交渉や政治経済的力関係が色濃く投影された空間として成立してきたのである。

2 首都東京のホテルの系譜

さて、以上の視点を踏まえながら、日本、そして東京におけるホテルについて考えてみよう。

すでに触れたようにホテルは、西洋近代の地球規模での拡大にともなって各地に出現した施設である。日本においてもホテルは、幕末の開国を機に開港都市の居留地に出現した。

東京に関して言えば、一八六八年の江戸開市に先立って、開市後の外国人滞在者の増加を予測した英国公使が幕府にホテルの建設を要請したことから、幕府が築地に用地を提供し、民間から経営者を募って建設された築地ホテル館がその嚆矢であったとされる。築地ホテル館の設計には英国公使の推薦によって横浜居留地で活動していたアメリカ人建築家ブリジェンスが起用され、その施工と経営は清水組（現・清水建設）の二代清水喜助が請け負った。築地ホテル館が完成した一八六八年は、江戸が東京と改められ、また明治と改元された年でもある。東京、そして日本近代は、まさにホテルとともに始まったのである。

　ところで、日本、そして東京におけるホテルの系譜を考える時、もうひとつ忘れてはならない流れがある。それは、新生明治政府が設けた公式迎賓施設である。ホテルという施設が政治装置として重要な社会的意味をもつと考える時、政府迎賓施設の発展はホテルの系譜にとっても重要な動きである。

図1　「東京築地ホテル館繁栄馬車往来之図」（東京都中央区立郷土天文館「タイムドーム明石」蔵）

　明治政府は、一八六八年の発足後すぐに英国王子エジンバラ公アルフレートを初めての外国からの国賓として迎えることになったため、急遽、浜離宮にあった旧幕府施設を改修して一八六九年に迎賓施設を設け、「延遼館」と改名した。一八七九年には、英国人建築家コンドルの設計によって延遼館のさらなる改修も行われたが、より本格的な西洋式の迎賓・社交施設が求められ、一八八〇年には鹿鳴館の建設が同じくコンドルの設計によって始まり、一八八三年

図2　延遼館（『濱離宮写真帖』宮内庁宮内公文書館蔵）

に落成した。鹿鳴館の建設計画を推進したのは、欧化政策を進めた当時の外務卿の井上馨であった。日本が文明国であることを諸外国に広く示し、不平等条約改正という当時の外交上最大の課題を達成するために設けられた施設が鹿鳴館であった。しかし、その後の不平等条約改正の失敗によって井上が失脚すると鹿鳴館もその役割を終え、一八九〇年には宮内省へ払い下げられ、その後は華族会館となった。

欧化政策の一環として井上は、東京をパリやベルリンなどと並ぶ文明国の首都とすべく「官庁集中計画」と呼ばれる首都計画も構想した。興味深いのは、議事堂や官庁を霞ヶ関付近に集中し、整備された近代的な首都機能を諸外国に示そうとするこの計画の中に、国を代表する大型ホテルの建設が組み込まれていたことである。欧米の大都市にあるホテルに匹敵する規模と内容を備えた本格的な大型ホテルを建設することは、東京を文明国日本の首都とするために必要不可欠な国家的事業であったのである。「官庁集中計画」は、井上の失脚にともなって頓挫してしまうが、井上はこの計画の中で構想されていたホテルの建設を実現するため、渋沢栄一、益田孝、大倉喜八郎らの財界人に諮り、一八八七年に有限責任東京ホテル会社が設立された。のちに有限責任帝国ホテル会社と改名されるこの会社が一八九〇年に完成させたホテルこそ日本初の本格的グランド・ホテルとなる帝国ホテルであった。

帝国ホテルの建設にあたっては、宮内省が筆頭株主となったことや、日比谷の鹿鳴館に隣接した国有地をホテル建設用地として外務省が無償貸与するなど政府も深く関与した。帝国ホテルの建設は日本の国家的威信をかけた国家的事業でもあったのである。当初、ホテルの設計には「官庁集中計画」のために招聘されたドイツ人建築家たちが関わったが、軟弱地盤への対応に苦慮したため、ドイツ留学から帰国した渡辺譲が改めて設計を行い、ドイツ風ネオルネッサンス様式のホテルを完成させた。

完成した帝国ホテルは、当時としては大規模な約六〇室の客室を備え、館内各所にヨーロッパから輸入した最新式で豪華な設備をもったそれまでの日本にはなかった規模と内容を誇る文字通りのグランド・ホテルであった。しかし、一方で、内装の一部には日本風の装飾も施されていたという。このことは、非西洋社会におけるホテルの本質的性格を表している。帝国ホテルには、近代文明国家として西洋諸国と対等の国際的地位を獲得するための過度とも言える欧化政策が推進される中で、国家的体面を保つ施設として、より西洋的＝文明的な空間が求められたが、それでもなお日本的要素は残されたのである。それは

図3　帝国ホテル初代本館（写真提供：帝国ホテル）

何よりも非西洋の日本においてホテルとは、基本的に外国人＝西洋人を接遇するための施設であったからである。西洋人が満足する接遇とは、彼らが慣れ親しんでいる生活様式を基準とした「文明」の水準を確保することと同時に、彼らの抱く日本に対するエキゾチシズムを充足させることによって成り立っていた。西洋諸国に比肩する文明国としての日本の威信を賭けて建設された帝国ホテルではあったが、このような非西洋社会におけるホテルの宿命的な両義性から必ずしも自由であったわけではなかった。とはいえ、内装に一部和風装飾を備えていたという事実にもかかわらず、帝国ホテルは、完成・開業後一貫して西洋化による文明化を目指す日本の迎賓館、対外交渉の最前線としての役割を果たすべく各国の王侯貴族、政府要人を宿泊客として迎え、何人もの外国人支配人を破格の高給で雇い、西洋式に接遇が行われた。

しかし、開業後の営業は必ずしも安定的ではなかったという。特に一八九四年の地震による被災と日清戦争勃発に伴う宿泊客の減少や輸入食品の物価高騰などによって業績は低迷し、また日露戦争後の好況に伴って行ったホテルの増築と他ホテルの買収が裏目に出て経営が危機に陥ったともいう。

一九〇九年、帝国ホテルには経営刷新のためにニューヨークで古美術商の支店主任をしていた日本人林愛作が支配人として着任した。林は思い切った設備投資とアイディアで経営危機を乗り切り、さらにすでに旧式になっていた一八九〇年竣工の建物や設備を更新すべく新館の建設構想に着手した。新館の設計者には米国人建築家フランク・ロイド・ライトが起用された。ライト設計の新館はその後一九二三年に完成するが、その前年、一八九〇年竣工の本館は火災により全焼した。

ライト設計の帝国ホテル新館は、その設計者ライト自身の名前とともに建築史上の金字塔とも評価される作品だが、その建築上の特徴は「有機的建築」と呼ばれる意匠の独創性と装飾性にあるとされる。すでに欧州の機能主義・合理主義建築が日本の建築界にも大きな影響を与えていた当時、ライトの帝国ホテル新館は異端ともとらえられたという。しかし、ライトの「有機的建築」は彼が以前から惹かれていた日本文化の伝統を織り込もうとしたものと理解する見方も存在する。

図4　帝国ホテル旧本館（通称ライト館）（写真提供：帝国ホテル）

一九〇五年の日露戦争の勝利は、列強諸国の日本に対する評価を高め、明治維新以来長年の日本の外交課題であった不平等条約改正の達成に寄与することになった。一九一一年、日本は米、英、独、仏との改正条約に調印した。ここにようやく日本は列強諸国と対等な国際関係に入ることとなるが、条約改正の悲願を込めて建設された欧化政策の象徴とも言うべきドイツ風ネオルネッサンス様式の帝国ホテルは、一九二二年に焼失し、ライト設計の新館が一九二三年に完成した。帝国ホテル旧館の焼失と新館の誕生は、国際関係における日本の地位の変化を象徴しているとみることも可能であろう。そして、ライトによるその独創的な「有機的建築」の装飾の中に日本文化の伝統が織り込まれていたとするならば、そこにおける「日本」の表現、演出の特徴は、米国人建築家によるものとはいえ、日本の新たな国際関係上の地位と呼応する性格をもっていたに違いない。

日本においてホテルは対外的な接遇のための施設であったがゆえにその空間には日本の対外関係とその地位が直接間接に投影されてきた。日本の対外関係が大きく変化する時、そこには新たなホテル空間が必要とされる。それでは第二次世界戦後の新たな日本をめぐる対外関係と日本の国際的な地位は、いかなるホテルを東京に生むことになったのか。その象徴的な事例として次にホテルオークラをみてみよう。

ホテルオークラは一九六二年に東京・虎ノ門に開業した。一九五九年には第一八回オリンピック夏期大会を一九六四年に東京で開催することが決定されたが、オリンピックの東京開催は、急速な戦後復興を遂げた日本が再び国際社会の中心に復帰するという象徴的意味をもつものであった。これを受けて一九六〇年代前半、東京には数多くの国際水準のホテルが次々と建設されていった。一般に「第一次ホテルブーム」と呼ばれるこのような動きの中で、オリンピック開催を契機とした外国人観光客の増加や日本の高度経済成長にともなう国際的なビジネス需要に応えるため開業したホテルのひとつがホテルオークラであった。

しかし、ホテルオークラの建設と開業は、ただ単純にオリンピックの東京開催のみを背景としたものではなかった。ホテルオークラの建設を発案・主導したのは、明治・大正期に多くの企業を興した実業家で大倉財閥を設立した大倉喜八郎の長男である大倉喜七郎であった。すでに触れたように大倉喜八郎は、井上馨の帝国ホテル建設構想の賛同・出資者の一人であり、初代会長渋沢栄一の後に会長に就任し、帝国ホテルの経営にあたっていた。そしてその後、喜八郎から喜七郎へと事業が受け継がれると、一九二二年には喜七郎が帝国ホテル会長に就任し、一九四五年に連合国軍最高司令官総司令部（ＧＨＱ）が行った財閥解体と公職追放によってその職を辞任するまで、喜七郎も帝国ホテルの経営を行っていた。大倉喜七郎は、帝国ホテル会長を務めたほかに、川奈ホテル、上高地帝国ホテル、赤倉観光ホテルなどの設立や運営にも関与し、ホテル事業の経営に多くの情熱を傾けていた人物であった。一九五一年に公職追放が解かれると、大倉喜七郎は再びホテル事業へと乗り出し、新たなホテルの建設を構想した。

図５　ホテルオークラ旧本館（筆者撮影）

大倉喜七郎は、一国の首都に一流のホテルがあることがその国の文化の水準を示すということを持説としていたとされ、帝国ホテルを超える世界に誇る新たな国際的なホテルを建設することを構想し、その理念として日本の伝統美をもって諸外国からの貴賓を迎えるホテル、西洋の模倣ではなく日本の美を体現したホテルの建設を掲げ、日本の伝統美と近代的な機能性の調和を図ろうとした。明治以来の日本におけるホテルが帝国ホテルに象徴されるように西洋と比肩する日本の文明化、近代化、すなわち西洋化のための政治的・文化的装置であったことを考えると、西洋の模倣からの脱却と日本の伝統の体現をホテルという空間において実現しようとしたこの考えは画期的であり、そこに私たちは第二次世界戦後の新たな日本をめぐる対外関係と日本の国際的な地位のありようを読み取ることができるだろう。

一九五八年には構想実現のために大成観光株式会社が設立され、大倉喜七郎は会長に就任し、新ホテル建設プロジェクトが始動した。ホテルの設計には、谷口吉郎をはじめとする五名の建築家からなる設計委員会が組織され、またインテリアや什器のデザインのために画家や彫刻家からなる意匠委員会も組織された。一九六二年には約五五〇室の客室からなるホテルオークラが開業したが、館内の各所には竹、藤、梅、鱗紋、亀甲紋、菱紋、麻の葉紋、切子玉形などさまざまな「和」の意匠が取り入れられ、日本の工芸美を集約した空間が創出された。ホテルオークラ開業当時の海外向け宣伝においては「The Pride of the Orient（東洋の誇り）」というフレーズが用いられたというが、これはまさに戦後日本における新たな政治的・文化的装置としてのホテル空間の創出を宣言するものであり、非西洋社会としての日本におけるホテルの意味の一大転換を象徴的に示すものであると理解できよう。

ホテルオークラは、その後、既存の帝国ホテル、一九六四年に開業したホテルニューオータニと並んで俗に「ホテル御三家」と称され、東京の老舗ホテルの地位を確立していったが、開業から五〇年余を経た二〇一四年に翌年（二〇一五年）八月に本館営業を休止して解体し、跡地に二〇一九年までにオフィス棟とホテル棟からなる地上三八階の高層タワーを新たに建設することが発表された。二〇二〇年東京オリンピックの開催が決定し、訪日外国人観光者のさらなる増加への対応が迫られるほか、建設後五〇年以上となるホテル本館じたいの老朽化や耐震基準への対応が必要であることなどが本館取壊しの直接的な理由とされているが、ホテルの隣接地では二〇二〇年を目指した国家戦略特区事業の一環として虎ノ門四丁目地区の開発計画も進行している。ホテルはグローバル化する現代東京の新たな政治経済的文脈の中で再定義されようとしている。

ホテルオークラ本館の取壊しが発表になると、特に海外において取壊しを惜しみ、その決定への反対を唱える多くの建築家、芸術家、デザイナーたちが続出した。海外のメディアもこの話題を多く採り上げ、たとえば、アメリカの『ニューヨークタイムズ（The New York Times）』（電子版）は、二〇一四年八月一五日付の「Farewell to the Old Okura」と題した社説で、大倉喜七郎が日本の伝統美と近代を絶妙に結合させ創り出したホテルの取壊しが「一つの時代の終わり（the end of an era）」をなすと論評したほか、二〇一五年六月五日付の「The End of a Treasure in Tokyo」と題した記事で、ホテルオークラ本館の取壊しは単にひとつの建築物の終わりを意味するのではなく、ひとつの思想（idea）、雰囲気（atmosphere）、場所性（topography）の終わりを意味するという文化批評家の見解を掲載した。取壊し反対を訴える運動もインターネット上を中心に行われたが、ホテル側は、本館のインテリアや装飾などは可能な限り移設や再現を行い、ホテルに息づく「日本の伝統美」を新本館においても体現すべく建替えを行うとして当初の予定通り二〇一五年八月末をもって本館は閉館され、解体工事が始まった。

「ジャパニーズ・モダンの最高峰」とも評され、その解体を惜しむ海外からの多くの声を受けつつも、その評価や価値を自ら放棄するとも見てとれるホテルオークラ本館の解体と建て替えの結果、新たに生まれるホテル空間が現代日本の対外関係とその国際的位置をどのように反映した交流の舞台を用意することになるのか。それははたして解体された本館と同様、東京、そして日本の「誇り」を表現するものとなるのか。それがいかなるものであれ、二〇一九年に竣工予定のホテルオークラ新本館には、それがホテルである限り非西洋社会としての日本におけるホテル空間をめぐる文化的両義性の新たな貌が出現することになろう。

おわりに――ホテルから都市を観る

観光ガイドブックにとって「ホテル」という項目は必要不可欠な情報のひとつである。観光に際して何を観るか、何を食べるか、何を買うか、どう行くか、などと並んでどこに泊まるか、についての情報を得ることは私たちがガイドブックを参照する大きな理由と言ってよいだろう。私たちは自分の懐具合や観光の行程を勘案しながらそれらの情報を参考にして宿泊先を選んでいる。多くの場合、ガイドブックにあるホテルの情報は、その立地、値段、設備に関するきわめて実用的な情報に特化している。ガイドブックによっては、ホテルに関する情報は、名称、住所、値段の単なるリストにしかすぎない場合さえある。このことは、私たちがホテルを単に観光のための手段としかとらえていないことを示している。

しかし本章で試みたように、ホテルは観光の手段であると同時にその重要な対象や目的にもなりうる。ホテルは都市の貌であり、都市の歴史とアイデンティティの結晶なのである。私たちは、ホテルを通してその都市を観ることができるのである。

〔参考文献〕
株式会社帝国ホテル編『帝国ホテル百年の歩み』株式会社帝国ホテル、一九九〇年
株式会社ホテルオークラ「ホテルオークラ東京　本館建替計画について」（広報資料）二〇一四年五月二三日
株式会社ホテルオークラ「ホテルオークラ東京　新本館ロビーへ継承する意匠について」（広報資料）二〇一五年一〇月二二日
菅原由依子「谷口吉郎がホテルオークラに込めた〝東洋の誇り〟（前編）」『日経アーキテクチュア』二〇一五年三月三日、http://kenplatz.nikkeibp.co.jp/article/building/news/20150302/693511/（二〇一八年八月二〇日最終アクセス）
菅原由依子「谷口吉郎の思いが宿る、ホテルオークラの装飾　谷口吉郎がホテルオークラに込めた〝東洋の誇り〟（後編）」『日経アーキテクチュア』二〇一五年三月一七日、http://kenplatz.nikkeibp.co.jp/article/building/news/20150312/694609/（二〇一八年八月二〇日最終アクセス）
富田昭次『ホテルと日本近代』青弓社、二〇〇三年
長谷川堯『日本ホテル館物語』プレジデント社、一九九四年
山内隆司「大成建設山内隆司の世界の風に吹かれて（16）大倉喜七郎とホテルオークラ」『週刊ホテルレストラン』（二〇一一年一〇月二八日号掲載）HOTERES WEB http://www.hoteresweb.com/column03/1028-taisei16.html（二〇一八年八月二〇日最終アクセス）
Boxer, Sarah. The End of a Treasure in Tokyo. *The New York Times* (Digital Edition), June 5, 2015. https://www.nytimes.com/2015/06/07/opinion/sunday/destroying-a-treasure-in-tokyo.html（二〇一八年八月二〇日最終アクセス）
Farewell to the Old Okura. *The New York Times* (Digital Edition), August 15, 2014. https://www.nytimes.com/2014/08/16/opinion/farewell-to-the-old-okura.html（二〇一八年八月二〇日最終アクセス）

コラム

東京の国際会議と展示会

韓　志昊

経済波及効果を期待して、世界各国と地域がMICEの誘致に力を入れている。MICEとは、企業等の会議(Meeting)、企業等の行う報奨・研修旅行(Incentive Travel)、国際機関・団体、学会等が行う国際会議(Convention)、展示会・見本市、イベント(Exhibition/Event)の頭文字をとった表記であるが、企業会議と報奨旅行は民間企業の活動であるため、公開資料がなく、統計資料による実態が把握できるのは国際会議と展示会である。まず、国際会議と展示会に関する統計資料を用いて東京の現状を見る。

東京における国際会議は、国際団体連合(Union of International Associations)の国際会議統計[1]では、二〇一六年の開催実績が二二五件で、世界第六位であり、二〇〇七年の九位(一二六件)と比較すると件数も増え順位も上がった。一方、国際会議協会(ICCA: International Congress and Convention Association)の統計では、東京の二〇一六年の開催件数は世界第二一位の九五件であり、二〇〇七年の四七件(二八位)から二倍に増加したことになるが、二〇一四年の九〇件からは五件増えたのみである[2]。日本で作成した「二〇一六JNTO国際会議統計」によると、東京では、二〇〇九年以降、毎年五〇〇件(二〇一一年のみ四八四件)以上の国際会議が開催されている。参加者数は、二〇一四年の約三四万人から、二〇一五年の三三万人、二〇一六年は約三〇万人と三年連続で減少している。

経済成長期にある国や地域はオリンピックや博覧会のような大型イベントの開催を通してインフラを整備することを推進してきたが、国際会議の誘致や開催のためには、会議場や交通などの都市インフラが充実していることが重要である。政府が二〇一三年と二〇一五年に選定したMICE戦略都市とMICE強化都市に、東京都を始め

東京ビッグサイト

国際空港から近い距離にある自治体が指定されたこともその理由が大きい。

展示会に関しては、日本展示会協会が毎年会員を対象に、開催した展示会実績を調査している。調査に回答した日本の展示会場の中で、東京国際展示場（東京ビックサイト）が二〇一五年と二〇一六年とも一二四件と最も多いものの、二〇一三年度の一九〇件と二〇一四年度の一九五件に比べると大きく減少した。東京ビックサイトは、屋内展示場の総展示面積が九万五四二〇㎡で、日本最大の規模を有する施設であるが、国際見本市連盟（UFI）の統計[3]では、一〇万㎡以上の面積の施設を大規模展示場として分類するため、日本全体で国際基準の大規模展示場がない現状である。

定期的に開催する国際会議は、開催地を毎回選定することが多いが、展示会は、開催都市や施設が固定されている場合が多く、各展示会のテーマ産業の発展や展示会産業の成長が開催都市の継続発展にも貢献できる。

訪日外国人旅行客が二〇一三年に一〇〇〇万人を超えてから、毎年大きく増加し、二〇一六年に約二四〇〇万人、二〇一七年は約二八七〇万人を記録しているが、国際会議の開催件数は微増に留まり、参加者数が減少した。日本最大の展示会場の開催件数も減少している。開催実績の統計調査に加え、開催件数や参加者数の増加と減少の背景や原因を分析する必要がある。

〔注〕

（1）International Meetings Statistics Report, Union of International Associations（2017）

（2）詳細は「ＪＮＴＯ国際会議統計」を参照

（3）UFI World Map of Exhibition Venues（2017）

東京の自治体アンテナショップ

——麻生憲一

はじめに

現在、わが国では少子高齢化が急速に進み、それに伴って、多くの地域では人口減少による過疎化が進行している。また、その一方で、地方から大都市部への人口流入には歯止めがかからず、特に東京二三区内への人口の一極集中はより鮮明なものとなっている。近年、地方自治体は衰退化する地域経済を活性化させるために、その解決の糸口を大都市部に求めている。それは、都市と地域との交流により、モノ・ヒト・カネの流れを作り出し、地域内に環流するお金を増やして需要を地域内に呼び込もうとするものである。そして、その交流の拠点として、いま注目されているのがアンテナショップである。現在、地域経済の不振に喘ぐ地域において、地場産業の振興、特産物の販売促進、観光誘致などを目的に東京都区部にアンテナショップを新設する自治体が急増している。

自治体が中心となりアンテナショップを東京都区部に常設することで、出店地域の知名度は向上し、同時に東京都区部の消費者ニーズを把握することもでき、それに対応した特産物の商品化が可能となる。また、出店地域の観光情報や定住促進政策を発信し、観光客や定住者を呼び込み、地域内での交流人口の拡大を通して、経済活動の活性化を図ろうとする狙いもある。

二〇一七年四月一日時点で、東京都内に出店されている自治体アンテナショップは七二店舗で、そのうち独立店舗は五六店舗（都道府県三八店、市町村一八店）で、集合型店舗は一六店舗である。独立店舗とは各自治体が独自に運営しているもので、集合型店舗とは複数の自治体やコンビニエンスストアなどが共同で開設するものである。大半の店舗は独立店舗であるが、愛媛県・香川県の「香川・愛媛せとうち旬彩館」や鳥取県・岡山県の「とっとり・おかやま新橋館（ももてなし）」などは集合型店舗として経営されている。

図1は、一般財団法人地域活性化センターが発表している「自治体アンテナショップ実態調査報告」に基づいて、都内のアンテナショップの新設店と既存店の推移を五年ごとに取りまとめたものである。一九九六年以前は東京都区部でアンテナショップは五店舗しか開設されていなかったが、二〇〇〇年に入ると地方ブームの流れに乗って都区部に相次いで新設された。特に二〇一二年からの五年間で新設店数は二〇店舗にも上り、二〇〇二年からの五年間の新設店舗数一四店を上回っており、これは第二次出店ブームと呼ばれてい

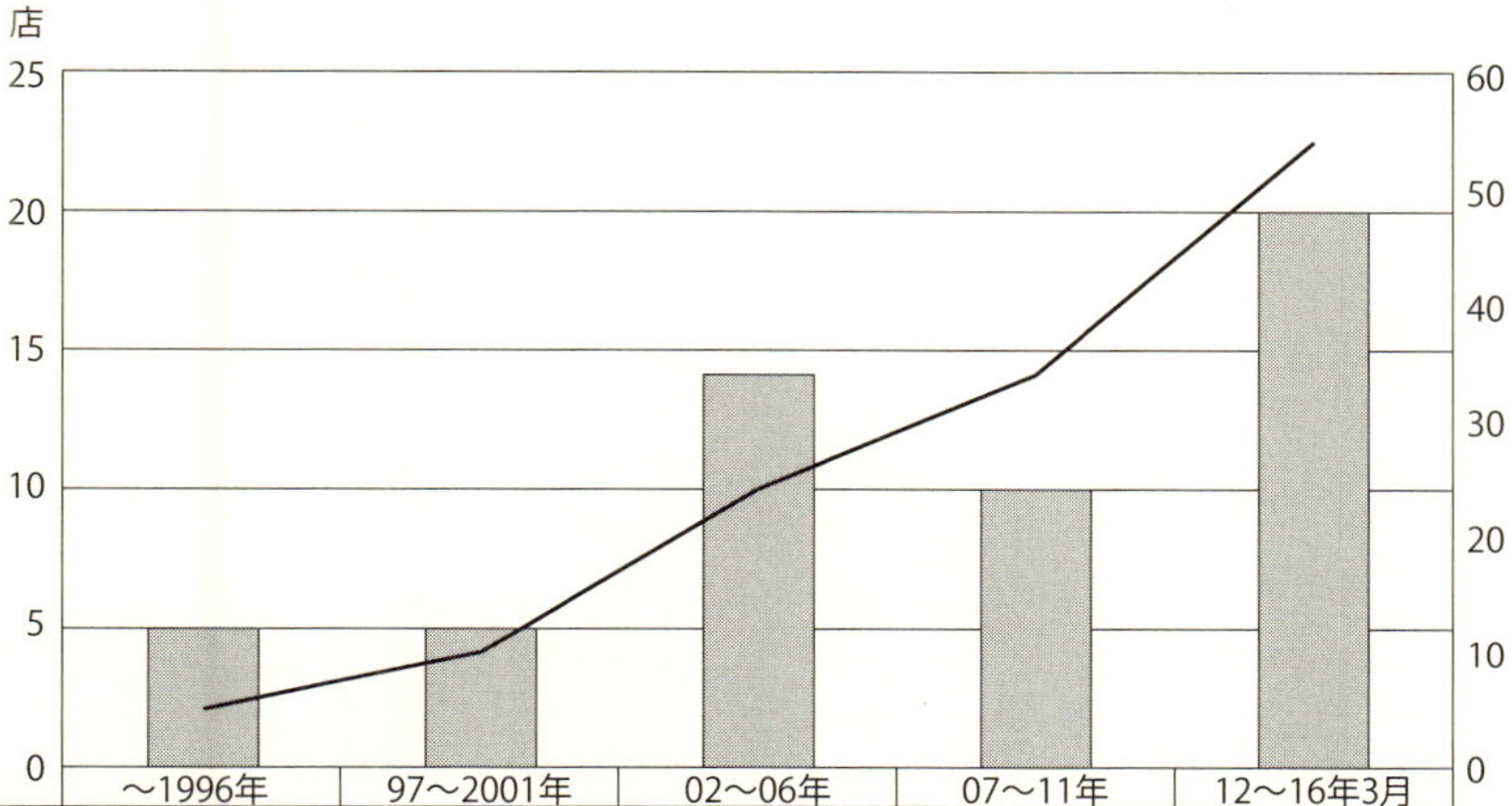

	～1996年	97～2001年	02～06年	07～11年	12～16年3月
新設店	5	5	14	10	20
既存店	5	10	24	34	54

図1　都内のアンテナショップの新設店・既存店の推移
出所：平成28年度自治体アンテナショップ実態調査報告より作成（一般財団法人地域活性化センター）

る。近年、このようなブームを下支えしているのが、市区町村などが運営主体となるアンテナショップの開設であり、二〇一六年には、中川町（北海道中川町交流サテライトスペースナカガワのナカガワ）、青森市（あおもり地域ビジネス交流センターAoMoLink～赤坂～）や、長浜市（びわ湖長浜KANNON HOUSE）のアンテナショップが相次いで新設された。また、自治体によっては、奈良県（ときのもり）や長崎県（日本橋長崎館）のように二店舗目を出店するところも現れている。[1]

東京都区部内の出店エリアでは、銀座・有楽町界隈が全体の三割近くを占めているが、そのエリアも新橋や八重洲に拡大し、特に日本橋エリアでは、奈良県に続き長崎県、富山県などが新たに出店し、都心部の新たな集積地としての存在感を強めている。

（1）長崎県の第一店舗（長崎よかもんショップ・四谷）は二〇一七年三月に閉店となっている。

1　アンテナショップ開設の契機

東京都内に自治体による観光物産案内所が設置されたのは、昭和八（一九三三）年の東京駅前の旧丸ビル一階「地方物産陳列所」が最初とされている（図2）。なお、これについては、『丸の内百年のあゆみ――三菱地所社史上巻』に記録が残っている。そこでは、次のように記されている。「昭和七年（一九三二年）、丸ビルの空室対策を兼ね、併せて全国地方物産の東京進出を図り地方産業振興の一助に資するため、丸ビル商店街の空室を利用して地方物産陳列所新設の計画が持ち上がった。この計画は翌八年四月一日から実施され、一階北側一四〇区ほか（約五二坪）に丸ビル地方物産陳列所がオープンした。同陳列所は郷土色豊かな地方の物産を陳列し即売もすることとしたが、日々の売上げも相当の額に上った。地方物産の紹介、あっせん、宣伝も各府県と連携して徹底を期し、将来は国際観光局方面とも連携して内外観光客の便宜を図る計画であった。[2]」

この「地方物産陳列所」は、国内の観光客だけでなく、海外の観光客に対しても国産品の海外宣伝が主たる目的であった。また、海外からの観光客のために、ジャパン・ツーリスト・ビューロー（日本旅行協会）による旅行案内所が設置されていた（図3）。

この「地方物産陳列所」への各自治体からの申し込みは予想外に多く、北海道、秋田、岩手、新潟、山梨、石川、京都、香川、島根、山口、福岡、熊本、鹿児島、沖縄の各都道府県と金沢市の一五自治体からの参加申し込みがあった。当初準備した陳列所では手狭と

（2）三菱地所株式会社社史編纂室編、一九九三年、三六二頁

図2　丸ビル地方物産陳列所（昭和9年当時）
出所：三菱地所株式会社社史編纂室編、1993年、363頁

図3　地方物産陳列所内に設置された旅行案内所
出所：三菱地所株式会社社史編纂室編、1993年、363頁

なり、三か月後に第二陳列所を同じ一階スペースに増設している。

また、開設当初の売上げも記録に残っており、四月一一日から一五日までの五日間の売上げ平均では、熊本県が四七・七円で最も多く、金沢市が四二・四円、山梨県が三五・九円で続き、石川県が五・三円で最も少ない。なお、現在の価格になおすと熊本県の一日当たりの売上げは約一一八万円で、単純に一年間では四億三〇〇〇万円となる。

自治体による陳列所の開設はその後も増加し、丸ビル一階のスペースでは新規申込みに対応できないので、従来の第一・第二陳列所を併合して二階北側広間に移転拡張した。昭和一〇（一九三三）年一〇月時点で二五自治体が陳列所を開設していた(3)。

その後、昭和四〇年代には、東京駅八重洲口の国際観光会館、鉄道会館へ集積が進む。当時は各自治体の小規模ブースが集合する形態であり、現在のような大型の独立店舗「自治体アンテナショップ」が出現したのは、平成六年ごろからで、八重洲地区の再開発による移転対策として、先行して出店した銀座わしたショップ（沖縄県）、かごしま遊楽館（鹿児島県）の成功例が他団体を誘引した。

2　自治体アンテナショップとは

アンテナショップは、一般には流通や経営的な側面から捉えられており、民間の事業者により設置される店舗では、市場調査や顧客の商品イメージ調査などで利用される。

自治体が設置するアンテナショップについては、これまで特定の定義はないが、薄上・

（3）三菱地所株式会社社史編纂室編、一九九三年

松隈・仲本[4]ではアンテナショップを「地域特産品の宣伝・販売、観光・イベント情報の提供、地元産業の紹介などの活動によって、地域ブランドの認知度を向上させ購買・消費を促進するための、地方自治体が直接・間接に運営する店舗または出先機関」であると述べている。また畠田[5]は「単なる観光案内や事務所機能だけではなく、地域の総合情報を受発信するとともに、特産品販売や飲食施設等を設置している店舗」であると定義づけている。これらから言えることは、自治体アンテナショップとは、①主に地方自治体により直接・間接的に開設運営されている施設であり、②設置の目的は地域振興で、地域特産品の販売やPR活動、観光地への誘客などを積極的に行うことで、③都心部の立地を生かし、地域のあらゆる情報を都心部に向けて発信している店舗であるといえる。

(4) 薄上・松隈・仲本、二〇〇九年、三一―五三頁

(5) 畠田、二〇一〇年、三四―三六頁

3 アンテナショップの入館者

アンテナショップへの入館者数は店舗によって違いがある。北海道（北海道どさんこプラザ有楽町）、栃木県（とちまるショップ）、新潟県（表参道・新潟館ネスパス）、沖縄県（銀座わしたショップ）の人気店では、年間一〇〇万人を超える入館者数がある一方で、他店舗の多くは一〇万人を下回っている。図4は二〇一〇年から七年間のアンテナショップの入館者数の推移である。二〇一〇年度には、二〇万人を超えるアンテナショップは全体で三割程度に過ぎなかったが、七年後には約過半数にまで増加している。しかし、一〇万人を下回る店舗も相変わらず全体の四割程度に上り、新設店などにとっては入館者の確保は現状と

しては難しい。入館者の確保には、地域ブランド創出や商品戦略などを明確にし、店舗に直に足を運ばせるための積極的なＰＲが必要である。

4　アンテナショップの売上げ

アンテナショップの新設店舗が増える一方で、閉店や移転に追い込まれるケースも目立つ。ネット通販で地域の特産品を購入する動きも広がり、他店との差別化を図らなければ、都市部といえども足を運んでやってくる人は少なくなる。アンテナショップは東京都区部の一等地に開設される場合が多く、それだけ家賃経費などもかさむ。もちろん、それに見合うだけの売上げがなければ赤字経営となる。一般財団法人地域活性化センターによると、二〇一六年度のアンテナショップの年間売上額では、独立店舗の五六店舗中三七店舗が年間一億円以上の売上額を上げている。二〇一五年度、初めて年間売上額一〇億円を超える店舗が一店舗出たが、二〇一六年度はない。北海道どさんこプラザ有楽町、ひろしまブランドショップＴＡＵ、銀座わしたショップの三店舗は一〇億円には届かなかったものの七億円を上回っている。

図５は二〇一〇度年から一六年度までの年間売上額割合の推移を示している（一般財団法人地域活性化センターの調査に基づくもので、未回答は含まれていない）。二〇一六年度では、一億円から三億円未満の店舗が最も多く四〇％を占めており、それに三〇〇〇万円未満の店舗が約二二％で続く。二〇一〇年からの推移をみると、当初、五〇〇〇万円～一億円未

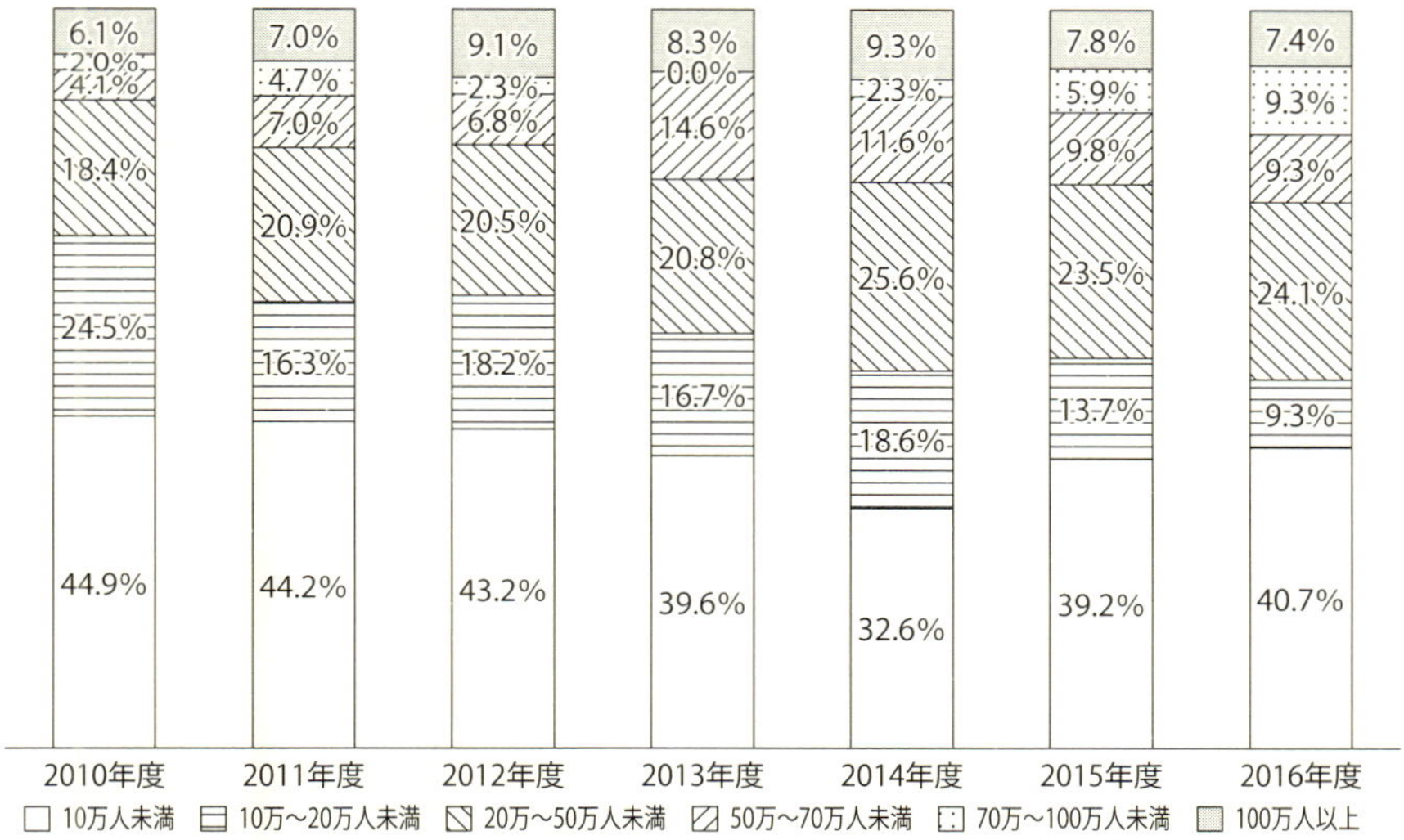

図4　アンテナショップの年間入館者数割合の推移（%）

出所：自治体アンテナショップ実態調査報告の各年度版より作成（一般財団法人地域活性化センター）

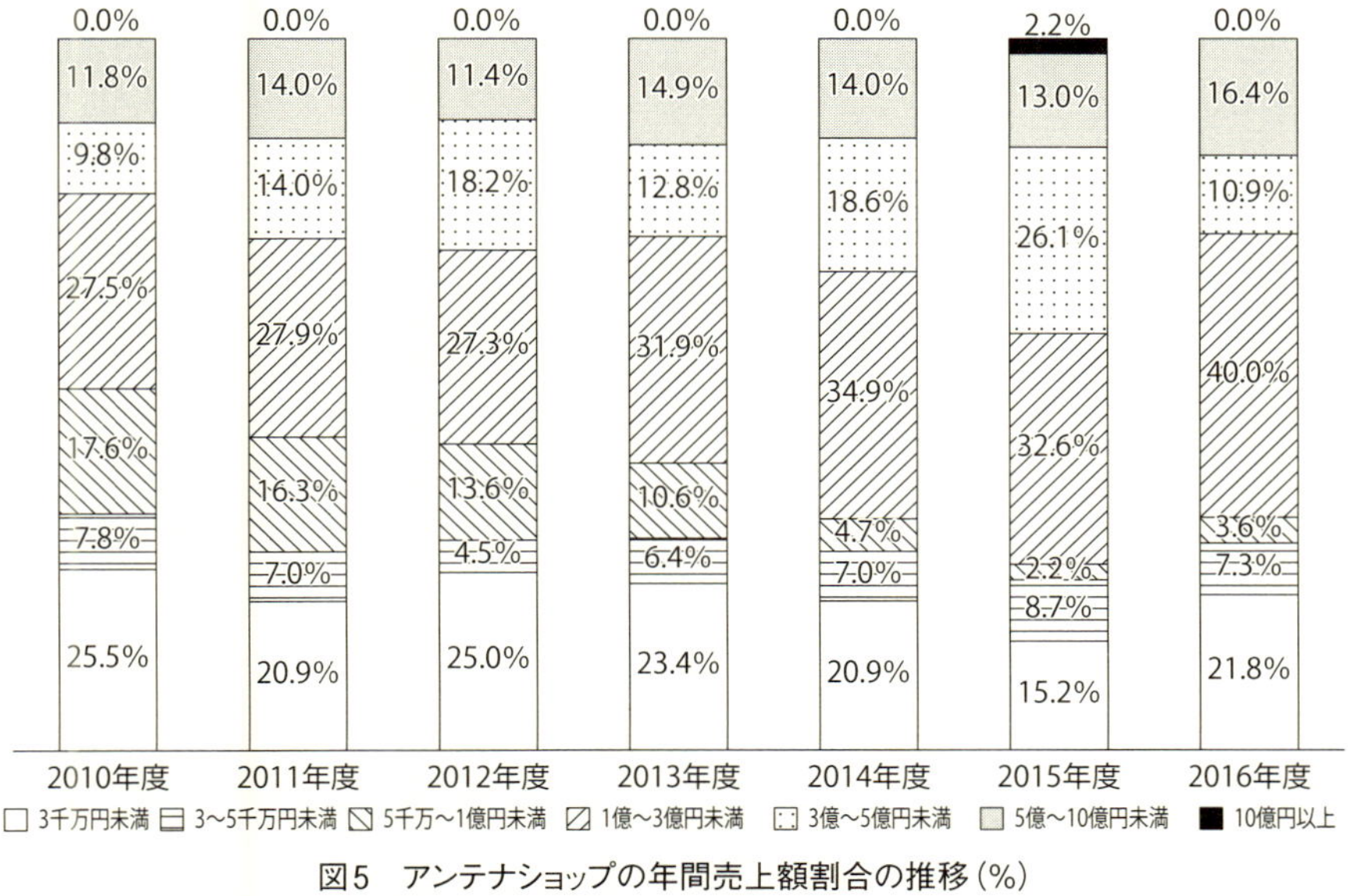

図5　アンテナショップの年間売上額割合の推移（%）

出所：自治体アンテナショップ実態調査報告の各年度版より作成（一般財団法人地域活性化センター）

満の売上額を上げていた店舗は減少傾向を示し、三億円から五億円未満の店舗は増加傾向を示している。一億円以上の売上額を上げる店舗は二〇一二年以降過半数を超え、その割合は徐々に増えている。二〇一六年度一億円～三億円未満の店舗は二二店舗で急増している。しかし、三〇〇〇万円未満の店舗も多く、二〇一六年度は一二店舗に上り、赤字経営を余儀なくされていることは想像に難くない。アンテナショップの中には、赤字負担の削減のため、集合型店舗として開設するところもある。徳島県（なっ！とくしま）は、二〇〇九年に自治体アンテナショップとしては、全国で初めてコンビニエンスストア内にアンテナショップを開設した。

5　開設目的と運営効果

上記で述べたように、多くの自治体が東京都区部にアンテナショップを開設している。しかし、自治体の開設目的とは何であろうか。図6は自治体アンテナショップを開設する際の目的と運営効果に関する調査結果（複数回答）である。開設目的としては、「自治体のPR」を挙げる自治体が最も多く五四店舗に上る。次に「特産品のPR」「特産品の販売拡大」「地域情報発信（マスコミ等）」「田舎暮らし・UIJターン」などを挙げる自治体が八割を超えている。東京都区部において地元特産品の知名度を上げ、その地域名を東京から全国に発信していきたいとの狙いがあるようだ。実際、それらの開設目的の多くは予想どおりの運営効果を各店舗において上げている。「観光案内・誘客」については、「観光

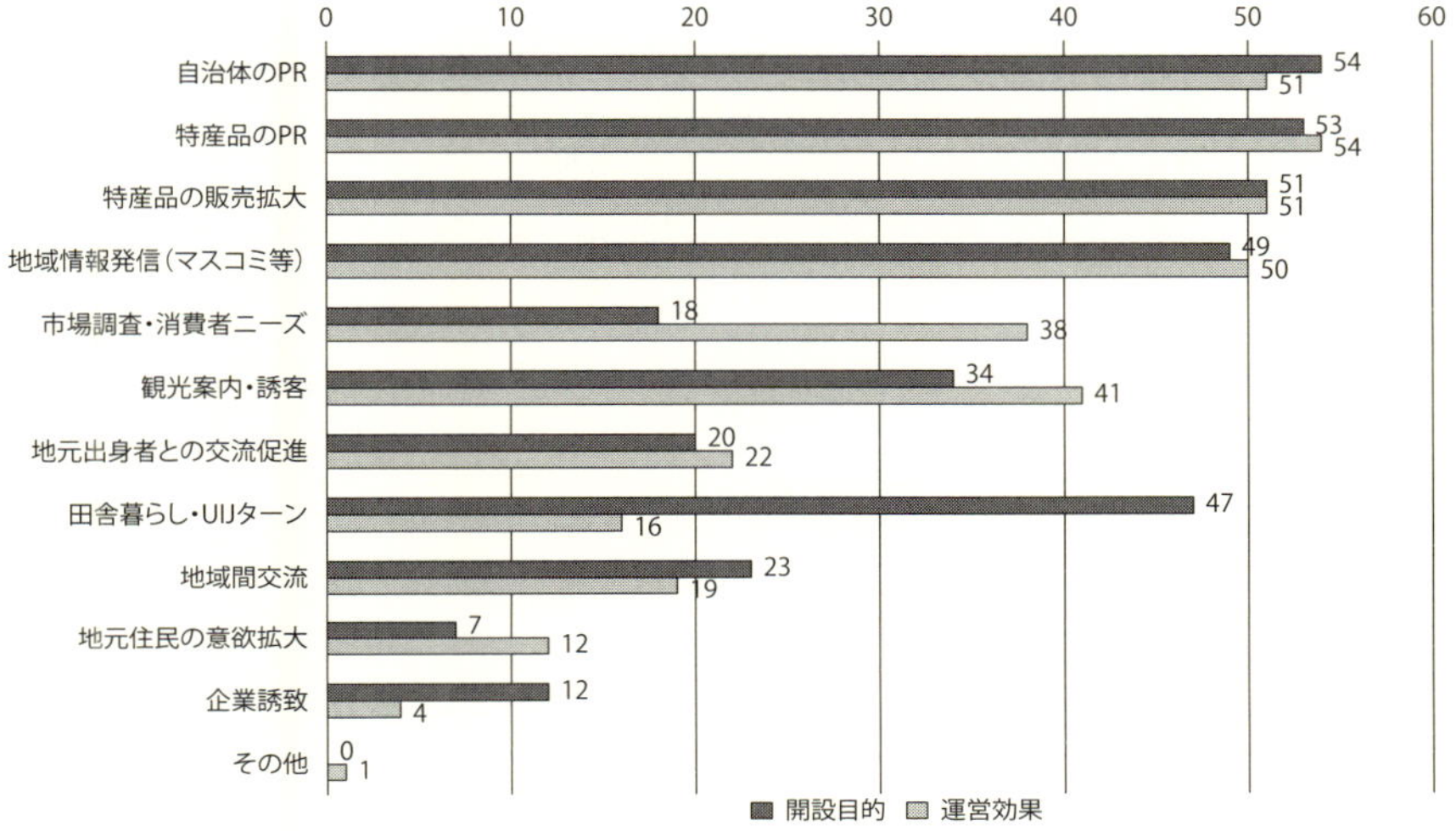

図6　開設目的と運営効果の比較（単位：店舗数）

出所：平成28年度自治体アンテナショップ実態調査報告より作成（一般財団法人地域活性化センター）

客の増加」として、四一店舗が運営効果を認めている。一部のアンテナショップでは、パンフレットを置くだけでなく、観光案内人や旅行コンシェルジュなどの専門家を配置して、地元観光地への誘客を積極的に行っている。最近では通訳ガイドなどを入れ、インバウンドにも対応しているアンテナショップも現れている。しかし、実際に観光客数が増えても、それがアンテナショップ効果によるものなのか把握できないというのが実情である。これは「田舎暮らし・ＵＩＪターン」についても同様であり、運営の難しさを示している。なお、「市場調査・消費者ニーズ」「地元出身者との交流促進」「地元住民の意欲拡大」は、開設目的よりも運営効果の方に回答数が多い項目であり、特に「市場調査・消費者

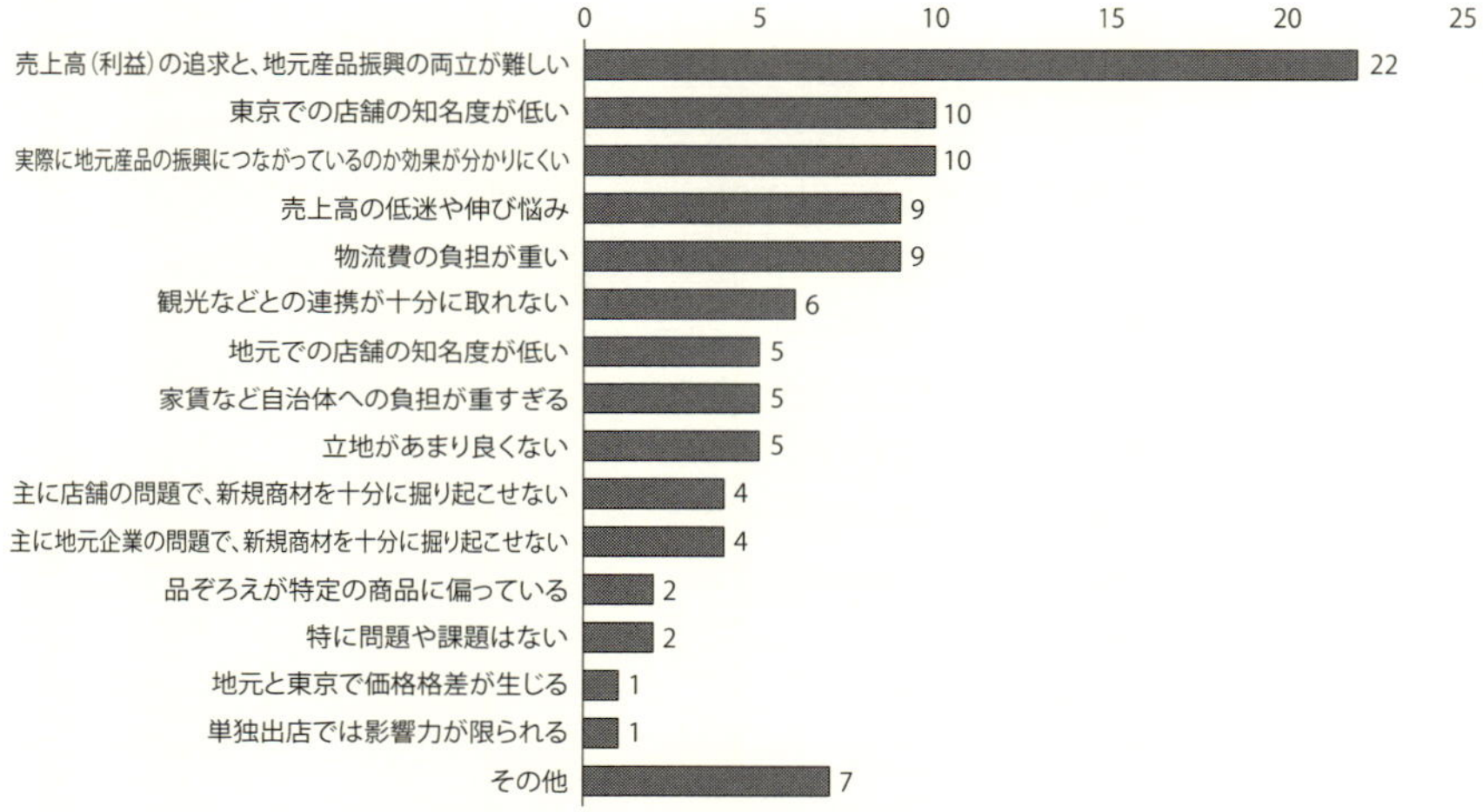

図7　アンテナショップの運営上の悩み（店数）

出所：日経グローカル No.288（2016年3月21日号）42頁より作成

ニーズ」の運営効果は高く評価されている。東京都区部の消費者ニーズを把握し、地元の特産品の開発や売れ筋商品の販売戦略、地域ブランド構築、交流促進などを考える上でまさにアンテナショップは重要な拠点となっている。

6　アンテナショップの運営上の課題

アンテナショップを設置し、運営していく中で、多くの自治体はさまざまな課題を抱えている。図7は、自治体により課題として上げられたものである。選択肢の中で圧倒的に回答数の多かったものは、「売上高（利益）の追求と、地元産品振興の両立が難しい」で二二店舗が回答している。次いで「東京での店舗の知名度が低い」、「実際に地元産品の振興につながっているのか効果が分かりにくい」が一〇店舗で、「売上高の低迷や伸び悩み」、「物流費の負担が重い」が九店舗と続く。その他の項目では、「物流に時間を要し取り扱える商品が限られる」、「設置効果の検証が難しい」などの経営上の課題が多くを占める。アンテナショップは自治体のＰＲや特産品の知名度向上、観光客や定住者誘致などが主要な目的であるため、経営上の指標は過小評価される傾向にある。しかし、自治体が設置する以上、住民の税金が投入されるため、費用対効果としての数値上の説明が求められる。その意味で、売上高の増加や物流費の削減は経営上避けて通ることのできない課題である。

7　アンテナショップの人気店

(1) 北海道どさんこプラザ有楽町店

人気アンテナショップランキングでいつも上位にくるのが「北海道どさんこプラザ有楽町店」である。一九九九年に北海道庁が、市場の動向や消費者の道産品に対する反応を探るために設置し、道内の民間業者が委託業務として運営を行っている。東京交通会館の一階にあり、立地場所もよい。現在、どさんこプラザは有楽町店を皮切りに札幌、相模原、名古屋、池袋、仙台、さいたま、吉祥寺に店舗を開設している。またシンガポールにも海外一号店が開設され、幅広い運営を行っている。

二〇一五年度、どさんこプラザ有楽町店は年間売上額で初めて一〇億円を超えた。これは近年の北海道産食材の人気が追い風となっている面もあるが、他の多くのアンテナショップの年間売上額が一億円前後であることを考えると、利用者が買いたくなる商品や売れ筋商品を即座に把握し、商品の物流や品揃えがそれにうまく対応できていると考えられる。店舗内には常時一〇〇〇種類以上の商品が並び、実際に百貨店やスーパーで手に入りにくい道産商品も常備しており、週に何度も店舗を訪れる地元客も増加しているようだ。なお、国内のどさんこプラザ全店舗の年間売上額も二〇一五年度に初めて二〇億円を超えた。

商品としては、北海道スウィーツ、海産品、畜産品、乳製品、お酒などがあり、定番のソフトクリームは、夏場では一日一〇〇〇本以上も売れる。イートインスペースも確保さ

図8　北海道どさんこプラザ有楽町店

図9　店舗内での地元特産物展示

れており、気軽に店内で飲食を取ることができる。

（2）三重テラス

二〇一三年九月、三重県は初めて東京都区部内の日本橋室町開発ゾーンにアンテナショップを開設した。自治体としては、開設時期で遅れをとっていたが、開設当初から人気を博し、開設四年度目の二〇一七年三月末時点で入館者は累計二二〇万人を超えた。これを一日当たり平均でみると、一七〇〇人近くが入館している。ショップやレストランでの年間売上額は、二〇一六年度は前年比六％増の約二億六〇〇〇万円で、一日当たり七二万円の売上げを上げている。二〇一六年に三重県が行った入館者へのアンケートでは、女性が六割で、年代別では四〇から六〇歳代が全体の約三分の二を占めている。入館は二回以上と答えたリピーター客の割合は五三％であった。

図10　三重県三重テラス

店舗内の主力の商品としては、松阪牛、伊勢うどん、伊勢茶、牡蠣などの食品に人気が高く、伝統工芸品指定「伊勢木綿」生地を使ったオリジナル商品なども販売している。店舗内には約一三〇〇品の商品が並ぶ。商品戦略としては、三重県内と三重テラスでなければ買えないものを店舗内で販売することによりリピーター客の好循環を生み出している。店舗に併設されたレストランは、伊勢神宮の「御厨《みくりや》」をコンセプトにして和を基調とした内装となっており、松阪牛や伊勢エビのほか、イタリアンなどのメニューを揃えている。

図11　奈良県奈良まほろば館

（3）奈良まほろば館

奈良県は、二〇〇九年四月に日本橋室町に初めてアンテナショップを開設した。二〇一七年二月開設以来七年一〇か月で入館者二〇〇万人を達成した。年間三〇万人に迫る入館者を記録し、多い日には一日一〇〇〇人ほどの入館者がある。奈良まほろば館は、一階を売場スペースとして県内の民間事業者に委託し、二階を県東京事務所として使用している。年間の売上額は開設当初は七〇〇〇万円から九〇〇〇万円台で推移していたが、ここ数年は一億円を超えている。奈良県の強みを生かすために、奈良の有名寺社の僧侶による法話、学芸員等による講座、写経などの文化教室を開き、奈良ならではのイベント開催に力を入れている。

店舗内での売上上位の商品としては、「柿の葉寿司」「田舎揚げ」「葛ようかん」「柿日和」などの加工食品や菓子類が占めており、地域的に知名度が高い定番商品として「柿」を食材とした商品が多い。生柿や大和野菜などの県産生鮮品の販売にも力を入れ、他店舗との差別化を図っている。

二〇一六年一月には、二店舗目のアンテナショップ「ときのもり」を白金台に開設した。複数のアンテナショップを開設している自治体は増えてはいるものの、全国的にはさほど多くはない。一階はカフェ&ショップ、二階はレストランとなっており、奈良の吉野杉や吉野檜、草木染の和紙をふんだんに使用して奈良の魅力を感じさせるデザインとなっている。

おわりに——今後のアンテナショップの展望

近年、東京都区部内に積極的にアンテナショップを設置する動きが多くの自治体でみられる。それらは特産品のｐＲや観光誘致が大きな目的ではあるが、設置や運営にかかる費用を考えた場合、経営上採算が合わないところも多い。実際、アンテナショップへの公的投入額は最小三〇〇万円から最大で二億円程度といわれており、年間売上額が平均一億円程度のアンテナショップでは赤字損益を自治体の補助金でやっと賄えているのが現状である。しかし、このような経営的リスクがあるにも関わらず、東京都区部の銀座・有楽町、日本橋などへの立地が優先されている。これは、これらの高級地に立地することで、自治体のブランド力や知名度が高まり、物販販売による資金の還流、観光客や移住者の流入、そして雇用などが創出されると考えられるからである。

今後、地方創生が進む中で、アンテナショップに対して地方へのゲートウェイとしての役割が一層求められるであろう。特に、その対象は訪日外国人観光客に向かうことが予想される。

〔参考文献〕
上村博昭「東京都区部における自治体アンテナショップの立地展開と規定要因」『尚美学園大学総合政策論集』二四、二〇一七年
薄上二郎・松隈久昭・仲本大輔「地域ブランドの推進と地方自治体によるアンテナショップの課題」『大分大学経済論集』六一（三）、二〇〇九年
畠田千鶴「自治体アンテナショップ花盛り！　都内店舗増加中～自治体アンテナショップ実態調査から」『観光とまちづくり500』二〇一〇年
三菱地所株式会社社史編纂室編『丸の内百年のあゆみ――三菱地所社史上巻』一九九三年

〔追記〕（二〇二二年一月）

二〇二〇年以降、新型コロナウイルス感染症拡大の影響もあり、多くの店舗が閉店や移転に追い込まれている。人気店の「北海道どさんこプラザ」では、相模原店が閉店し、町田店と羽田空港店が開店した。併せてバンコクに新たな店舗が開設された。奈良まほろば館は、二〇二一年八月に日本橋から新橋に移転し、リニューアルオープンした。また、白金台の「ときのもり」は二〇二〇年三月に閉店した。

人気店舗の1つ沖縄県「銀座わしたショップ」

店舗外にも行列ができる「ひろしまブランドショップTAU」

コラム

東京で出会う「沖縄」

越智郁乃

「沖縄ではどんな感じで飲むの?」

池袋の沖縄料理屋。ゴーヤチャンプルーをほおばった友人が、ふいにこんなことを聞く。これに答えるのはなかなか難しい。ここでは「めんそーれー!(いらっしゃい!)」とエイサー(沖縄のお盆に踊る念仏踊り)の格好の店員さんが迎えてくれて、メニューは、チャンプルー類、沖縄そば。おつまみは島らっきょうにスーチカー(豚肉の塩漬け)と沖縄料理のオンパレード。お酒はオリオンビールに沖縄各地の泡盛(主にタイ米で作った焼酎)をグラスで。土日の島唄ライブではＴＨＥ ＢＯＯＭの『島唄』やＢＥＧＩＮの『島人の宝《しまんちゅぬたから》』が店内に流れ、「イヤーサーサー! ハイヤー!」という掛け声とともに皆が賑やかに踊る。

…でも、沖縄の居酒屋といえば…。

私は研究のため、一年間沖縄県那覇市で暮らしていた。その時にお世話になった家のお父さんは酒とカラオケが大好き。連れて行ってくれる飲み屋といえば、いわゆるスナックで、カウンターにテーブル席が二つ三つ。おしぼりと一緒に出される先付はポテトサラダだった。まずはオリオンビールで乾杯。店にはカラオケが一台あり、団塊世代のお父さんが歌うのは、日本の歌謡曲ばかり。お父さんの十八番は小林旭の『昔の名前で出ています』(若い学生さんはYouTubeで検索してください)。

お父さんが若い頃には小林旭派と石原裕次郎派に分かれて争ったらしい。いずれも本土日本のスターたちだ。日本のエンターテイメントが沖縄の若者たちを惹きつけた同時期、多くの若者たちが本土日本に働きに出た。(1) そ

図1　高田馬場の名店「ハイビー」。31年続くお店のマスターは実は石川県出身

図2　東京では珍しい「ミヌダル」。ゴマダレが蓑のように豚ロースをくるんでいて、ゴマの香ばしさと豚脂の甘みを感じる一品

の一人だったお父さんは、今宵も旭の歌をチョイス。画面の歌詞の背景には、横浜かどこかの夜景が映る。歌が終わる頃には、ママさんが泡盛のボトルに氷と水のセットを出してくれる。沖縄では泡盛はボトルで入れたほうが断然お得だ。飲み切らなくても、もう二度と行かない店でもボトルを入れる。近くの店から餃子の出前をとることも。ある意味、日本のどこにでもあるスナックで見る光景。

…と話すと、がっかりする人もいるかもしれない。しかしそれは、私たちが毎日和服で和食を食べないのと同じ。だからと言って、観光客が沖縄で出会うような「沖縄らしさ」でいっぱいの沖縄料理屋がテーマパーク的空間だともいえない。

その日、ライブで歌った男性は歌の合間にこう言った。「僕は沖縄人二世で、親からは沖縄方言をしゃべるなと言われて育ちました。差別されるから。でも、こうして歌を通じて沖縄と繋がっていてよかったと思います」。お父さんからも本土での差別体験をよく聞いた。標準語がうまくしゃべれない苛立ちの中で、歌は彼の心の支えになった。沖縄らしさに囲まれた池袋の沖縄料理屋で、なんとなく那覇のお父さんと一緒に飲んでいる気分になった。メニューも格好もぜんぜん違うのに。そんな思いを友人にどうやって伝えよう。

絵にかいたような沖縄らしさを求めるなら、池袋の沖縄料理屋に行くもよし。単なるスナック好きなら、那覇の桜坂で飲むもよし。しかしそのどちらも深いところで、まさしく沖縄らしい沖縄が脈打っている。(2)

〔注〕

(1) 沖縄からの本土就職者については、岸政彦『同化と他者化 戦後沖縄の本土就職者たち』(ナカニシヤ出版、二〇一三年)に詳しく論じられている。

(2) ちなみに沖縄の家族層に人気の居酒屋の一つは「北の家族」だったりする。

東京ディズニーリゾートと日本文化

——豊田由貴夫

はじめに

この章では、東京ディズニーリゾートの人気の要因を考えてみよう。なぜあれほど人気があるのだろうか、なぜあれほど多くの人が東京ディズニーリゾートを訪れるのだろうか、という問題である。東京ディズニーリゾートの成功要因に関しては、これまで主として経営学的な分野から議論されることが多かったが、ここでは日本との関係から文化的な要因について考えてみることにしたい。アメリカ文化の象徴とでもいうべきディズニーの文化がなぜ日本で人気があるのか、文化的な面から東京ディズニーリゾートの人気の要因を考えてみるのは十分意味があるだろう。

1　テーマパークとしての東京ディズニーリゾート

最初に東京ディズニーリゾート（以下、ＴＤＲ）の人気の高さを確認しておこう。表1は二〇一七年における世界のテーマパークの入園者数によるベストテンを示したものである。[1] これによると東京ディズニーランド（以下、ＴＤＬ）は世界で三位、東京ディズニーシー（以下、ＴＤＳ）は五位となっている。アメリカのディズニー関係のテーマパークが上位を占める中で、ＴＤＬ、ＴＤＳともに健闘していると言ってよいであろう。異なるテーマパークの人気を比較するのは容易ではないが、「日本人にとっての東京ディズニーリゾートは、アメリカ人にとってのディズニーランドよりも人気がある」という表現はあながち誇張ではない。[2]

表1　入園者数による世界のトップ10テーマパーク

順位	テーマパーク名	国	入園者数
1	マジックキングダム（WDW）	アメリカ	20,450
2	ディズニーランド	アメリカ	18,300
3	東京ディズニーランド	日本	16,600
4	ユニバーサル・スタジオ・ジャパン	日本	14,935
5	東京ディズニーシー	日本	13,500
6	アニマル・キングダム（WDW）	アメリカ	12,500
7	エプコット（WDW）	アメリカ	12,200
8	上海ディズニーランド	中国	11,000
9	ハリウッド・スタジオ（WDW）	アメリカ	10,722
10	ユニバーサル・スタジオ	アメリカ	10,198

（単位千人）

出所：Themed Entertainment Association, 2017 TEA/AECOM Theme Index（TEA Website）, WDW は Walt Disney World を示す

さらに図1は開園以来のＴＤＲの入園者数の変化を示したものであ

（1）Themed Entertainment Association（TEA）ウェブサイト http://www.teaconnect.org/publications（二〇一八年一一月一七日最終アクセス）

（2）Toyoda (2014)

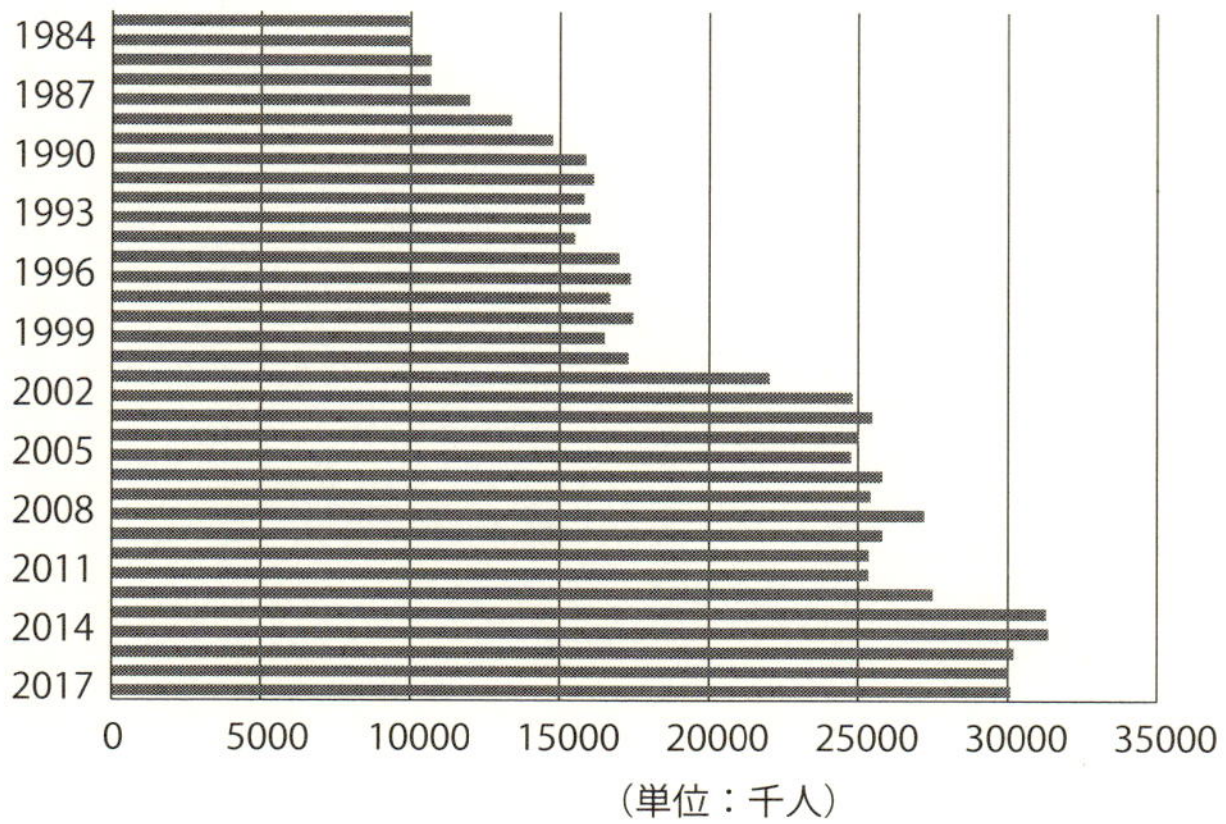

図1　東京ディズニーリゾートの入園者数の推移
（オリエンタルランド社ウェブサイトによる）

る。開園時の一九八三年に約一〇〇〇万人であった入園者数（ＴＤＬのみ）は一九九〇年から一五〇〇万人を超え、一九九〇年代後半には約一七〇〇万人を維持するようになった。二〇〇〇年の一七〇〇万人という入園者数は、当時の世界にあるディズニーパークの中で最高の入園者数であったという。翌年の二〇〇一年にＴＤＳがオープンし、以後、二つのテーマパークを合わせたＴＤＲとしては二〇一一年まで毎年約二五〇〇万人を維持するようになった。二〇一三年、開園三〇周年を迎えてＴＤＲの入園者数は三〇〇〇万人を超え、それ以後は毎年三〇〇〇万人以上の入園者数を維持している。

毎年三〇〇〇万人ということは、日本の人口が約一億二五〇〇万人ということを考えれば、平均で日本人の四人に一人が毎年ＴＤＲを訪ねているということになる。赤ん坊から老人まで、そして北海道から沖縄まで、日本人の四人に一人が、毎年一回はＴＤＬかＴＤＳを訪ねているということである。そして入園者が出費する額が平均で一万円を超えることを考えると、(3) ＴＤＲは毎年三〇〇〇億円以上の売り上げがあるということになる。しか

（3）入園者の一人あたりの支出額は二〇一七年の時点で一万一六一四円である（オリエンタルランド社ウェブサイト http://www.olc.co.jp/tdr/guest/profile.html：二〇一八年一一月一七日最終アクセス）。

もこれはパーク内だけであり、パーク以外での関連事業は含まれていない。ＴＤＲの経済効果がいかに大きいかがわかるだろう。

しかしＴＤＲがＴＤＬとして開園した時、このような成功が予想されていたわけではなかった。多くの専門家がＴＤＬの成功を疑った。アメリカ文化の象徴とでもいうべきディズニーの文化が日本に受け入れられるか疑問視されたし、ディズニーの人気はもう落ち目だとも考えられた。初期投資額も大きすぎて長期的に見たとしても採算はとれないだろうとも言われた。(4) 京葉線もまだ開通していなかった浦安はそれほど便利な場所とは考えられていなかったし、アトラクション料金を別にした入園料二五〇〇円というのも、一部にはべらぼうな額と考えられた。

しかしＴＤＬは大成功だった。既に述べたように、開園後すぐに年間入園者数は一〇〇〇万人を超え、二〇〇〇年までにはこれが一七〇〇万人まで増え、現在ではＴＤＲとして三〇〇〇万人を超えるにいたったのである。ＴＤＬの開園は一九八〇年代の日本における最大の文化的事件であるとまで言われた。(5)

一九八三年の四月にＴＤＬが開園し、同年の七月にやはり巨大なテーマパークである長崎オランダ村が開園したことから、一九八三年は日本におけるテーマパーク元年と言われた。この後、ＴＤＬの成功に刺激されたこともあり、四〇ほどの様々なテーマパークが日本各地に開園するが、多くはバブル経済の衰退とともに閉園となった。(6) 二〇一五年における遊園地・レジャーランド市場規模は七六四〇億円であり、同市場におけるオリエンタルランド社（ＴＤＲの経営組織）のシェアは四七・七％となっており、約半分を占めていることになる。(7) これに続いているのがユニバーサルスタジオジャパン（ＵＳＪ）であり、日本

（4）　毛利、一九九九年

（5）　能登路、一九九〇年

（6）　この時期に作られたテーマパークの多くは外国文化をテーマにしたものが多く、「外国文化村」と言われた(Hendry, 2000)。

（7）　公益財団法人日本生産性本部、二〇一六年

の遊園地・レジャーランドの中でＴＤＲは圧倒的な存在となっている。

ＴＤＲの成功要因については、これまで経営学的な視点から様々な指摘がなされてきた。第一は立地の優位性である。東京駅から電車で約一五分の距離にあり、周辺の首都圏には約三五〇〇万人が居住している。この巨大な都市圏がＴＤＲの入園者の主要な供給先となっている。第二は開園時期の適切さである。ＴＤＬが開園したのは一九八三年であるが、一九八〇年代は日本に週休二日制が定着し、それまで働くことが中心であった人々が休暇を楽しむことを考え始めた時期であった。ＴＤＬの開園はまさにそれに重なり合ったのである。開園がもし一〇年早かったらＴＤＬはあれほどには流行らなかったであろうとも言われている。第三は質の高いサービスである。キャストと呼ばれるスタッフは客（ゲスト）から高い評価を得ており、その質の高いサービスについては、経営の視点から多くの解説本が提供されている。この他にも継続的な投資など、様々な成功要因が指摘されている。

以上のような経営学的な要因とは別に、ここでは文化的な要因を考えてみることにしよう。前述したように、アメリカ文化の象徴とでもいうべきディズニーの文化がなぜあれほどまでに日本で人気があるのか、日本人にとってのＴＤＲがアメリカ人にとってのディズニーランドよりも人気があると言われるならば、それはなぜなのか、文化的な面からＴＤＲの人気の要因を考えてみよう。

2　TDRの成功と日本文化

TDRの成功の文化的側面を見るために、まず入園者のプロフィルを見ておこう。男女別の入園者数では六九・六%が女性である。年代別では一八歳から三〇代が五〇・九%と約半分を占め、これに四〇歳以上が二〇・一%と続く。一七歳以下と一一歳以下の比率はそれぞれ二九・〇%、一五・五%であり、相対的に子供よりも大人が多いことがわかる。地域別では関東地方が六三・六%となり、三分の二近くを占める。(8)

現在では提供されていないが、入園回数別のデータというのがある。いわゆるリピーターの率である(図2)。これによれば、TDRに初めて来る人は約二%であり、TDRのリピーター率は九八%ということになる。これは二〇〇〇年の時点でのデータであり、現在ではリピーター率はもっと高いことが予想される。そしてリピーターの中でも三〇回以上来園している人が一九%ということになり、リピーター率の高さがわかるであろう。

以上のデータから見えてくることがある。それはTDRの膨大な入園者数はリピーターによって支えられているということである。TDRに来園している人の約五人に一人が既に三〇回以上来園している。そして典型的なリピーターとは、関東地方つまり首都圏に居住する、一八歳から三〇代の女性ということである。この人たちが何度も来園するために、TDRの入園者数は最終的に年間三〇〇〇万人に達するということである。(9)最初に私は、「平均で日本人の四人に一人が毎年TDRを訪ねている」、「日本人の赤ん坊から老人まで、

(8)　オリエンタルランド社のウェブサイトによる(http://www.olc.co.jp/tdr/guest/profile.html：二〇一八年一一月一七日最終アクセス)。

(9)　付け加えておくべきことは、これらの「首都圏に住む若い女性」は日本の中の「可処分所得が高い集団」と重なるという点である。親とともに居住していることから自分の収入のかなりの部分を自分のために使うことができ、この集団がTDRの多くの入園者数を作り出していることになる。

北海道から沖縄までの人たちの四人に一人が、毎年一回はＴＤＬかＴＤＳを訪ねている」と述べた。しかし事実はそうではないことがわかる。赤ん坊や老人が頻繁に訪れるわけではない。また北海道や沖縄の人が頻繁に訪れるわけではない。そうではなく、首都圏に住む若い女性が何度も来園するので、最終的に年間入園者数が三〇〇〇万という数字になるのである。

そうなるとＴＤＲの人気の原因を考える際の問題設定は、「なぜＴＤＲにあれだけ多くの人が訪れるのだろうか」というよりも、「なぜ特定の人たち（首都圏に住む若い女性たち）は何度もＴＤＲを訪れるのだろうか」ということにした方が適切であるということになる。

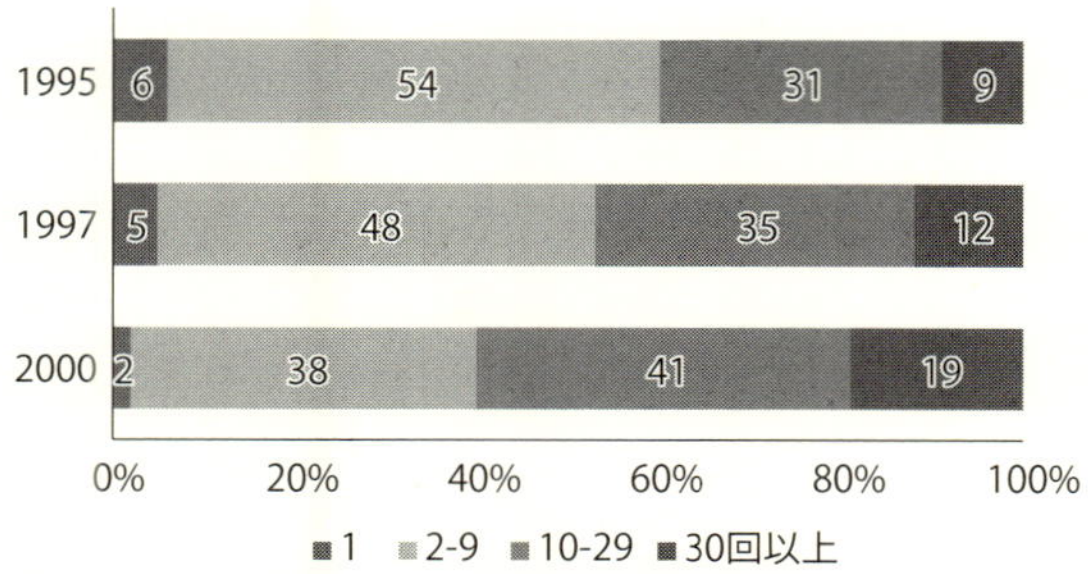

図2　東京ディズニーリゾートの来園回数別来園者比率（Toyoda 2014）

このような問題設定すなわち「なぜリピーターたちは何度もＴＤＲを訪れるのだろうか」という問いに対しては、様々な要因が考えられる。例えば広さ、そしてそれによるアトラクションの数の多さが挙げられる。一度ではすべて体験できないので何度も来ることになるというものである。清潔できれいであるという点も強調される。誇張ではなく、ゴミ一つ落ちていないという状況がスタッフによって保たれており、日本の若い女性の清潔志向を満足させてくれる。また施設の入念さも指摘される。映画のセットを思わせる作りによって「手抜きのなさ」が感じられ、何度訪れても新しい発見があるという。[10] キャ

（10）ＴＤＲを体験してから他のテーマパークに行くと「手抜き」や「安っぽさ」が感じられてしまうというのは、ＴＤＲのリピーターからしばしば指摘される点である（Toyoda 2014）。

ラクターの魅力もしばしば語られる。リピーターはそれぞれ好みのキャラクターがあり、なかでもミッキーマウスはその代表である。さらに期間限定のイベントというのがある。イースター、ハローウィン、クリスマスなどに合わせてその期間だけしか鑑賞できないプログラムがあり、その期間だけしか入手できないグッズが販売されることにより、熱狂的なリピーターは毎回その都度来園することになるのである。

このように、多くの要因がTDRの魅力として考えられるが、ここでは最も重要なものとして、「非日常性」という要因を挙げておこう。

TDRの仕掛けとしてしばしば言われるのが「現実世界からの隔離」である。一度中に入ると、現実世界を感じさせるものは一切目に入らないようになっている。埋め立て地に作られたということもあり、周囲に高い建築物はない。マンションのバルコニーに洗濯物が干してあるというような現実感のある風景は園内からは絶対に見えないようになっている。また入り口にも仕掛けが見られる。入り口を一つにして、入園者が同じプロセスに従って園内へと導かれる。チケットを購入し、園内に入り、まず入り口近くの花壇がある空間を通過し、続いてワールドバザールという屋根のある回廊を抜けると一挙に視界が開け、遠くにシンデレラ城が見える。このように入園の際にいくつかの段階を経ることにより、現実世界からの隔離が強調されるのである。そしてこの「現実世界からの隔離」により、「非日常性」が強調されるのである。

「現実世界からの隔離」は他にも様々な面で見られる。裏側の仕掛けを見せないのもその一つである。スタッフの移動はすべて舞台裏で行われ、表に出ることはない。ゴミの処理もカストーディアルと呼ばれるキャストが「パフォーマンス」として処理し、決してゴミ処理に暗いイメージを与えない。荷物の搬入・搬出でさえも目に見えないように工夫されている。開園当時、弁当の持ち込みが禁止されたことに対して反発もあったが、園内で「おにぎり」などを食べることにより現実世界のイメージを持ち込まれることへの対処ということになる。

この「非日常性の強調」は、実はディズニーランドの創始者であるウォルト・ディズニーの考えに基づいている。彼がディズニーランドを作るときに言った言葉とされるのが「人々がそこにいる間は現実に住んでいる世界を見せたくはない。別の世界にいることを感じて欲しい」という表現である。[11] この考えがアメリカのディズニーランドに適用され、日本のTDRにも適用されたわけである。

図3　アメリカのディズニーランドの入り口に示されている表現

アメリカのディズニーランドの入り口に示されている表現は、まさにこのことを表している。「ここであなたは現実世界を離れ、過去と未来、そして空想の世界に入るのである」と（図3）。

このようなTDRの非日常性という魅力は、リピーターたちへのインタビューにより明らかになる。TDRの魅力を尋ねた際に、彼女たちから返ってくる言葉はしばしば以下のようになる。「[東京] ディズニーランドは…現実とは違う世界です」。「[東京] ディズニーランドは通常の世界とは違う世界にいる気持ちにさせてくれます」。このような彼女たちの発言を考えるならば、TDRの主たる魅力というのは「日常」とは異

（11） King（1981）

なる「非日常性」を感じさせてくれる点にある、と言ってよいであろう。

そしてこの「非日常性」というのは、実は「観光」を文化的な現象として考える際に本質的な要素として強調されるのである。(12) 人々は普段と異なることを体験しようとして「観光」に出かけるのであり、「観光」を楽しめるのはそれが普段とは異なることを体験するからなのである。この意味で「非日常性」は観光の本質的な要素とされるが、TDRはその「非日常性」を究極なまでに推し進めた存在であるということができる。

3 東京ディズニーリゾートvs.アメリカのディズニーランド

それでは、TDRが観光の本質である非日常性を極めているとして、またその非日常性がアメリカのディズニーランド（以下、DL）においても求められているとして、では次に問題になるのは、アメリカのDLとTDRの「非日常性」は同じなのか、という点である。

このような問題意識が出るのは、実はリピーターたちの発言による。リピーターたちがTDRのことを語る時、しばしば聞かれるのが、そこに「アメリカ性」は感じないという発言である。「漠然とアメリカらしさは感じるけれど、特にそこがアメリカだと意識したことはないですね」、「[東京]ディズニーランドは…アメリカではないですね。[東京]ディズニーランドは、そうですね、何と言ったらいいのか…そう、[東京]ディズニーランドが言っているように、『夢と魔法の王国』です」。

(12) Graburn (1989), Urry (1990)

アメリカ人にとってのDLの魅力はこれまで多くの議論がされてきた。様々な主張がなされているが、DLの魅力は基本的には「理想のアメリカ」であるという点であり、それは「古き良きアメリカ」というイメージが中心になっていると言われている。もちろんトゥモローランドは近未来のアメリカであり、フロンティアランドはアメリカから見た辺境の地と言えるが、DLの中心となるイメージは「古き良きアメリカ」のイメージである。アメリカ人にとってのDLは、現実のアメリカに対して「古き良きアメリカ」を中心とする「理想のアメリカ」のイメージを示しており[13]、これによってアメリカ文化の「聖地」となるのだという論理が可能になる[14]。

一方、日本人にとってTDRは、「理想のアメリカ」というイメージを与えるわけではない。日本人はTDRに漠然とアメリカらしさを感じるかもしれないが、それを明確に理解するわけではない。それでは多くの日本人がアメリカらしさを感じるわけではないとしたら、日本人にとってTDRはどのようなイメージと考えればよいのであろうか。

オリエンタルランド社がTDLを日本に建設した時、こころがけたのは「アメリカのディズニーランドをそのまま日本に持ち込もうとした」という点だという[15]。この意味で、TDR（あるいはTDL）とアメリカのDLは、イメージを発信する側としてはそれほど差異はないと言ってよい。もちろん実際のTDLの建設に際しては、本家のDLから様々な変更点が加えられたのだが[16]、以上のことを考えると、それは本質的な変更とは考えにくい。TDLはできるだけアメリカのDLと同じように作られたのである。少なくとも製作側はそう意図した。だとすればTDRとDLは、イメージを発信する側としては基本的に同じということになる。しかし同じように作られたものでも、イメージを受容する側にとっては、

(13) 現実のアメリカとDLは以下のような対比で語られる。仕事／遊び、大人／子供、汚い／きれい、貧しい／豊か、危険／安全、だらしない／きちんとしている、寒い／暖かい、いつもの／祭り気分の（Gottdiener, 1982, King, 1981）

(14) 能登路、一九九〇年

(15) Brannen (1992)

(16) 潜水艦のアトラクション（潜水艦の旅）や大統領の陳列館（ザ・ホール・オブ・プレジデンツ）、メインストリートUSAは省かれた。

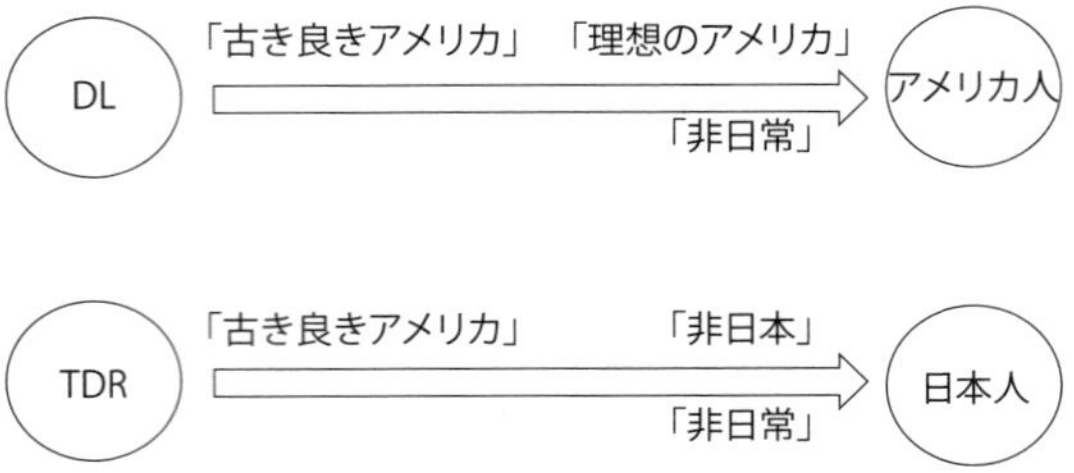

図４　アメリカ人と日本人にとってのディズニーランドのイメージ

それは異なるイメージとなる。ＤＬは「古き良きアメリカ」であることにより「理想のアメリカ」のイメージとなり、それが「現実のアメリカ」に対して「非日常性」を感じさせる。

　これに対してＴＤＲはＤＬと同じように作られたことから、発信されるイメージは「古き良きアメリカ」といってよい。しかしイメージを受容する側はそれによって「理想のアメリカ」を感じるわけではない。リピーターたちの発言から読み取れるのは、むしろ「現実世界ではない」というイメージである。もともと「古き良きアメリカ」として作られたにも関わらず、日本人がそこにアメリカらしさを感じず、むしろ「夢と魔法の王国」のイメージを感じるとしたならば、そこで重要なのは「理想のアメリカ」というイメージではない。そこで重要となるのは「日本ではない」というイメージということになる。この「日本ではない」イメージによって「現実の日本」とは異なる「非日常性」を感じるのである（図４）。

　この主張は、ＴＤＳを考えてみると明確になる。ＴＤＳはディズニーのテーマパークとしては珍しく「海」をイメージしたものであるが、「アメリカ性」を前面に出しているわけではない。世界の七つの海をテーマとしており、アメリカの海（アメリカン・ウォーターフロント）はその中の一つに過ぎない。つまりＴＤＳにおいてメインになっているのは「アメリカ性」ではなく、世界の七つの海という要素であり、そこで重要なのはここでもまた

「日本ではない」という点である。「日本ではない」ことにより日本人に「非日常性」のイメージを与えているのである。

この議論は、さらに「日本人にとっての東京ディズニーリゾートは、アメリカ人にとってのディズニーランドよりも人気がある」と言われることをも説明してくれる。アメリカ人にとってのDLは、「理想のアメリカ」のイメージにより非日常性を感じさせてくれるのだが、それでもそれはアメリカの枠内のイメージにとどまっている。非日常ではあるが、その世界はあくまでも「アメリカ」の枠内なのである。しかしこれに対して、日本人にとってのTDRは「日本でない」というイメージにより「非日常性」を感じさせ、そこには日本の枠は取り外されている。この意味でTDRはアメリカのDLよりも強い非日常性を感じさせることができるのである。このことにより、「日本人にとっての東京ディズニーリゾートは、アメリカ人にとってのディズニーランドよりも人気がある」という言説をも説明することが可能になるのである。

おわりに

以上の議論をまとめてみよう。まず東京ディズニーリゾート（TDR）の成功は、リピーターの存在によって説明できる。様々なタイプの人々が日本全国から来園しているわけではなく、リピーターが繰り返し来園することにより、年間三〇〇〇万という入園者数が達成されているのである。そしてその典型的なリピーターとは、一八歳から三〇代の首都圏に住む女性たちである。彼女たちがＴＤＲの人気を牽引しているのである。

そしてＴＤＲの魅力の本質は「非日常性」のイメージを提供していることであるが、その「非日常性」のイメージは「日本でない」というイメージによって作り出されている。この「非日本」のイメージにより、「現実の日本」に対して「非日常性」のイメージを作り上げ、日本人を引きつけているのである。アメリカのディズニーランドは「古き良きアメリカ」のイメージとして日本に導入されたが、それを受け取る側の日本人はディズニー文化を「日本でない世界」というイメージに「再文脈化」し、より「非日常性」の強い「夢と魔法の王国」として受け入れたのである。

〔参考文献〕

公益財団法人日本生産性本部『レジャー白書 2016』二〇一六年
能登路雅子『ディズニーランドという聖地』岩波新書、一九九〇年
毛利覚「トウキョウ・ディズニーランドにみるアメリカ文化の変容」平野健一郎編『国際文化交流の政治経済学』勁草書房、一九九九年。
Brannen, Yoko Mary 1992. '"Bwana Mickey": Constructing Cultural Consumption at Tokyo Disneyland.' Tobin, Joseph J. (ed.), *Re-Made In Japan*.
Gottdiener, Mark 1982. 'Disneyland: A Utopian Urban Space.' *Urban Life* 11: 139–162.
Graburn, Nelson 1989. 'Tourism: The Sacred Journey.' Valene L. Smith (ed.), *Hosts and Guests: The Anthropology of Tourism*.
Hendry, Joy 2000. 'Foreign Country Theme Parks: A New Theme or an Old Japanese Pattern?' *Social Science Japan Journal* 3 (2): 207–220.
King, Margaret J. 1981. 'Disneyland and Walt Disney World: Traditional Values in Futuristic Form.' *Journal of Popular Culture* 15: 116–139.
Toyoda, Yukio 2014. 'Recontextualizing Disney: Tokyo Disney Resort as a Kingdom of Dreams and Magic.' *Social Science Japan Journal* 17 (2): 207–226.

Urry, John 1990. *The Tourist Gaze.*

コラム

韓国文化を代表する名所——新大久保——

鄭　玉姫

韓国の音楽と食文化などに東京都内で簡単にふれられる場所、新大久保。ＪＲ新大久保駅の改札口から繋がる大久保通りへ進むと、道路の両脇にはレストラン、コスメショップなど軒並みに多彩なハングル表記の看板が掲げられ、新大久保が「韓流（人気が高まる韓国の大衆文化のこと）」の名所であることを実感する（図１・２）。実際のところ、新大久保は、韓国関連の店舗のみならず、インド系とベトナム系、中国系のレストランが多数営業しているエスニックタウンとして有名である。

図1　JR新大久保駅

戦後、新大久保には隣接の新宿区歌舞伎町の後背住宅地が形成された。一九五〇年代末、歌舞伎町が歓楽街として発展していく中で、ホテル街が新大久保まで拡大し、一九八〇年代以降にはアジア系外国人労働者の流入が進んだ。現在、焼き肉やビビンバなどを販売する韓国食堂は、当時、韓国人労働者を対象に運営していた食堂をその前身とする。このような背景から、新大久保は日本人には好感を得ることができない場所であった。

新大久保に対する韓流の名所としてのイメージの形成は文化の力によるところが大きく、ことに、二〇〇三年にＮＨＫ－ＢＳで放送された韓国テレビドラマ「冬のソナタ」の大ヒットが主因といえる。「冬のソナタ」の大ヒットがブームとなり、多くの日本人が韓国文化に興味を

図2　大久保通りの都市景観

持ち始めた。それ以後、放送された多数の韓国テレビドラマと韓国の大衆音楽（K‐POP）が人気を博し、テレビ番組にしばしば新大久保が紹介されるようになり、日本の中で韓国文化を楽しむことができる場所として新大久保が浮上することとなったのである。

一方、社会現象としてのブームは、暫く時間が経つと終わりを迎えるというが、「冬のソナタ」の影響にとどまらず、韓国の音楽と食、芸能人のグッズなどの消費も加わったブームの再生産によって新大久保の活力は失われなかった。むしろ、ときには、政治的葛藤による日韓関係の冷え込みはあるものの、新大久保は韓流ファンの日本人に支えられて健在である。二〇一七年の三月のある週末に訪れた新大久保は、相変わらず大勢の人でごった返していた。特に、娘と笑いながら歩く家族連れが多く、二〇・三〇代の女性または中高年女性の小グループの客層がメインだった四・五年前に比べると驚くほどの客層の変化である。また、飲食店が集中していた以前と比較して、コスメショップ、ライブハウス、韓流グッズショップ、カフェの増加も目立ち、新大久保を楽しむ素材も豊富になっている。

新大久保は、韓流といった文化的要素に人的交流の要素が加わることによって、新大久保ならではの場所のイメージを構築することができた。このような過程を経て、新大久保はかつて、歌舞伎町の後背住宅地から韓流の名所へと変容してきた。日韓の政治的、社会的葛藤では説明できないさまざまな人との交流、文化の共有といったコミュニケーションの形態が新大久保で見えてくる。

〔参考文献〕
姜倩競「都市観光の場としての新大久保に関する考察」『東北アジア観光研究』七（四）、二〇一一年
金延景「東京都新宿区大久保地区における韓国系ビジネスの機能変容―経営者のエスニック戦略に着目して」『地理学評論』八九（四）、二〇一六年

東京の水辺空間の変遷

佐藤大祐

はじめに――隅田川の風物詩、舟遊びとボート

東京はダイナミックに変貌し続ける現代的都市だが、過去の有形無形の資産が今もなお、形を変えて息づいている。近世の江戸では、大川（現在の隅田川）の沖積地に人工の水路網が発達した。江戸の水路網は水運によって物資を集散する河港として機能することを狙って整備されたものだが、住民は竿や櫓、帆を動力源とした和船を用いて、日常生活の交通路としても水路を活用した。[1] さらには、季節の舟遊びや吉原通いの仕立船など、江戸ならではの余暇活動にも用いられてきた。そして、この延長線上に、ボート（漕艇）やモーターボートなどの現代の水上のレクリエーションも位置している。本章では、主としてプ

（1） 正井、二〇〇〇年

レジャーボートとその保管先となるマリーナを通して、東京の水辺空間の変遷をたどっていこう。

隅田川にボート（漕艇）が導入されたのは、明治に入ってからである。ボートは、はしけや救命などの用途で西洋の外航機帆船に積載されていたため、文明開化の象徴の一つとみなされていた。そのため、一八七〇年代末頃から隅田川にボートを持ち込んだ大学予備門などの学生は、群集が見守る前で、優越感に浸りながら漕いでいたという。(2) そして一八八七年には、現在まで続く東京第一高校と東京高等商業学校の対校ボートレースが始まった。対校レースに代表されるボートレースは隅田川の風物詩となり、川岸には仮設の観覧席が設置されただけでなく、川に沿って並ぶ料亭や茶店からも観戦客が溢れかえっていた。

(2) 東京帝國大學漕艇部、一九三六年

1　隅田川へのモーターボートの導入

日本におけるモーターボートの起源は、アメリカ留学中に設計を習得した服部光之助によって、隅田川河口に位置する月島の池野造船所で一九〇九年頃に建造された「千菊1号」だとされる。(3) その後も、吾妻健成（神田の出版社・東陽堂社長）をはじめ、後述の東京モーターボート倶楽部を結成した御法川三郎（蚕糸機械工場経営）、石川治雄（蒲鉾すり身機械工場経営）、飛島繁（建設会社経営）、堤徳三（砂糖問屋経営）などのように、所有者の多くは東京下町の旦那衆と呼ばれるような人々であった。当時のモーターボートは全長三mほど、一～二人乗りと小型で、海上では転覆の危険性があったため、隅田川で乗られていた。いずれもガ

(3) 雑誌『舵』一九三二年六月創刊号の記事による。

ソリン船外機付きで、隅田川を上下すると喚声があがったという。これらのモーターボートは和船と同様、水路に係留保管されていたと思われる。

前述の対校ボートレースは言問橋《こととい ばし》と白髭橋《しらひげばし》の間にコースを設けて行なわれていたが、全日本船外機艇競走会と名づけられた最初のモーターボートレースも、このコースを使って一九三一年に実施された。このレースの参加者を中心に東京モーターボート倶楽部が結成され、言問橋付近よりも水が澄んでいた王子区豊島町（現、北区豊島）の隅田川右岸に、クラブハウスと艇庫、スロープを一九三三年に設けた。(4) 同年九月のレースでは、クラブの地先水面を上流に向かってスタートし、岩淵水門から荒川放水路に入って南下、下流の綾瀬水門から隅田川を遡ってクラブ前に戻るというコースを二周し、女性二名も参加した。この時に撮影された写真からは、隅田川の川岸は観客で埋まっていたことが分かる。(5) 東京モーターボート倶楽部には二〇隻ほどが保管されていたが、その管理と整備の多くは近隣にあった下川造船所に委託されていた。(6)

この他に、大倉喜八郎や三井弁蔵といった財界人の一部にもモーターボートを所有した例がある。後者は隅田川の勢力造船所で、当時としては大きな全長九m・四〇馬力の船室付きモーターボートを一九三六年に建造した。だが、活動の場は墨田川ではなく、別荘のある沼津の三津海岸だったという。(7)

東京モーターボート倶楽部の会員たちは、第二次大戦後、公営競技としての競艇の創設にも関わる。しかし、隅田川の洪水対策でカミソリ堤防が建設されることになったため、クラブを一九五六年頃に閉じ、(8) モーターボートの活動と保管の場所を江戸川に求めていくことになる。

(4) 雑誌『舵』一九三三年二月号の記事による。

(5) 領塚、二〇一四年、三八—四三頁

(6) 下川造船所社長への聞き取りによる。

(7) 雑誌『舵』一九三七年一月号の口絵写真による。

(8) 下川造船所社長への聞き取りによる。堤防建設にあわせて、東京モーターボート倶楽部に隣接していた下川造船所も、ほかの隅田川沿いにあった造船所とともに江東区潮見に集団移転し、跡地にはマンションが建設された。

2　江戸川で法の網をかいくぐる

隅田川から江戸川に東京モーターボート倶楽部の活動拠点が移されたのは、江戸川の水質汚濁の程度が小さかったこともあったという。江戸川河口の市川市稲荷木に東京パワーボートセンターが一九六〇年に開設されたのを皮切りに、江戸川水系には一九七〇年代半ばまでに、元競艇選手などによるものを含めて七ヶ所のマリーナが開設されている（図1、図2）。これらの利用者は江戸川で、戦後進駐軍によって芦ノ湖に持ち込まれた水上スキーなども楽しんだ(9)。

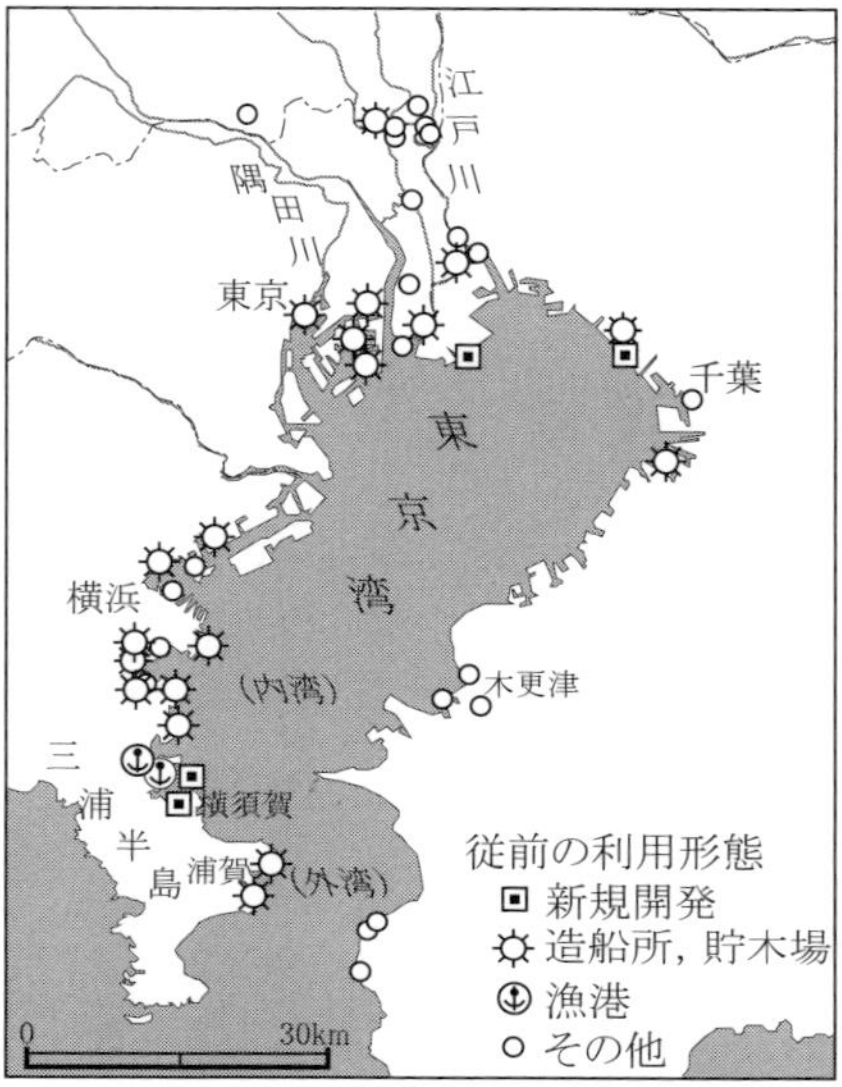

図1　東京湾におけるマリーナの分布（2000年）
（関東運輸局資料および現地調査により作成）

一般に河川の河口付近に位置するマリーナの場合、水面からボートを陸揚げするためのスロープと、陸上の保管施設やクラブハウスなどの敷地との間には、大きな堤防が走っているのが特徴的である。そのため、ボートを水面に浮かべるには、まず堤防を乗り越えて運搬する必要がある。しかし、八潮市など江

（9）小森宮、一九六七年、二九七頁

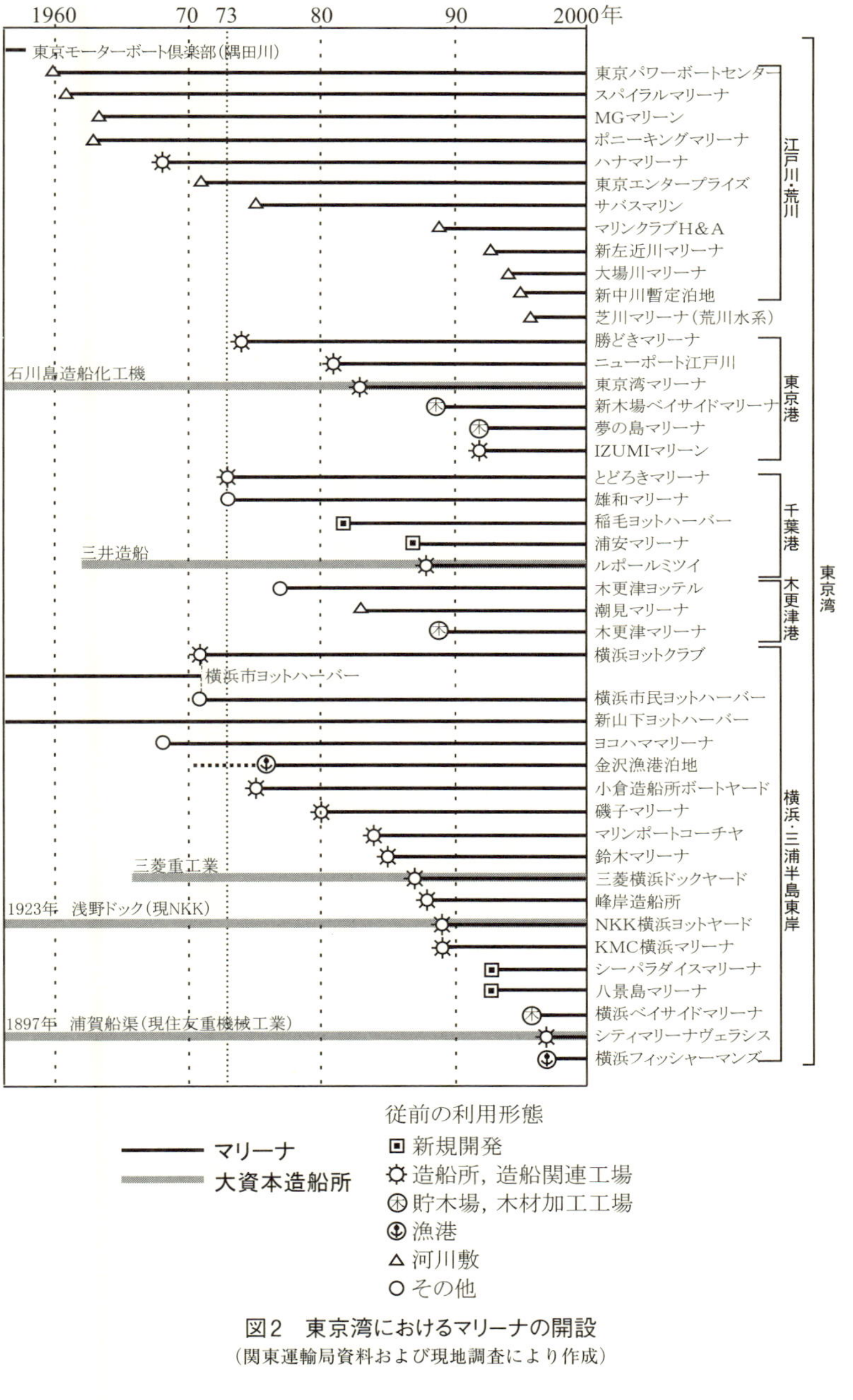

図2　東京湾におけるマリーナの開設
(関東運輸局資料および現地調査により作成)

戸川の中流域にあるマリーナでは、敷地すべてが高水敷（堤防の水面側）に設置されている。本来であれば、このように河川沿いにマリーナを開設するためには、国有地である河川敷の占用許可を取得しなければならない。ところが、洪水防止を最優先事項とする河川法の下では、民間のマリーナ事業者に対して、占用許可はほぼ下りることがない。そこで、八潮市の江戸川支流である大場川に集積するマリーナは、かつて河川敷に存在した私有農地を購入することで、法の網をかいくぐるようにして合法的に営業している。大場川の河川敷は終戦直後の食糧難の際に畑となったところで、農地解放の際に耕作人に払い下げられ民有地となった特殊な所だという。[10] その後、地盤沈下による浸水で耕作放棄され、マリーナとなった。他にも、一九八〇年代半ばから増加してきたプレジャーボートの放置艇を収容する目的で、河川管理者がそれぞれ一九九三年と一九九五年に開設した江戸川水系の新左近川マリーナと新中川暫定泊地もある。

（10） 江戸川支流の大場川でポニーキングマリーナを一九六三年から営業してきた茂木和之氏への聞き取りによる。

3 東京湾へのプレジャーボートの進出と産業転換

淘汰・地方移転に伴う造船所からマリーナへの転換

東京湾においては、高度経済成長期まで埋立地がさかんに造成され、製鉄所や石油化学コンビナートをはじめとする工場群が競い合うように進出した。ここで、東京湾沿いに位置する造船所に絞って、生産量の推移をみてみよう（図3）。東京湾における船舶建造量は一九六〇年代に急伸し、重工メーカーは一九六〇年代後半から一九七〇年代初頭にかけ

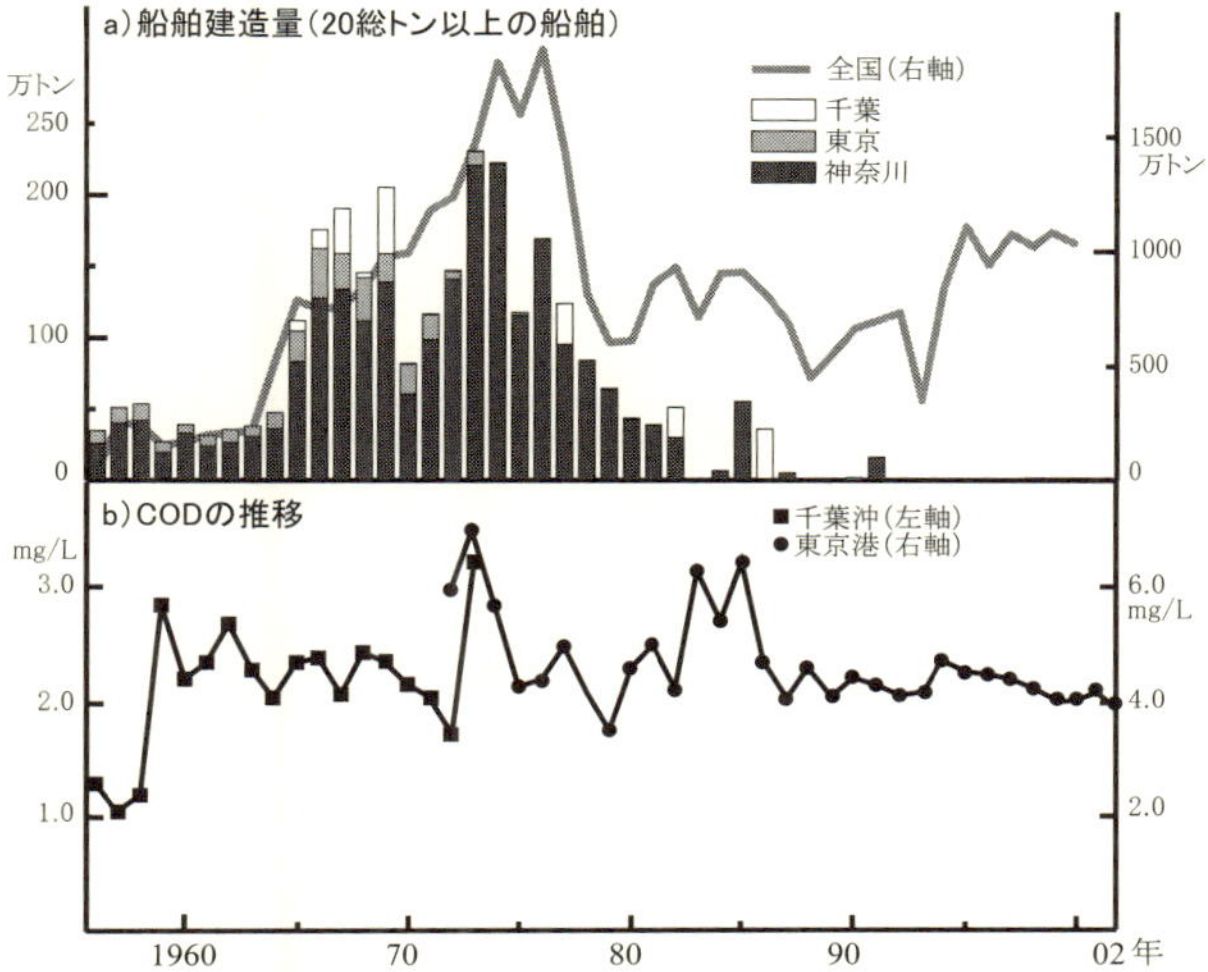

図3　東京湾における船舶建造量とCOD値の推移
（「工業統計」（生産金額しか記入されていないため軍艦を除く）、江角比出郎 1979：沿岸海洋研究ノート16、東京都環境保全局（東京灯標）による）

て膨大な設備投資を実施した。例えば、石川島播磨重工業は横浜市新杉田（一九六七年、一六万総トン）に、三井造船は市川市八幡（一九六八年、五〇万総トン）に、三菱重工は横浜市本牧（一九六九年、二〇万総トン）に、住友重機は横須賀市追浜（一九七二年、八〇万総トン）に工場を新設した。しかし、一九七三年の第一次オイルショックと変動相場制への移行によって市場規模は急激に縮小する。船舶建造量は、過剰投資に見合う需要の先食いによって一九七四年には二七五隻、二三〇万総トンと過去最高を記録したものの、その後は下降の一途をたどった。一方で、それまで木造だったプレジャーボートが一九六〇年から材料にFRP（繊維強化プラスチック）を用いて量産さ

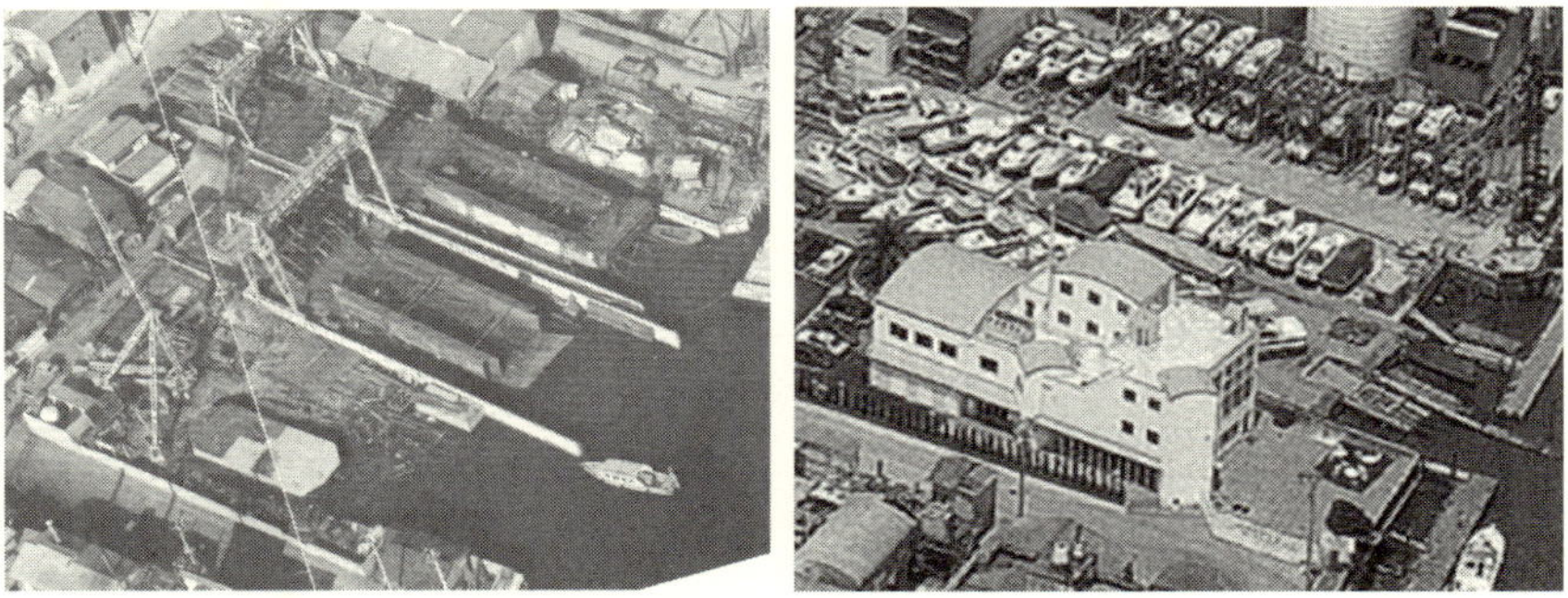

図4　中小造船所からマリーナへの転用
旧江戸川の妙見島にあるニューポート江戸川は、江戸期に北葛西に入植して半農半漁を営みながら近在の漁船を建造するようになり、1950年に鋼船部門に進出、1981年に造船所をマリーナに転用した。左は1979年頃で、船台に建造中の船が見える。右はマリーナ開業後で、船台を埋め立て艇置場やクラブハウスが設置されている。造船所当時の走行式クレーンも転用されている。

れ始めたことで、一九五九年に一〇〇〇隻に満たなかったプレジャーボートの累計生産数は一九七〇年には六万二〇〇〇隻にまで増加していた。

造船不況の煽りを最初に受けたのは中小の造船所であり（図4）、海上でも安全に航海できるプレジャーボートの大型化と増加を背景に、東京湾でいち早くマリーナに転用され始めた（図2）。東京湾の大部分において、マリーナを新たに造成する場合、河川と同様に、港湾管理者から水面の占用許可を得る必要がある。しかしマリーナに対しては、従来の荷役や船舶係留などの港湾活動とは明らかに異なるため、占用許可が下りなかった。そのため、あらかじめ占用許可を有する造船所は、比較的容易にマリーナへの転用が可能な、いわば穴場だった。

図5　NKK造船所内のマリーナ（1998年、筆者撮影）
NKK造船所の広大な敷地の一部を利用したもの。背後には、造船作業中に使用していた巨大な30tつち形クレーンがみえる。このクレーンは若干であるがボートの上下架に使用されていた。

さらに一九八〇年代半ば以降、円高の急伸に伴って、製造部門の地方分散化が進行した。実際、全国の船舶建造量は五〇〇〜一〇〇〇万総トンを維持しているものの、東京湾の建造量は一〇〇隻を下回り、一九九六年には一隻もなかった。そのため、大資本造船所（重工メーカー）も広大な工場敷地の一部をマリーナに転用し始めた。具体的には、江東区新砂の石川島造船化工機（一九八三年開設）を皮切りに、横浜市中区本牧の三菱重工（一九八七年）、市川市八幡の三井造船（一九八八年）、横浜市鶴見区のＮＫＫ（一九八九年、図5）、横須賀市浦賀の住友重機械工業（一九九七年）が敷地の一部をマリーナに転用した。時代はバブル景気でもあり、各重工メーカーは造船の落ち込みをカバーすべく、リゾート開発など多角化に乗り出そうとしたのである。しかし、石川島造船化工機が開設した東京湾マリーナの場合、進水・回航用の水面占用許可を二五〇隻分のマリーナ泊地に転用する際、はしけやタンカー等の業者から航行の安全性を理由に反対され、プレジャーボートの航路を新砂水門に限定するなどの事業者間調整に五年ほどを要した。

また、工業の空洞化と下水道の普及などによって、東京湾の水質汚濁が改善されたことも、マリーナ開設の追い風となった。図3-bによると、東京湾のCOD値（水質基準の一種）は一九八〇年代半ばまで6mg/Lを超えることもあったが、それ以降は海底のヘドロから有機物が溶出するため大幅には下がらないものの4mg/Lに収束してきている。

流通構造の変化に伴う貯木場からマリーナへの転換

一九九〇年代になると、水面貯木場からマリーナに転用されるものがあらわれた。図6は水面貯木場の利用状況を示したものである。水面貯木場とは、東南アジアや北アメリカなどから輸入された丸太（原木）を係留保管する所である。東京湾沿いにおける木材加工場は、江戸期から隅田川左岸の木場に集積していたが、宅地化等により一九七六年前後に埋立地の江東区新木場に集団移転した。そのため、水面貯木場の所在も新木場を中心とした東京港に集中していた。

木材輸入量が急増したのは一九六〇年代の高度成長期にかけてである（図6-b）。輸入量の急増に対応するため、順次、埋立地の間の水路が水面貯木場として整備された。とこ

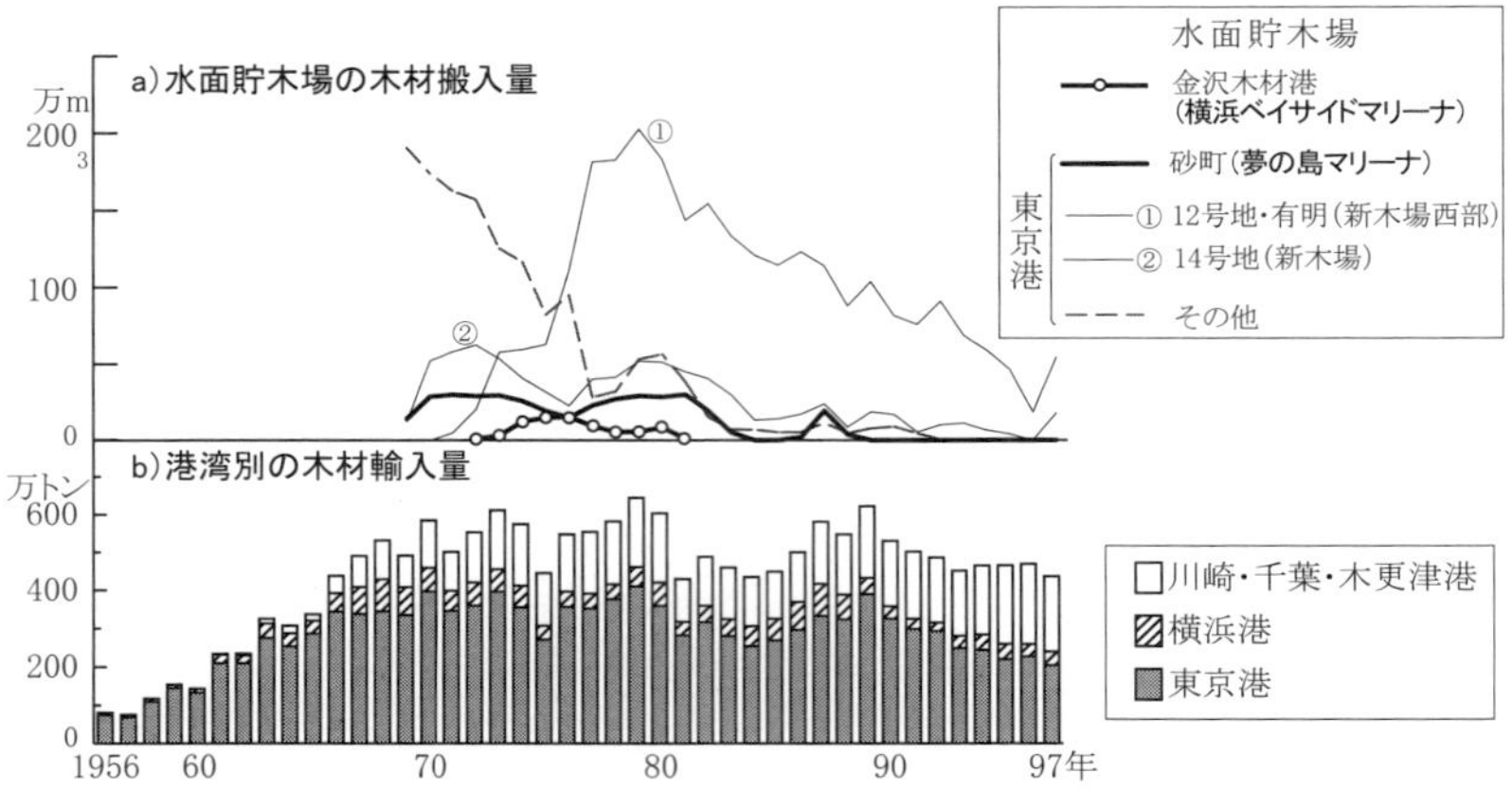

図6　東京湾における水面貯木場の利用状況と木材（原木、製材）輸入量の推移
（(株) 横浜港木材倉庫資料、「東京港港勢」（1968年以前はデータなし）、「港湾統計」により作成）

ろが、一九七〇年前後から、伐採地で規格品に製材されたものがコンテナで輸入されるようになった。そのため、輸入木材の荷揚げ地が水面貯木場からコンテナターミナルへ徐々にシフトし、現在では水面貯木場はほぼ使われなくなっている。[11] 丸太の製材を受け持っていた新木場では、木材加工場から物流センターや倉庫への転換が相次いでいる。水面貯木場からマリーナに転用されたのは、夢の島マリーナ（一九九二年）と横浜ベイサイドマリーナ（一九九六年）であり、どちらも広大な水面を活かして、それぞれ六〇〇隻、一〇〇〇隻を超える係留保管が可能で、後者は東洋一の規模という（図7）。こうして、NKKの造船所の図5に比べて、いかにもマリーナらしい景観が創出されている。また、アウトレットモールやレストラン、ホテルなども併設され、親水景観と共に一般市民にも開かれた作りになっている。このように、東京湾で

図7　横浜ベイサイドマリーナ（2017年、筆者撮影）
かつて貯木場だった水面には、プレジャーボート約1500隻分の係留桟橋と、一部を埋め立ててアウトレットモールも設けられている。

は、中小造船所、大資本造船所、水面貯木場と段階を踏んで、水辺空間がマリーナに再開発されてきている様子がうかがえる。

4　東京都心からの距離と造船所の跡地利用との関係

ここまで、プレジャーボートが東京の河川と東京湾に進出し、それに伴って東京湾岸の土地・水面がマリーナに利用転換されてきたことをみてきたが、マリーナ以外にも様々な跡地利用がみられる。それでは、これまで東京湾岸を占有してきた工場をはじめとする産業施設は、どのような条件の下で、何に転換されたのだろうか。この疑問に答えるために、かつて東京湾沿いに存在し、現在は廃業した造船所に絞って、その跡地利用を網羅的に調べてみた（表1）。内側（都心）から外側（郊外）に向かって見ていこう。

まず、東京の都心部に隣接する佃島と豊洲では、石川島播磨重工業の工場がそれぞれ一九七九年と二〇〇二年に閉鎖され、跡地が超高層マンションやオフィスビル、商業施設アーバンドックららぽーとなどに再開発された（図8）。同様のものとして、横浜の都心部に隣接し、三菱重工の横浜造船所を一九八〇年代半ば以降に再開発した、みなとみらい地区がある。このように、都心に近いほど、オフィスビルや商業施設、超高層マンションなど、投資額は大きいが収益性の高いものに再開発されると言える。

豊洲から一㎞ほど郊外に離れた江東区潮見の埋立地には、荒川区南千住など隅田川沿いから集団移転してきた造船団地があり、かつて一三の中小造船所が並んでいた。東京モー

（11）　金沢木材港の貯木場を管理してきた横浜港木材倉庫㈱貝道和昭社長への聞き取りによる。貝道氏は横浜の新山下町生まれで幼少期からヨットに親しみ、日本セーリング連盟専務理事も務めた。

表1　東京湾における造船所の跡地利用（2016年）

位置				複合開発	オフィスビル	公園等	集合住宅	運輸倉庫	マリーナ	駐車場	護岸・道路	工場	空地・荒地	不明	計
				跡地利用形態											
東京湾（内湾）	東京港	中央・江東区	佃・豊洲・潮見	2	2	1	4		1*						10
		太田区	羽田・京浜島				4	1	2						7
	河川	隅田川				2	1	1							4
		江戸川							4		3				7
	横浜港・川崎港	内港	みなとみらい	1	1	1									3
			子安・生麦				10	2		1			2		15
			星野町・守屋町					1	1*			1	2		5
		川崎	水江町					1							1
		南部	磯子・金沢					1	2	1		1	1	1	7
	横須賀港		浦賀						2(1)						2
	千葉港	中央区					1								1
	市原港・木更津港										1	2			3
東京湾（外湾）		三浦	三崎										2		2
		南房総	岩井・小浦・舟形										5		5
				3	3	4	20	7	12	2	4	4	12	1	72

（日本造船工業会・中型造船工業会・小型船舶工業会の会員名簿（1973、1999年）および現地調査により作成）

中小の造船所は廃業したもの。大資本造船所は廃止した事業所。

ゴシック体は大資本造船所。*はボート販売・修理のみ、クルーズ船係留のみ。


ターボート倶楽部の整備を請け負っていた下川造船所もその一つである。下川氏によると、中小の造船所では一九八〇年代に建造船・修繕船の大型化とそれに伴う船腹減のため受注競争が激しくなり、また一九九〇年に東京駅から三駅目の京葉線潮見駅が開業して地価が高騰した。そのため、地価が安くコスト面で有利な千葉県の造船所に競り負けていったという。[12] こうして潮見の造船所の多くは一

図8　豊洲の石川島播磨重工業（現IHI）東京第一工場の跡地開発（2017年、筆者撮影）

左端に隅田川の河口にあたる豊洲運河があり、そこから右に向かって造船所当時のつち形クレーン、大型商業施設「アーバンドックららぽーと豊洲」、右奥にはIHIの本社ビルが見える。水際線には柵が設けられ、陸上からも水上からも簡単にはアプローチできない。

九九〇年代にオフィスビル（二件）やマンション（四件）に転用された。なお、下川氏は北区豊島の造船所跡地で賃貸マンションを経営している。

より外側に位置する品川区の羽田・京浜島と横浜港北部の子安・生麦における跡地利用には、マンション等がそれぞれ四件と一〇件、運輸倉庫が一件と二件と多い。マリーナが多いのは、さらに外側の横浜港南部の磯子や金沢と、横須賀港の浦賀、旧江戸川の河口付近である。しかし、三浦や館山までいくと荒地が多くなる。つまり、造船所からマリーナへの転用は、都心からある程度離れた地価の安い所で、かつ外縁部を除いた地域にみられる。これは、マリーナ経営の収益性がオフィスやマンション、倉庫業ほどには高くはなく、なおかつ造船所から転用されるマリーナが東京からの日帰り客を対象としているためだと考えられる。なお、リゾートマンションや別荘を伴い、夏季に長期滞在されるようなマリーナは、より外側の湘南や伊豆半島などに立地している。

(12) 下川造船所社長への聞き取りによる。他にも、建造船の減少の理由として、太田造船所によると、岸壁整備によるはしけ需要の減少、陸上配管による小型タンカー需要の減少という構造的な背景があった。また、河川堤防の建設や、運河にかかる橋の建設など、地域的な理由もあった。

おわりに――水辺ならではの価値を求めて

バブル期にマリーナをはじめとするリゾート事業へ進出した重工メーカー（大資本造船所）だが、長引く不況と国際的な競争激化により、二〇〇二年以降、造船部門が切り離されて合併を重ね、ジャパンマリンユナイテッド社に統合された。ジャパンマリンユナイテッド社は事業所を集約して本業である造船業に回帰・集中し、その過程でNＫＫのマリーナ事業は閉じられ、住友重機械工業のマリーナ事業もユニマット社に売却された。造船事業の統合から免れた三菱重工も、横浜ベイサイドマリーナなどの本格的なマリーナとの競合もあって、マリーナ事業から撤退した。その後のリーマンショックによる影響や余暇活動の多様化により、中小造船所から転用されたマリーナの中にも淘汰されてしまったところが多い。

世界的大都市である東京の水辺空間の変貌はかくも激しい。前節でみたように、都心に近いほど、変化への圧力は高く、変貌のスピードも早い。これからも変わり続けていくことになるだろう。しかし、造船所をはじめとする産業施設の跡地は、いったん更地にされた上でオフィスビルやマンション、運輸倉庫などに再開発されることが多い。それまで存在した産業施設が遺産として存置されたり、再利用されたりすることはほとんどないのが実状である。

また、水辺の比較的大規模な再開発では、親水空間の存在が謳われるが、親水性の演出は視覚的なものに限定されがちである。そこでは、安全性の点から水際線には柵が設けられ、陸上からも、水上からも水際線にアプローチできない状態となる。そのため、ウォーターフロント再開発の代名詞的存在となっている佃島や豊洲も、単に都心に近く、眺望が良くて現代的で、道路が広くて新しい街、という経済合理性に通じるものが勝って選ばれているに過ぎない。それは没個性的であることを意味し、他に合理性で勝る地域が新たに開発されれば、需要は簡単にそちらに移るだろう。こちらは地震や高潮など災害時における水辺の負のイメージが仇となり、箔は剥がれ落ちることになりかねない。

そこで、産業遺産などの文化資本を活かしつつ、水辺ならではの付加価値を打ち出して、他の物件あるいは他の地域と差異化していく必要がある。営々と築き上げられてきた造船所をはじめとする産業施設が存在したことや、そこで働いた人々の物語性、そして水辺に位置すること、それらを負の遺産と捉えるのではなく、活用してこそ水辺空間ならではの価値は付与される。

確かに、水辺には、日常的には潮汐があり、非常時には高潮や津波、液状化などがあって、これに対処する護岸工事などのコストは大きくなる傾向にある。また、水上には航路などが錯綜しており、産業利用が既得権的に優先されることはある程度は理解できる。しかし、プレジャーボートの一愛好家としては、桟橋付きの住宅があって、自身のヨットクラブや子ども向けのヨット教室などに参加でき、平日の仕事終わりにもサンセットレースが楽しめるとなれば移住したい。視覚だけでなく、実際に水に触れて、水を使ってこその水辺だと思うのだが。

〔参考文献〕

小森宮正悳『水上スキーの本』金剛出版、一九六七年
東京帝國大學漕艇部『東京帝国大学漕艇部五十年史』東京帝國大學漕艇部、一九三六年
正井泰夫『江戸・東京の地図と景観』古今書院、二〇〇〇年
領塚正浩「東京モーターボート倶楽部の組織と活動」『あらかわ学会年次大会論文集』二〇一四年

コラム

東京にあるウィークエンドふるさと――檜原村

―豊田三佳

東京には、延べで約八万haの自然公園（国立公園、国定公園、都立自然公園）が存在している。この規模は行政面積の三六%を占めており、全国第二位の比率である（図1）。特に東京都の西部に広がっている深い渓谷と森林の探勝地は秩父多摩甲斐国立公園に指定されている。首都圏に最も近い山岳公園であるため、観光客数は年間五九二・六万人（二〇一八）にもなる。

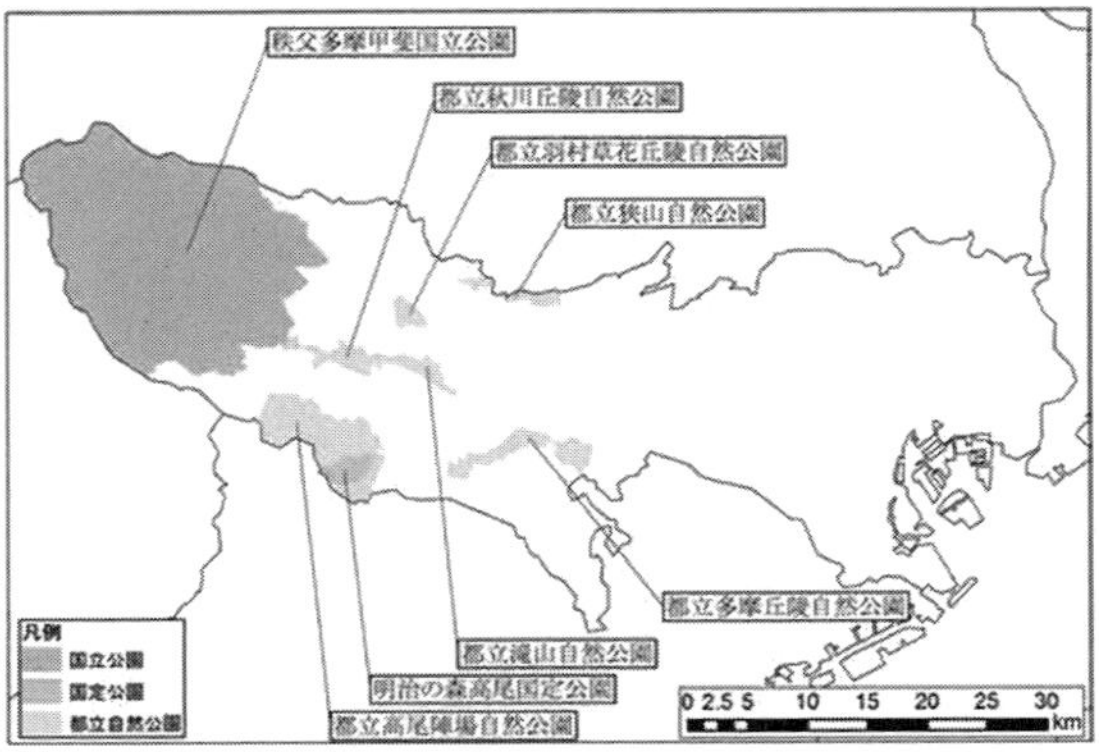

図1　東京都にある自然公園

秩父多摩甲斐国立公園に位置する檜原村は東京都の唯一の「村」（島を除く）として知られており面積の九三%が林野で覆われている。かつて林業が盛んな地域であったが一次産業の衰退に伴い、一九六〇年に六〇〇〇人を超えていた人口は二二四〇人（二〇一八年三月現在）に減少した。そのため、檜原村には東京都指定無形民俗文化財に指定されている郷土芸能が数多く現存しているにも関わらず、後継者が不足するという課題に直面している。檜原村には居住人口の約一二五倍に当たる、年間二七・九万人の観光客が訪れている。観光目的地となる景観を保全管理することは重要であるが、この地域の自然景観を楽しむために訪れる観光客数の増加は、必ずしも村落の「持続可能な地域づくり」には結びつかない。檜原村の過疎化は着実に進んでいる。

このコラムでは、一過性の観光客数を量的に増やすのではなくリピー

図2　檜原村藤倉地区のつつじ祭りの獅子舞

図3　檜原村藤倉地区小林家の茅葺古民家（重要文化財）

ターとして頻繁に訪れ多様な形で地域に関わる「関係人口」に注目して、村落居住者以外の人材が地域づくりの担い手になる「ウィークエンドふるさと観光」の可能性を檜原村を事例に考察したい。

　地域振興の一環として、都市から地方への交流人口移動を促す方策は現在日本全国各地で繰り広げられているが、檜原村においても、定期的に檜原村を来訪する人々を巻き込んで伝統芸能を保持しようと、来訪者が住民と共に参加し、体験し、関われることができるような取り組みが試みられている。例えば、バスの終着点の山の奥に位置する藤倉地区では四月中旬に「つつじ祭り」が開催され、東京都指定無形民俗文化財の「藤倉獅子舞」が披露される（図2）。その舞台となるのは、一九七八年に重要文化財に指定された茅葺古民家の小林家住宅の中庭である。この古民家の母屋は二〇一一～二〇一五年の保存修理事業でオリジナルの茅葺屋根が復元された（図3）。また、山間部の山斜面に設置されたモノレールはかつて資材運搬用に使われていたが、現在はリニューアルされ、藤倉地区を訪れる来訪者が予約利用できるようになった。一方で、人里（へんぼり）地区では次世代に向けて地区内の山林を再生しようと「もみじの里プロジェクト」が立ち上げられ、モミジや広葉樹を植林している。二〇一三年にオープンしたゲストハウス「へんぼり堂」では週末に地元の方から草木染めを学べるイベントなども開催され、来訪者同士の交流も生まれている。

　都市部に住んでいる人々が檜原村を訪れ、リピーターとして再訪する動機は、「癒される」自然景観のみならず、そこで味わえる「懐かしい」村落への愛着であり、都市生活では希薄になっている人々との顔の見えるつながりである。住民のおばさんに浴衣を借りて着せてもらったり、祭りでは屋台の売り子として参加したり、来訪者が太鼓をたたいたり、住民のお茶目なおじさんに笛の吹き方を教えてもらったりなど家族の一員、あるいは村落の一員のように受け入れられた体験の中で出会いがあり、「あの人に会いに」また再訪したいという思いを抱くようになる。

ここで重要なのは、来訪者が集落の行事に参画することを通して、檜原村のコミュニティーの一員という帰属意識が生まれることである。そして、自らのキャリアとして檜原村の魅力を発信する仕事につきたいと考える若者や、この地域の茶畑を復活させたいと願う退職者たちが集い、檜原村に「ただいまー！」と度々戻っていくような人々のゆるやかなネットワークが芽生えている。

近年の国際移民研究において、「越境する社会空間」という概念が提起されている。居住していることと帰属していることを区別して分析することを通して、より動態的な広がりをもつ社会空間がどのように形成されているかを洞察する研究は注目に値する。二地域に同時に暮らすライフスタイルが拡大している現代社会において、居住人口に限定された既存のコミュニティーの認識枠が問い直されている。国家が脱領域化したグローバルな潮流の中で、「ウィークエンドふるさと観光」はローカルな地域において、越境する檜原村コミュニティーが創出されている事例といえよう。

〔注〕図2と図3の写真は檜原村の地域おこし協力隊員、松岡賢二氏より提供

●や行●

●ら行●

●た行●

●な行●

●は行●

●ま行●

索引

●あ行●

●か行●

●さ行●

※大橋健一（おおはし・けんいち）／立教大学観光学部交流文化学科教授／都市社会学・都市人類学／『移動と移民――複数社会を結ぶ人びとの動態』（共著）昭和堂、2018 年など

韓　志昊（はん・じほ）／立教大学観光学部観光学科教授／ホスピタリティ経営／「エベレスト・トレイルのトレッカーの特徴と現状」『立教大学観光学部紀要』20、2018 年など

麻生憲一（あそう・けんいち）／立教大学観光学部観光学科教授を経て、帝京大学経済学部観光経営学科教授／観光経済学・応用経済学／『観光産業のグレート・リセット――成長をどうデザインするか』（共著）中央経済社、2022 年など

越智郁乃（おち・いくの）／立教大学観光学部交流文化学科助教を経て、東北大学大学院文学研究科広域文化学専攻域際文化学講座（文化人類学）准教授／文化人類学・民俗学／『動く墓――沖縄の都市移住者と祖先祭祀』森話社、2018 年など

豊田由貴夫（とよだ・ゆきお）／立教大学観光学部交流文化学科教授を経て、立教大学名誉教授／文化人類学／‘Recontextualizing Disney: Tokyo Disney Resort as a Kingdom of Dreams and Magic’, *Social Science Japan Journal*, 17(2), 2014 など

鄭　玉姫（ちょん・おくひ）／立教大学観光学部交流文化学科助教を経て、浜松学院大学現代コミュニケーション学部地域共創学科准教授／観光地理学／「韓国南海島文巷漁村体験村における体験型漁業の運営システム」『観光研究』28(2)、2017 年など

佐藤大祐（さとう・だいすけ）／立教大学観光学部交流文化学科教授／観光地理学／「明治・大正期におけるヨットの伝播と受容基盤」『地理学評論』76、2003 年など

豊田三佳（とよた・みか）／立教大学観光学部交流文化学科教授を経て、Max Planck Institute for Human Development 研究員／開発社会学／‘Transnational Retirement Mobility as Processes of Identity Negotiation: the Case of Japanese in Southeast Asia’, *Identities: Global Studies in Culture and Power* 24 (5)、2017 など

執筆者一覧（執筆順：氏名［※は編集委員］／所属［2023年1月現在］／専門分野／主要業績）

橋本俊哉（はしもと・としや）／立教大学観光学部観光学科教授／観光行動論／『「復興のエンジン」としての観光』（編著）創成社、2021年など

舛谷　鋭（ますたに・さとし）／立教大学観光学部交流文化学科教授／観光文学研究・華僑華人研究／「観光文学研究の創成をめざして」『観光研究』29(2)、2018年など

杜　国慶（と・こっけい）／立教大学観光学部観光学科教授／観光地理学／*Tourism and Urban Transformation*, 有斐閣、2007年など

庄司貴行（しょうじ・たかゆき）／立教大学観光学部観光学科教授／観光経営学／『ビジネスクリエーターとビジネスデザイン』（共編著）創成社、2006年など

門田岳久（かどた・たけひさ）／立教大学観光学部交流文化学科准教授／文化人類学・民俗学／『巡礼ツーリズムの民族誌――消費される宗教経験』森話社、2013年など

葛野浩昭（くずの・ひろあき）／立教大学観光学部交流文化学科教授／先住民族研究／『サンタクロースの大旅行』岩波新書、1998年など

※**高岡文章**（たかおか・ふみあき）／立教大学観光学部交流文化学科教授／観光社会学／『よくわかる観光コミュニケーション論』（共編著）ミネルヴァ書房、2022年など

西川　亮（にしかわ・りょう）／立教大学観光学部観光学科准教授／観光まちづくり・観光政策／『ポスト・オーバーツーリズム』（共著）学芸出版社、2020年など

※**小野良平**（おの・りょうへい）／立教大学観光学部観光学科教授／造園学／『実践　風景計画学』（共著）朝倉書店、2019年など

※**毛谷村英治**（けやむら・えいじ）／立教大学観光学部観光学科教授／建築計画学・観光施設計画／『文化ツーリズム学』（共著）朝倉書店、2016年など

石橋正孝（いしばし・まさたか）／立教大学観光学部交流文化学科准教授／フランス文学・地域文化研究／『〈驚異の旅〉または出版をめぐる冒険――ジュール・ヴェルヌとピエール＝ジュール・エッツェル』左右社、2013年など

松村公明（まつむら・こうめい）／立教大学観光学部交流文化学科教授／地理学／『文化ツーリズム学』（共編著）朝倉書店、2016年など

羽生冬佳（はにゅう・ふゆか）／立教大学観光学部観光学科教授／観光計画・地域計画／『観光の新しい潮流と地域』（共著）放送大学教育振興会、2011年など

東　徹（あずま・とおる）／立教大学観光学部観光学科教授／マーケティング／『現代マーケティングの基礎知識［改訂版］』（共編著）創成社、2017年など

野田健太郎（のだ・けんたろう）／立教大学観光学部観光学科教授／経営財務／『戦略的リスクマネジメントで会社を強くする』中央経済社、2017年など

※**千住　一**（せんじゅ・はじめ）／立教大学観光学部交流文化学科教授／観光歴史学／『帝国日本の観光――政策・鉄道・外地』（共編著）日本経済評論社、2022年など

大学的東京ガイド―こだわりの歩き方

2019年3月30日　初版第1刷発行
2023年1月31日　初版第2刷発行

編　者　立教大学観光学部

発行者　杉田　啓三

〒607-8494 京都市山科区日ノ岡堤谷町 3-1
発行所　株式会社　昭和堂
振込口座　01060-5-9347
TEL(075)502-7500／FAX(075)502-7501
ホームページ　http://www.showado-kyoto.jp

印刷　亜細亜印刷

ISBN 978-4-8122-1814-3
乱丁・落丁本はお取り替えいたします。
Printed in Japan

この繪地圖《エチヅ》にある名所《メイシヨ》の所在區名《シヨザイクメイ》

麹町區《カウヂマチク》 二重橋《ニヂウバシ》 櫻田門《サクラダモン》 楠公銅像《ナンコウドウザウ》 日比谷公園《ヒビヤコウエン》 帝國《テイコク》ホテル 海軍省《カイグンシヤウ》 帝國議事堂《テイコクギジダウ》 陸軍省《リクグンシヤウ》 東郷元帥邸《トウガウゲンスヰテイ》 靖國神社《ヤスクニジンジヤ》 中央氣象臺《チウアウキシヤウダイ》 丸《マル》ビル 東京驛《トウキヤウエキ》

神田區《カンダク》 廣瀨中佐銅像《ヒロセチウサドウザウ》 ニコライ堂《ダウ》 鐵道博物館《テツダウハクブツクワン》

日本橋區《ニホンバシク》 日本銀行《ニツポンギンカウ》 日本橋《ニホンバシ》 水天宮《スヰテングウ》

京橋區《キヤウバシク》 銀座《ギンザ》 歌舞伎座《カブキザ》 築地本願寺《ツキヂホングワンジ》 魚河岸《ウヲガシ》 東京港《トウキヤウカウ》

芝區《シバク》 放送局《ハウソウキヨク》 増上寺《ゾウジヤウジ》 肉彈三勇士銅像《ニクダンサンユウシドウザウ》 泉岳寺《センガクジ》

赤坂區《アカサカク》 赤坂離宮《アカサカリキウ》 乃木大將邸《ノギタイシヤウテイ》

四谷區《ヨツヤク》 聖德記念繪畫館《セイトクキネンクワイグワクワン》 神宮球場《ジングウキウヂヤウ》

澁谷區《シブヤク》 明治神宮《メイヂジングウ》 忠犬《チウケン》ハチ公銅像《コウドウザウ》

淀橋區《ヨドバシク》 新宿《シンジユク》

小石川區《コイシカハク》 植物園《シヨクブツエン》

本郷區《ホンガウク》 帝國大學《テイコクダイガク》

下谷區《シタヤク》 上野驛《ウヘノエキ》 西郷銅像《サイガウドウザウ》 帝室博物館《テイシツハクブツクワン》 動物園《ドウブツエン》 不忍池《シノバズノイケ》

淺草區《アサクサク》 淺草觀音《アサクサクワンノン》 淺草《アサクサ》

これは1937年発行の絵本に掲載された東京の名所地図である。取り上げられている名所のなかには時代を色濃く感じさせるものも見られるが、本書で言及されている場所も含まれており、これらがすでに東京における観光の重要な要素であったことをうかがわせる。